Shade3D 官方教程 2020

100 个技巧 + 用户案例！

SHADE3D GUANFANG JIAOCHENG 2020
100 GE JIQIAO + YONGHU ANLI

FORUM8 Shade3D　开发团队著

电子科技大学出版社
University of Electronic Science and Technology of China Press
·成　都·

图书在版编目（CIP）数据

Shade3D 官方教程 2020——100 个技巧＋用户案例！ /FORUM8 Shade3D 开发团队著 .
——成都：电子科技大学出版社，2021.1
ISBN 978-7-5647-8756-1

Ⅰ . ① S… Ⅱ . ① F… Ⅲ . ①建筑设计－计算机辅助设计
－应用软件 Ⅳ . ① TU201.4

中国版本图书馆 CIP 数据核字（2021）第 020115 号

Shade3D 官方教程 2020——100 个技巧 + 用户案例！

FORUM8 Shade3D 开发团队 著

策划编辑 岳 慧
责任编辑 岳 慧
出版发行 电子科技大学出版社
成都市一环路东一段 159 号电子信息产业大厦九楼 邮编 610051
主 页 www.uestcp.com.cn
服务电话 028-83203399
邮购电话 028-83201495
印 刷 成都市火炬印务有限公司
成品尺寸 182mm×257mm
印 张 18.5
字 数 404 千字
版 次 2021 年 1 月第一版
印 次 2021 年 1 月第一次印刷
书 号 ISBN 978-7-5647-8756-1
定 价 120.00 元

概　要

《Shade3D官方教程2020——100个技巧＋用户案例！》是将1986年Shade3D发售以来，从初学者到专家在工作环境中广泛运用的实践技巧，以及在开发和技术支持的Shade3D数据库中所积累的知识以简单易懂的方式重新编辑而成的教程。

尽管Shade3D系列的教程书籍有很多，但大致被分类为入门书籍和建筑效果图制作等特定领域的说明书籍，并且大都不能有效查找所需信息，所以通常需要耗费多余的时间和费用。

面向使用该软件进行设计的用户，本书将介绍在逐渐习惯基本操作后的一些常见问题和解决方法，并且以提示的方式介绍一些在Shade3D中似曾相识但操作生疏的功能和用法，以便于快速查找所需要的功能。

此外，为了不同领域的用户都可以有效利用该教程，我们精心筛选了在Shade3D Ver.21中新功能的使用方法，涵盖从建筑领域到工业设计以及从3DCG的建模到渲染的各种内容。希望能够通过本书帮助Shade3D用户，将独具匠心的构思展现在各行各业中。

Shade3D开发团队全体成员

2020年11月

使用注意

■本书中所记载的信息为截至2020年11月的最新信息。
■本书中所使用的Shade3D产品的规格或信息有可能随时发生变更，恕不另行通知。
■本书仅介绍软件内容和操作步骤，其他风险请自行承担。
■本书面向具有计算机基础知识的人群。
■本书是以在macOS环境中安装的Shade3D Ver.21为基础编写的。

目　录

contents

Chapter 1

基本操作与操作界面

Chapter 2

建模操作

Chapter 2

建模操作

Chapter 3

渲染技巧

Chapter 4

实践与应用技巧

Chapter 5 提高工作效率的设置与功能扩展技巧

Chapter 6 用户案例

Chapter

1

基本操作与操作界面

1 捕捉指定形状

当形状的数量增加，有时候需要捕捉特定的形状。在这种情况时，通过单击对象捕捉设置中的“仅选择形状”，可以在浏览器中捕捉选择的形状及其子形状。

(1)

从浏览器中选择要捕捉的形状，然后从控制栏中选择“对象捕捉”并打开“捕捉设置”窗口。

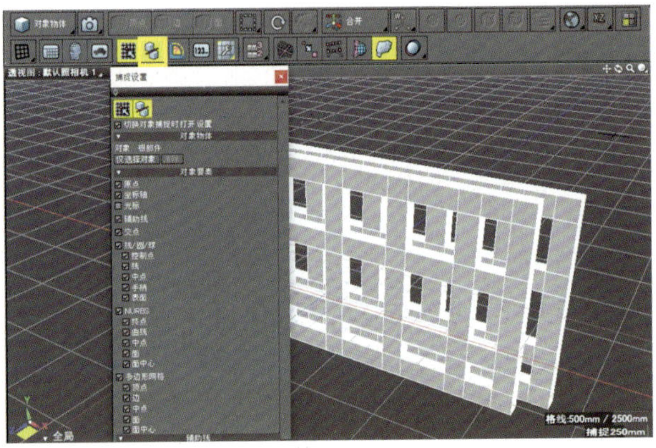

(2)

选择“对象物体”→“仅选择对象”，在浏览器中选择的形状及其子形状将成为捕捉对象。

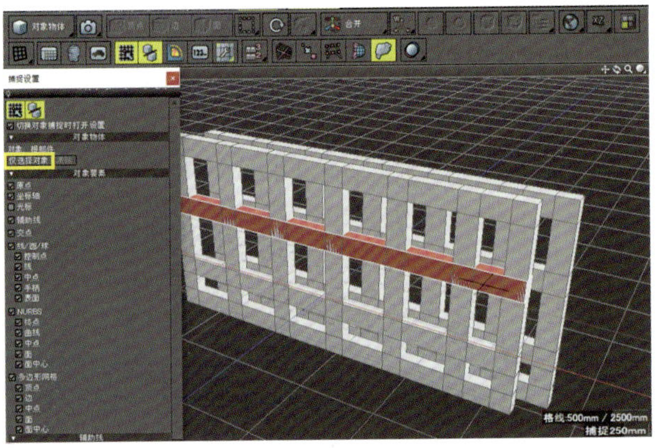

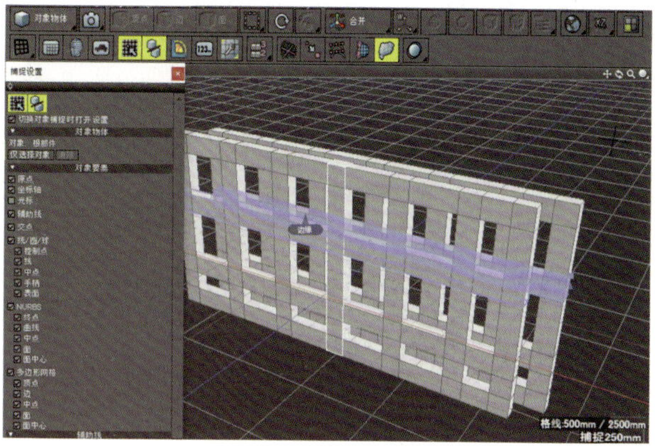

(3)

如果单击“清除”按钮，将捕捉所有形状。在建筑物的建模中，沿墙壁创建圆柱和窗户时可以使用此方法。

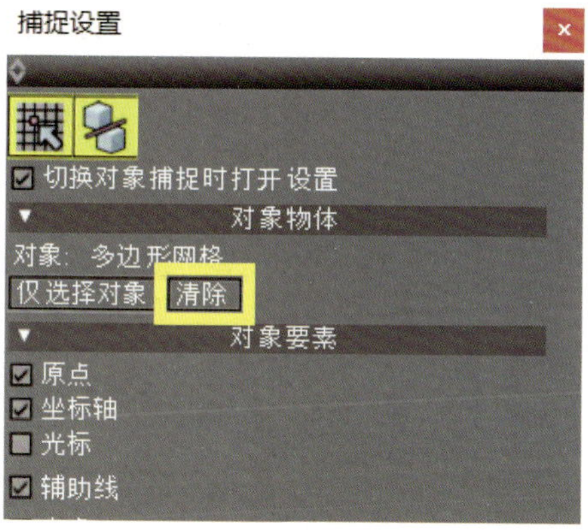

Point

如果要捕捉多个形状，请将对象形状放入部件中。
在浏览器中选择部件并点击“捕捉设置”窗口中的“仅选择对象”按钮，能仅捕捉部件中的数据。

2 制作与其他形状对齐的形状（对象捕捉）

生成形状时，有时需要将其准确地放置在另一个形状上。

在这种情况时，可以使用“对象捕捉”功能。

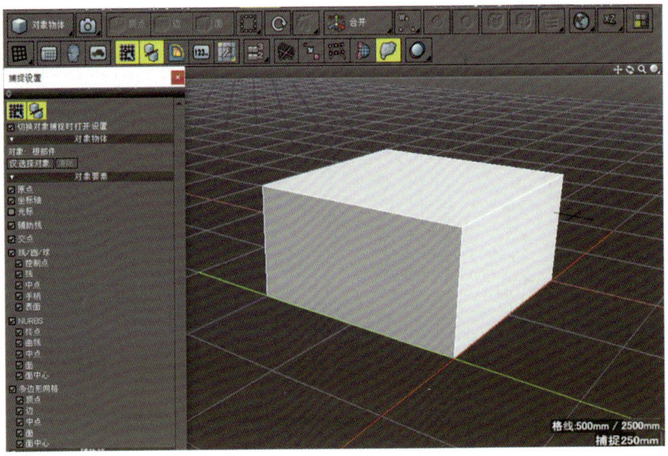

(1)

在控制栏中点击“捕捉设置”以显示“捕捉设置”窗口。

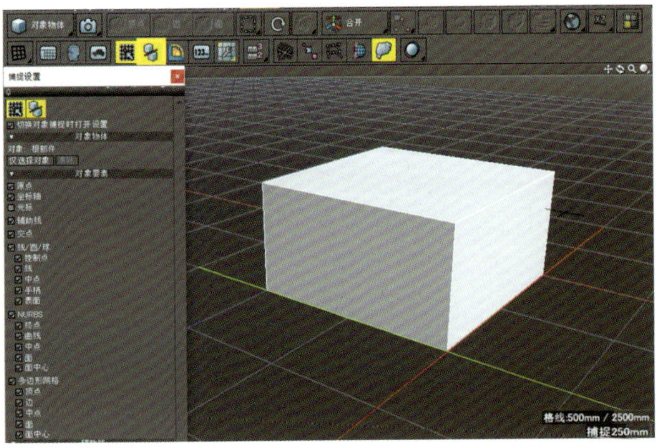

(2)

在“捕捉设置”窗口中，从“对象要素”项目中选择要与其他形状匹配的要素。

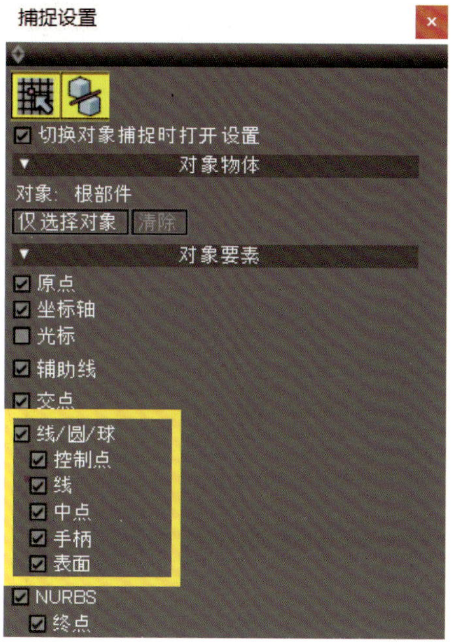

(3)

勾选“线/圆/球”复选框和“线”复选框。使图形窗口中的鼠标光标与线形对齐以捕捉“边”。

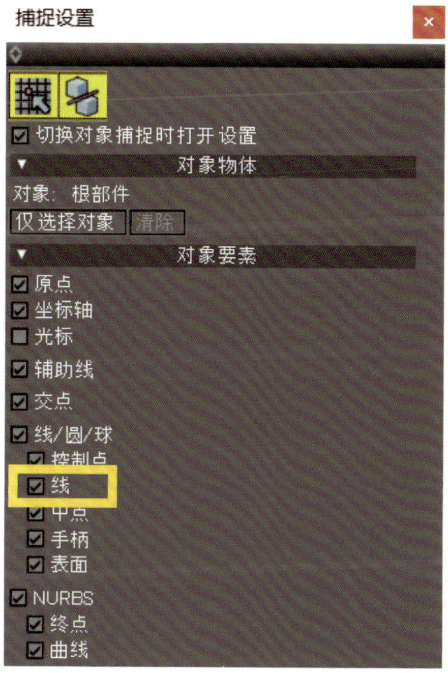

(4)

选择“工具”菜单→“移动”→“直线移动”，将鼠标光标移至要匹配的线，并检查是否显示为“边”。

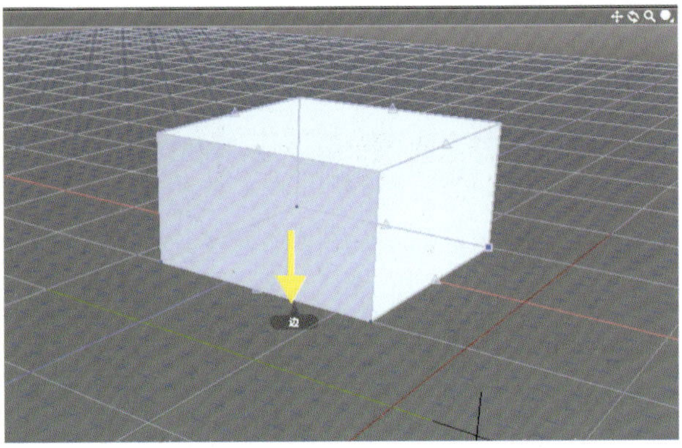

(5)

在显示“边”的情况下，使用直线移动将鼠标光标与需要对齐的边重叠并拖动。

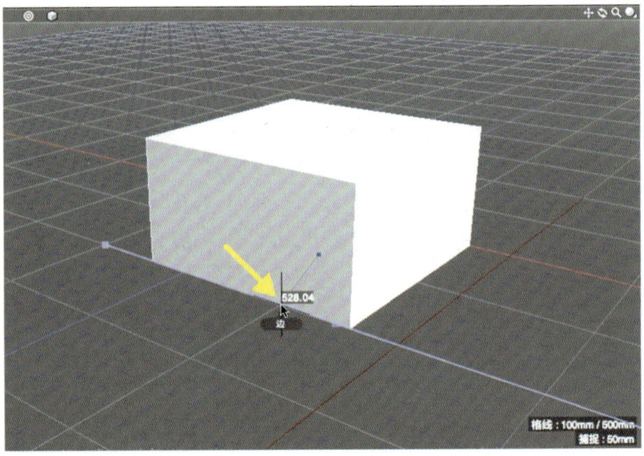

(6)

确认显示“边”后松开鼠标。
形状被准确放置在指定位置。

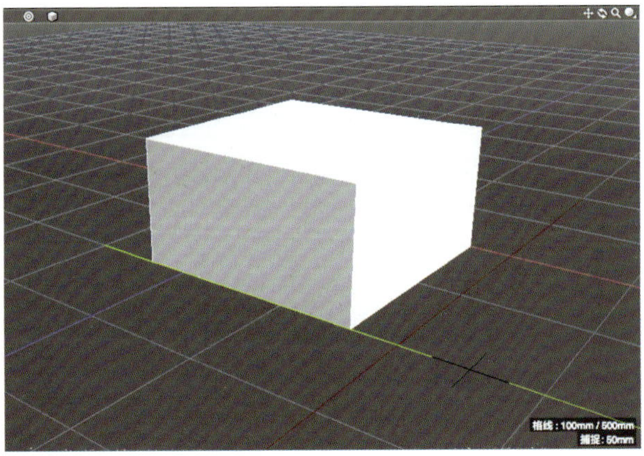

Point

除了“边”，还可以放置“控制点”的端点使其相接，并且可以准确地捕捉“中点”“面”，以及NURBS和线形等不同的形状。

3 临时隐藏视图中的形状

当图形窗口中有大量的形状时，可能需要临时隐藏形状以对其他形状建模。

在这种情况下，可以使用浏览器左侧的“显示/隐藏”复选框来隐藏目标形状。

(1)

从浏览器窗口中选择要隐藏的形状，然后单击眼睛图标。

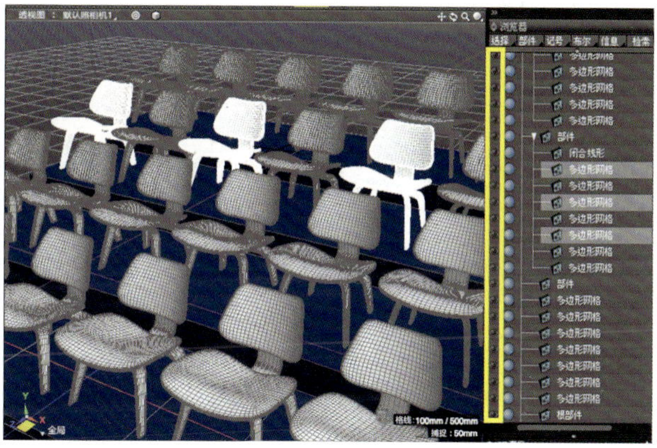

(2)

目标形状将在图形窗口中被隐藏。

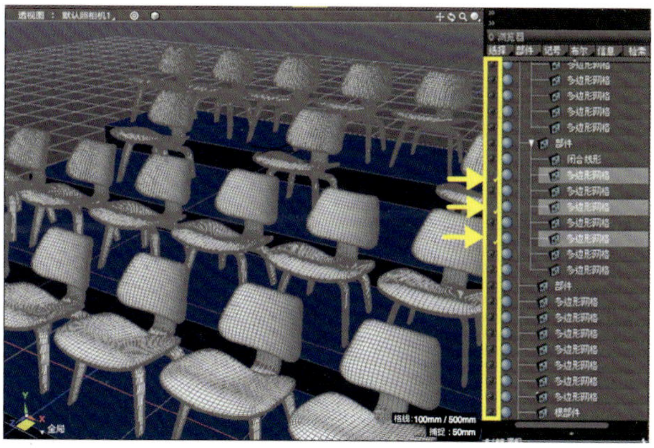

(3)

如果需要一次性隐藏多个形状，请在浏览器中新建一个部件。

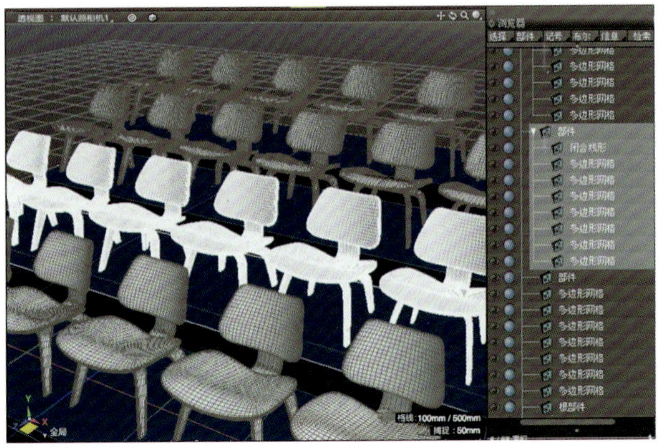

(4)

将需要隐藏的形状移动至部件中，然后单击部件的眼睛图标。部件中包含的所有形状都将隐藏。

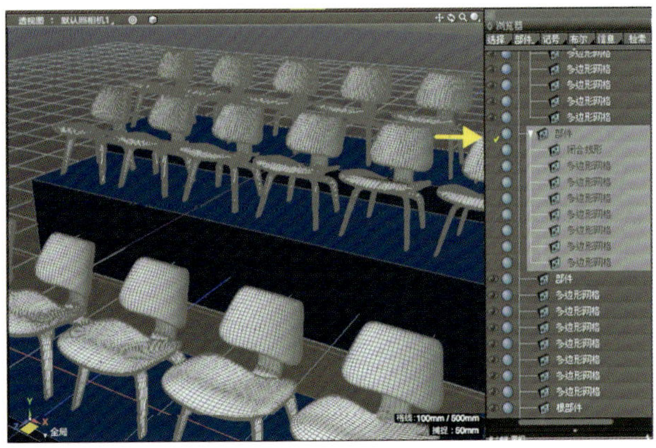

Point 1

如果再次单击隐藏形状的眼睛图标，图标颜色将变暗并添加黄色“√”标记。此时的状态为“始终显示”，即使隐藏了上层部件也会显示该形状。

Point 2

“显示/隐藏”复选框用于在图形窗口中显示/隐藏形状，对渲染没有影响。渲染时可以通过右侧的“渲染”复选框指定形状是否显示。

4 快速切换视图（视图快速切换菜单）

有时需要从各种角度检查创建的形状。以鼠标指针为中心显示菜单并快速切换视图。

(1)

将鼠标光标放在要切换显示的视图上，然后按“Shift+W”组合键。

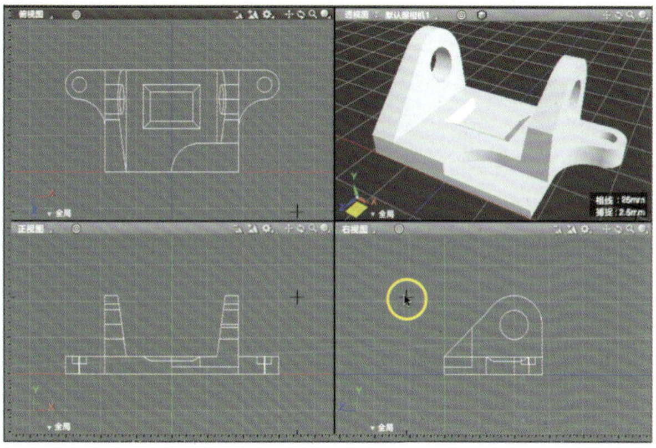

(2)

将出现一个快捷菜单，单击按钮以切换到指定的视图。

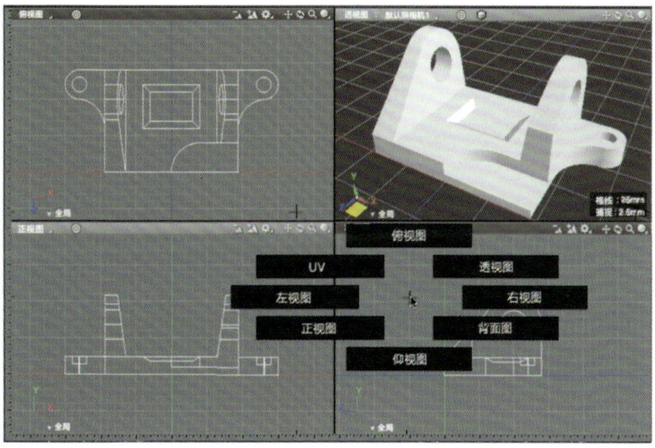

5 将选择形状显示在视图的中心位置

可以在按住Space键的同时拖动视图来更改视角，但是拖动图形需要花费额外的时间才能直观地掌握形状并调整显示位置。可以通过单击“适应视图”图标将所选形状以合适的大小快速显示在视图中心。

(1)

在各个视图的视图控制栏中单击“适应视图”图标以移动视点，可以将所选形状以合适的大小快速显示在视图中心。

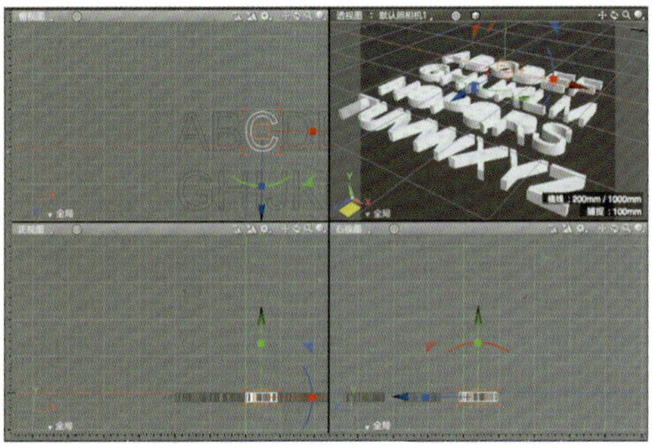

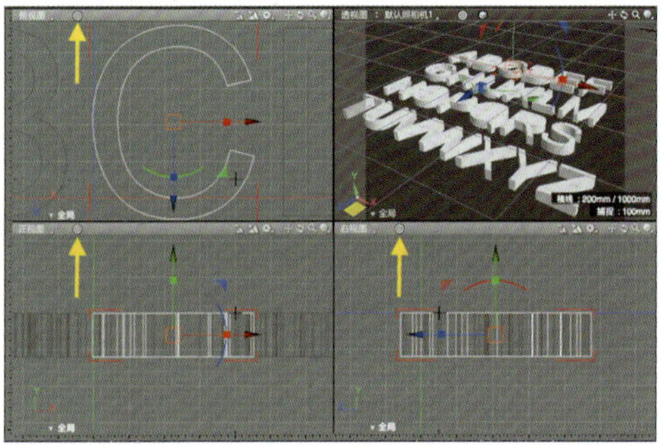

(2)

选择多个形状并适应于视图也同样有效。另外，照相机的旋转中心（视点）是形状的中心，因此可以重置形状中心的旋转。

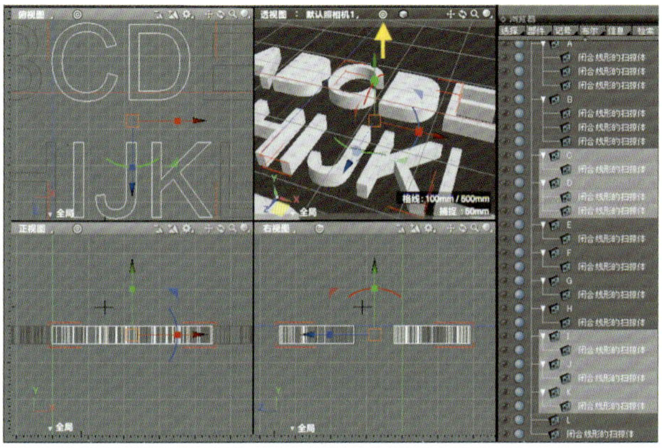

BSP

6 测量形状的距离和角度（测量工具）

建模时如果追求设计的正确性或精度，有时需要测量形状的长度、距离或角度。

在这种情况下，使用测量工具，可以通过指定要测量的两个点来显示距离，并且可以通过指定三个点来显示折线的角度。

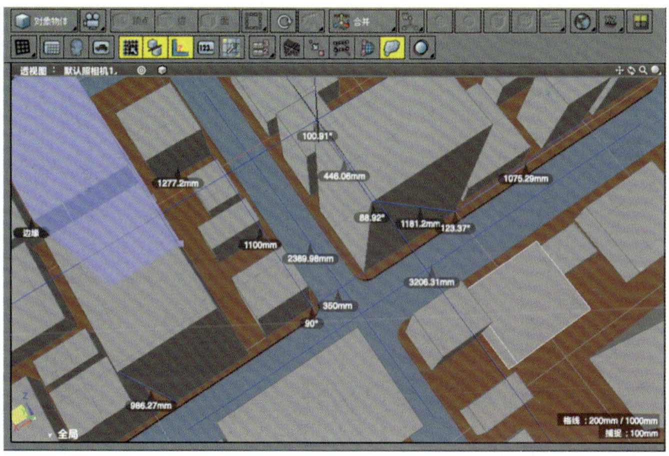

(1)

单击控制栏中的“测量工具”按钮。

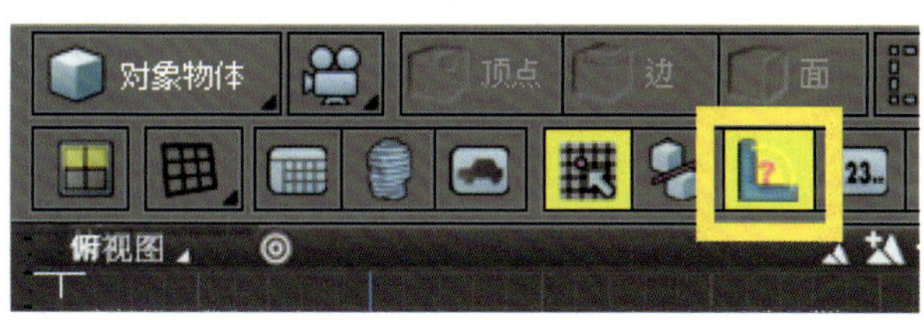

(2)

进入测量模式。在工具参数中可以指定“长度”和“角度”等需要显示的要素。

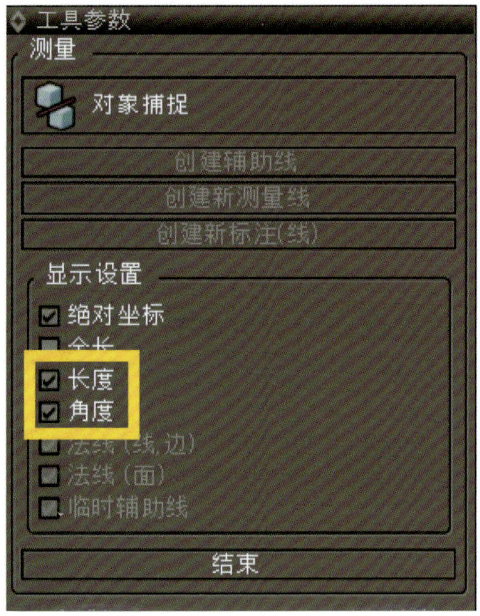

(3)

测量距离时通过连续指定两个点，将显示两个点之间的距离。

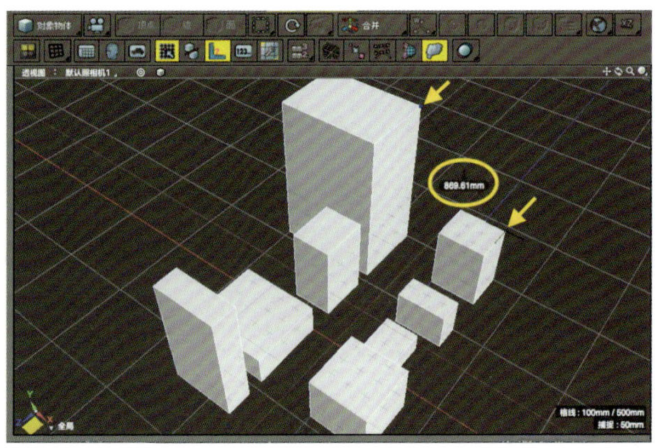

(4)

测量角度时通过指定需要测量角度的三个点，将显示三个点所构成的角度。

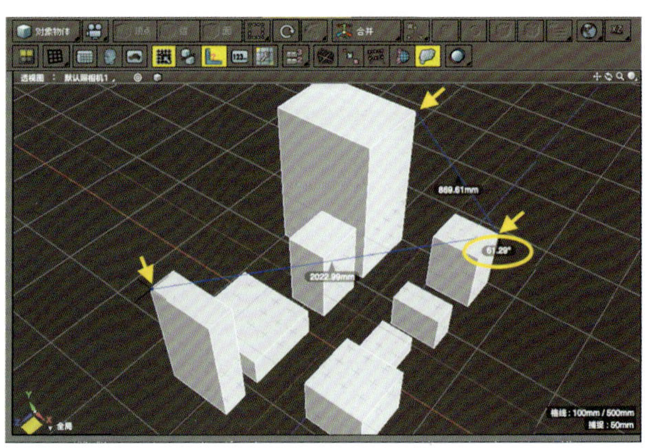

(5)

在工具参数中开启“对象捕捉”，可以在捕捉点和边的同时准确地指定测量工具的测量点。

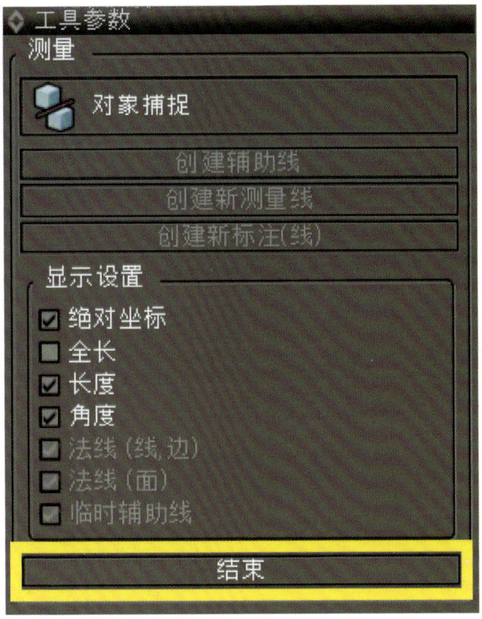

Point 1

通过在工具参数中开启“对象捕捉”，可以在捕捉点和边的同时准确地指定测量工具的测量点。

Point 2

从现有的测量线脱离并追加新的测量线时，可以点击工具参数中的“创建新测量线”按钮或在图形窗口中双击。

7 将浏览器分为两个场景层次，以便更轻松地查找形状

在建筑物等具有许多形状的场景中，有时需要分为不同层次以便在浏览器的层次结构中查找所需的形状。在这种情况下，可以向下拖动浏览器分隔条以查看不同层次。

(1)

拖动浏览器中位于“选择”“部件”“记号”“布尔运算”“信息”“检索”等按钮下方的分隔条。

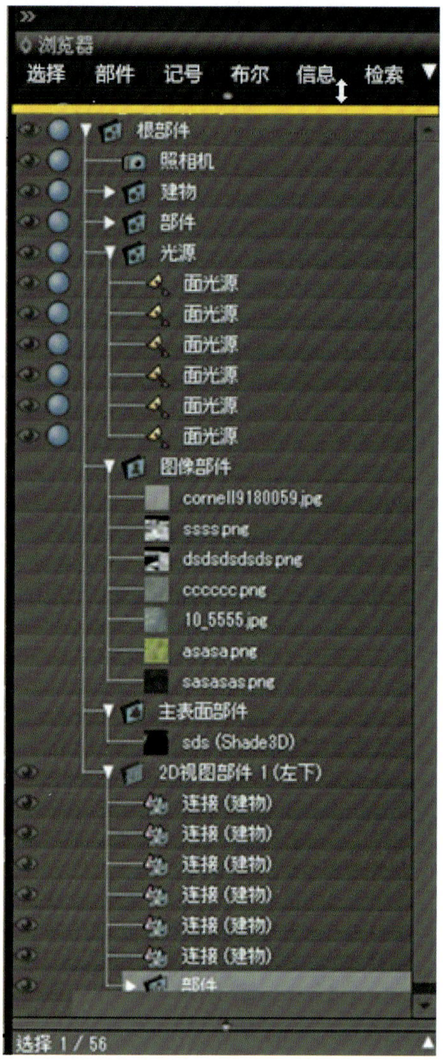

(2)

以在浏览器中拖动的分隔条为中心，将显示两个场景层次。

Point 1

如果要防止在视图中选择形状时浏览器自动移动到所选的形状上，请在浏览器窗口中单击“选择”，然后从弹出菜单中关闭“自动显示选择物体”。

Point 2

在浏览器窗口中按住Space键的同时拖动鼠标，可以有效地垂直浏览层次结构。

BSP

8 切换表面和背面

多边形网格、闭合线形和自由曲面具有表面和背面。

如果更改了面的表面和背面，则有可能导致添加到表面材质的图像上下左右反转，或者无法按预期显示阴影。可以通过在浏览器中设置“面反转”复选框在表面和背面之间切换。

Point 1

在多边形网格中，如果逆时针方向指定构成面的顶点则为正面，顺时针方面指定顶点则为背面。在闭合线形中，如果线形的点顺序为顺时针方向则为表面，逆时针方向则为背面。在自由曲面中，根据各线形的点顺序和排列顺序而变化。

Point 2

“面反转”复选框并不意味能够转换形状本身的表面和背面的信息。

(1)

单击浏览器窗口右上角的“▼”按钮。

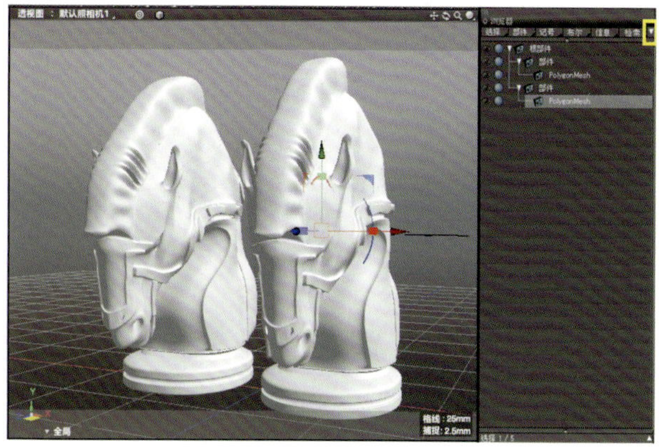

(2)

将显示更改属性的复选框。
选择需要面反转的形状，然后点击“面反转”复选框。

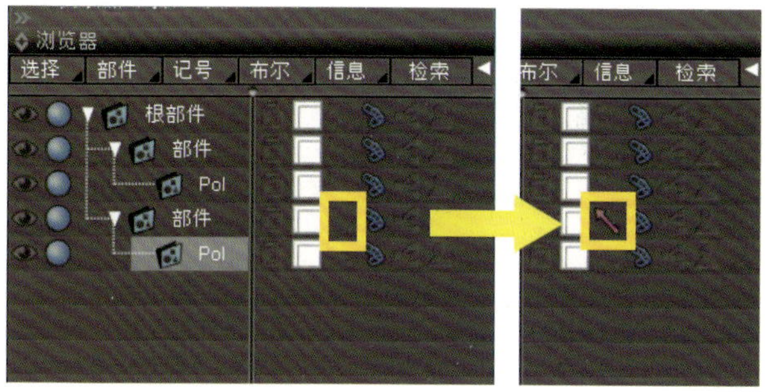

(3)

形状的表面和背面将被反转。

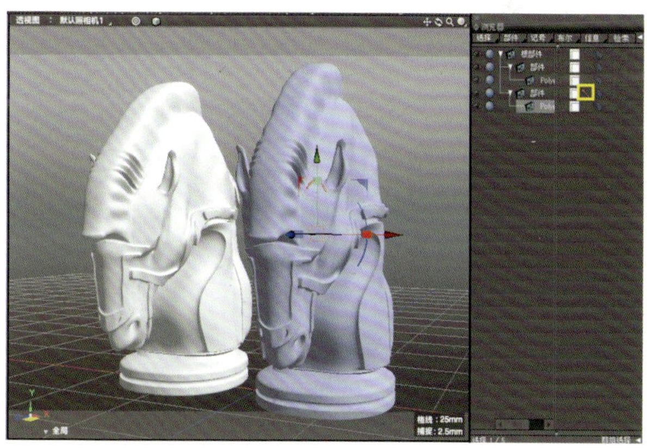

Point 3

可以通过在视图控制栏右侧的弹出菜单中选择“显示选项”→“双面（背面颜色）”在视图中检查图形的表面和背面。

9 在视图中放置底稿（模板）

使用由CAD制作的图形或2D插图进行3D形状建模时，将这些图像作为底稿（模板）放置在视图中，以底稿为参考可以更高效地建模。

(1)

选择控制栏中的“模板设置”图标以显示设置窗口。

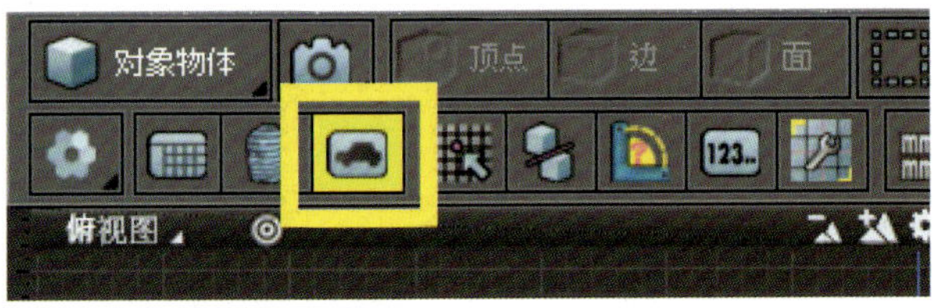

(2)

可以在“模板设置”中对视图的左上/右上/左下/右下指定图像。

(3)

在“图片设置”组中，通过使用“中心”和“大小”的调节按钮（“移动”和“缩放”）在视图中拖曳实现调整底稿位置。

10 切换透视图的平行投影/透视投影

BSP

透视图的显示方式默认为“透视投影”。透视投影是一种常规的3D显示方式，当离视点越远时，显示的尺寸会越小，但有时改为不进行深度尺寸调整的“平行投影”会更便捷。例如使用俯视图来制图时，平行投影更便于了解尺寸大小，因此请根据情况进行切换。

(1)

单击透视图的视图控制栏中的“平行投影”按钮以切换到“平行投影”显示。

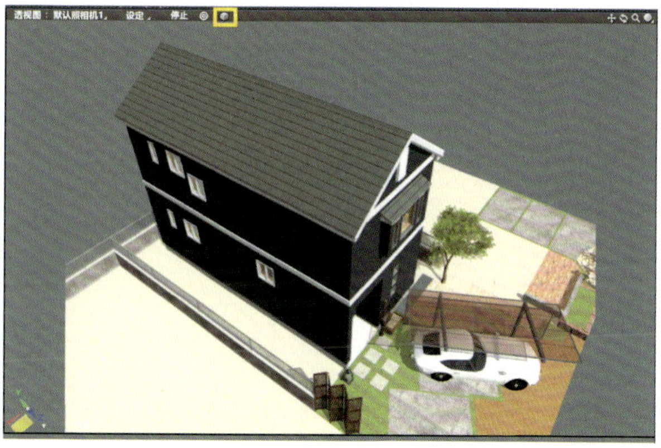

(2)

与透视投影相比，深度将受到限制并且显示正确的尺寸。

(3)

返回“透视投影”请再次单击“平行投影”按钮。

Point

在集成面板的“照相机”窗口中勾选“平行投影”复选框，也可以更改为平行投影。

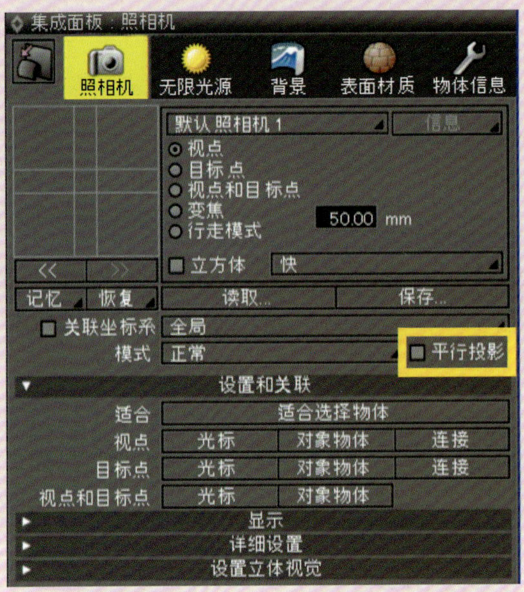

11 将形状或顶点放置在斜面上（接地）

在斜面上放置形状时，如果对斜面的状态把握不准确，则无法正确放置形状。在这种情况下，使用“根据选择物体旋转”可以根据所选面的法线方向旋转，将斜面旋转为平面。

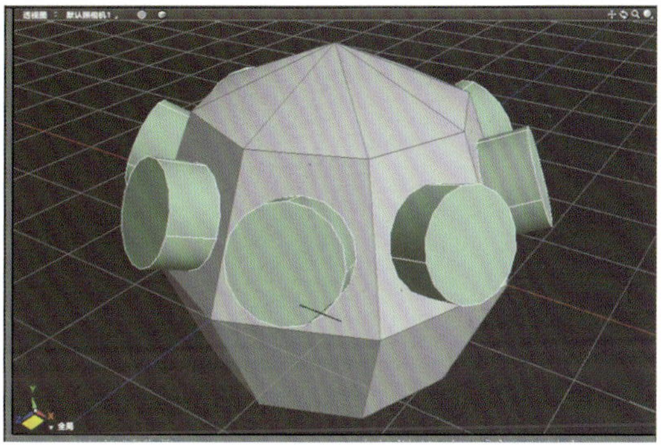

(1)

在“物体编辑”模式+“面”选择模式下选择要编辑的面。

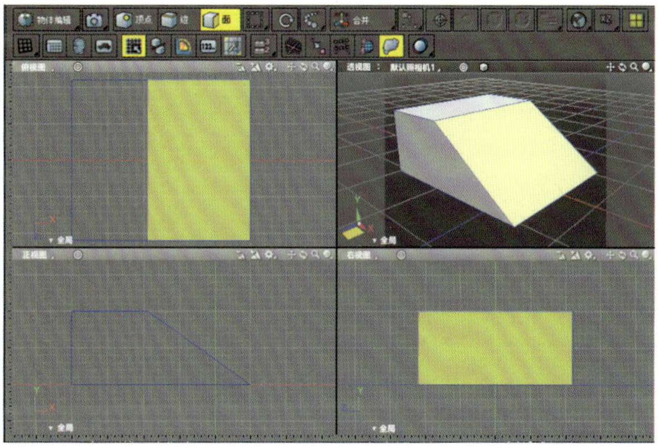

Point

物体编辑模式可以从“选择”菜单中选择“编辑模式”→“物体编辑”；“面”选择模式可以从“选择”菜单中选择“要素编辑模式”→“面”。

(2)

点击三视图的图形窗口导航工具，在弹出菜单中选择“根据选择物体旋转”。

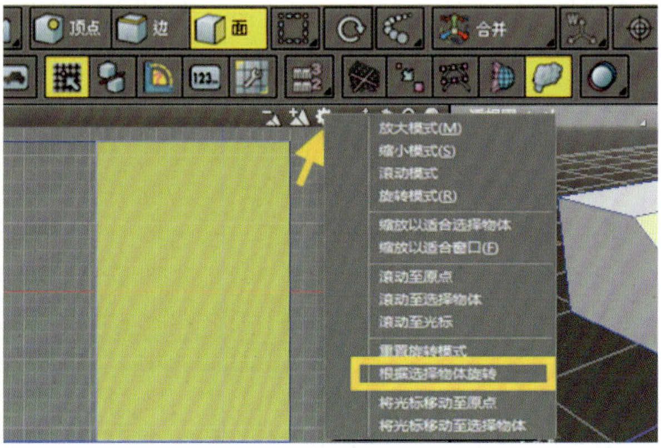

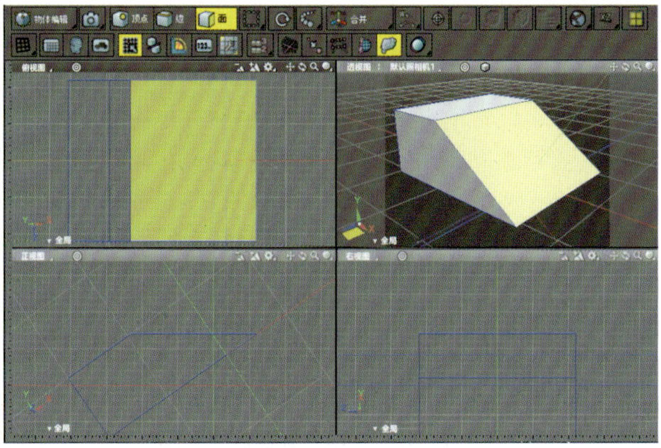

(3)

三视图的显示将根据所选面的法线方向旋转，因此可以轻松地沿表面放置形状。

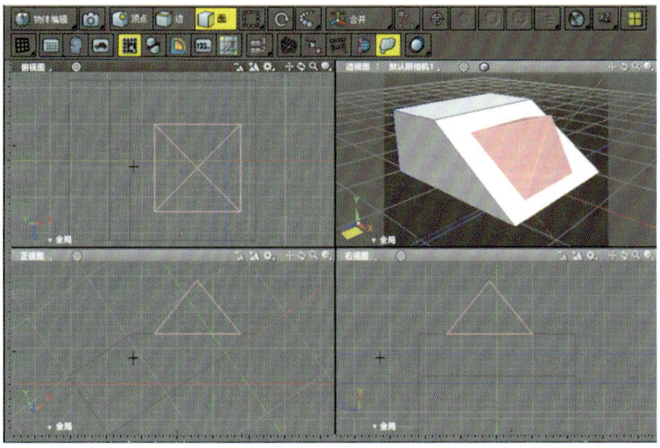

(4)

如需重置请从弹出菜单中再次选择“缩放以适合选择物体”。

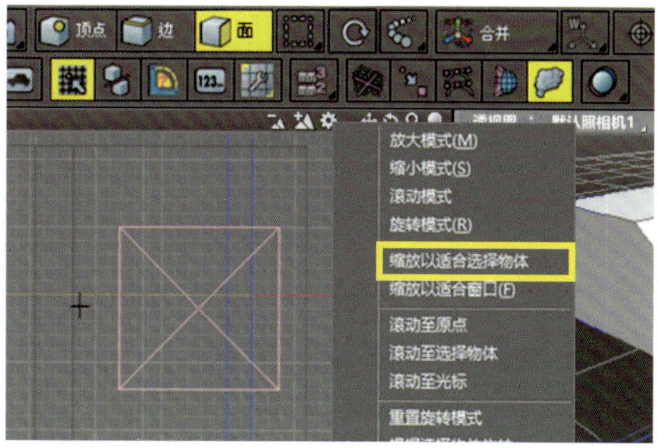

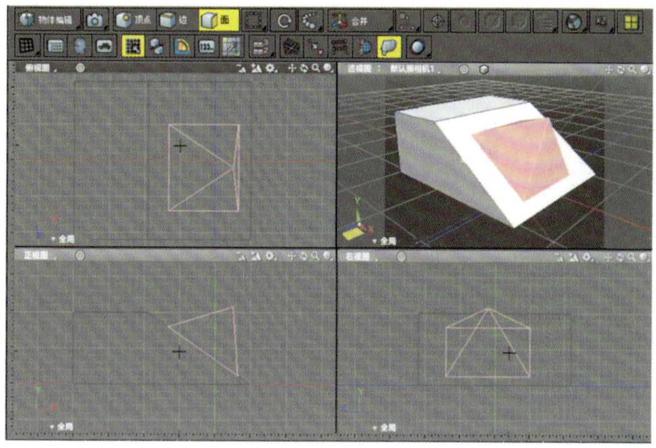

BSP

12 在浏览器中快速查找物体并在视图中确认物体的位置

当视图中有许多物体或关节时，需要一定时间才能在浏览器中找到所选物体。

可以使用浏览器中的“显示选择物体”来快速查找。

(1)

在建模画面上选择搜索形状的“面”或“顶点”。

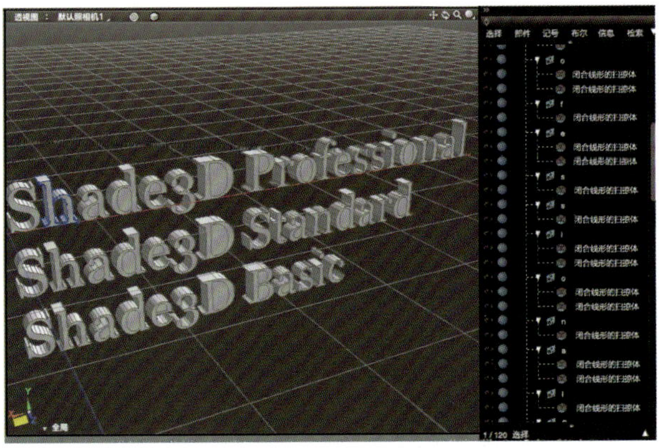

(2)

在浏览器窗口中单击“选择”，然后从弹出菜单中选择“显示选择物体”。

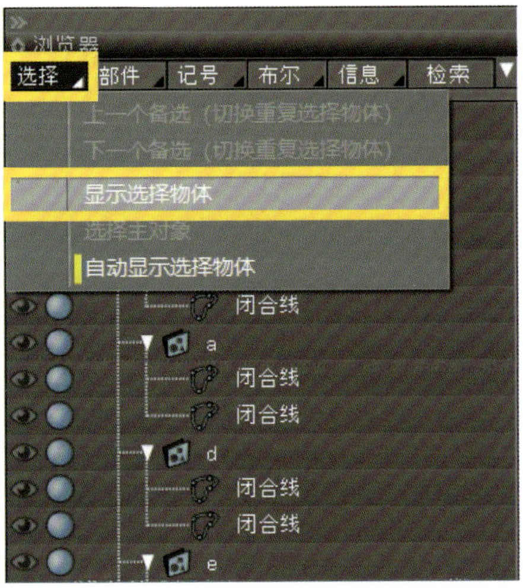

(3)

浏览器将会自动移动至所选物体的位置。

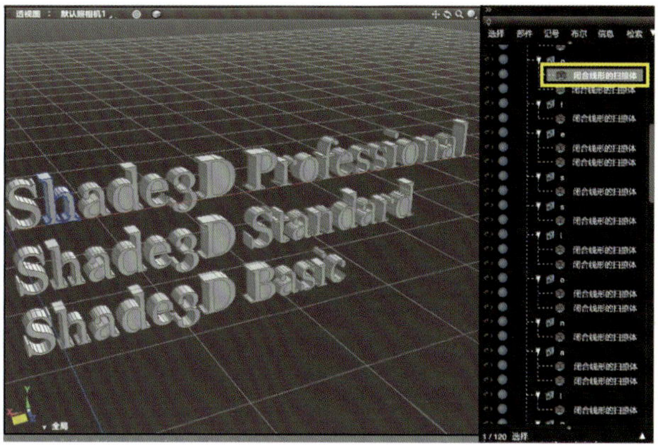

Point 1

从浏览器窗口的“选择”弹出菜单中选择“自动显示选择物体”，可以在浏览器中自动显示在视图中选择的物体。

Point 2

在工具箱中选择“生成”→“移动/复制”→“连接”，可以将原创物体设置为主对象。

搜索创建的“连接”形状主对象，请选择目标“连接”形状，然后从浏览器窗口的“选择”菜单中选择“选择主对象”。

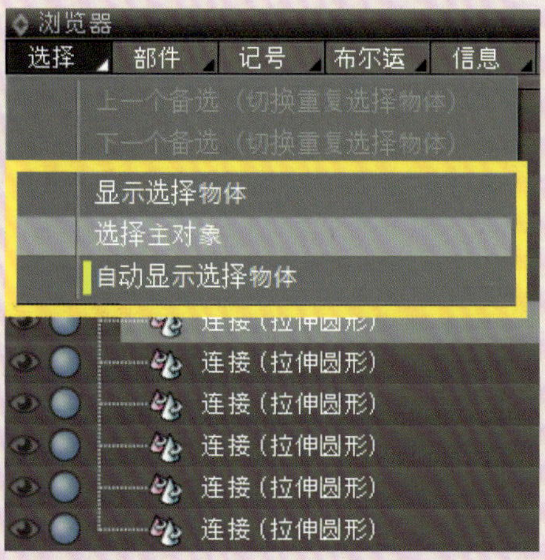

13 显示等角图

如果要在Shade3D中显示CAD使用的“等角图”，可以从斜上方俯视对象物体并将其投影为XYZ三轴120° 相交的视图。另外照相机必须是“平行投影”而不是“透视投影”，因此需要指定照相机的“方向”和“平行投影”以显示等角图。

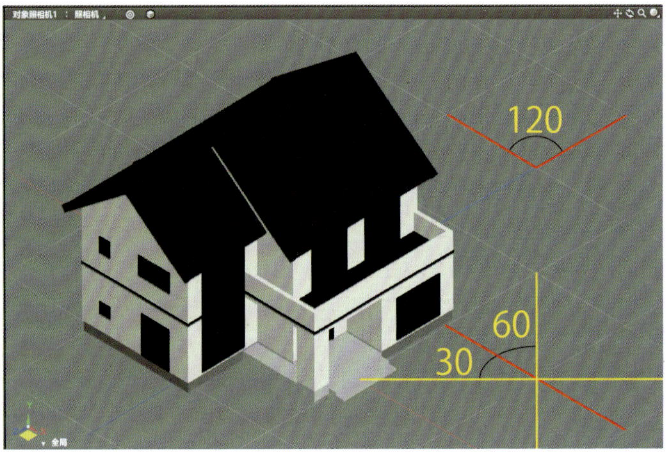

(1)

在工具箱中选择“生成”→“光源/照相机”→“照相机”，然后在视窗中拖动以放置照相机对象。在这一阶段，视点/目标点可以酌情选择。

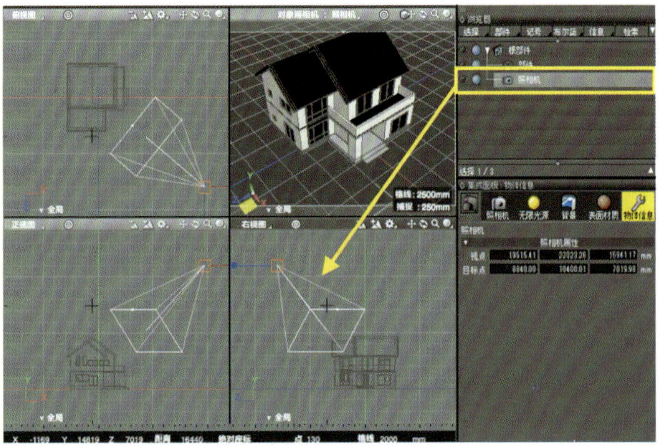

(2)

在浏览器中选择照相机对象，然后在物体信息窗口的“照相机属性”中设置“视点”和“目标点”。此时的“视点”可以酌情选择，但应将“目标点”指定到“视点”的（500，-500，500）位置处。这是与+X/-Y/+Z方向成45°的视角。

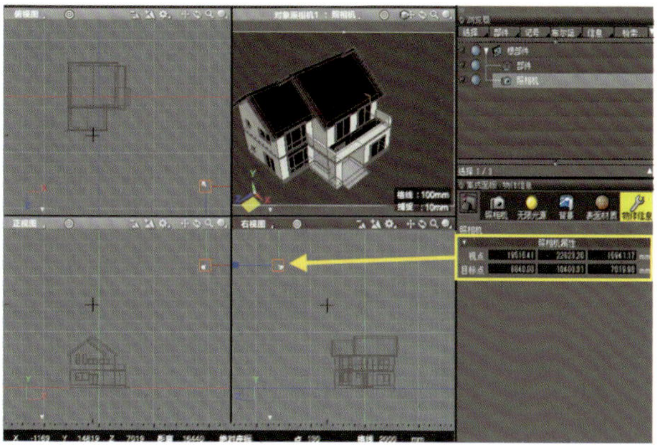

(3)

在“集成面板”的“照相机”窗口中选择照相机对象，然后勾选“平行投影”复选框。或者单击透视图导航工具中的“平行投影”图标。

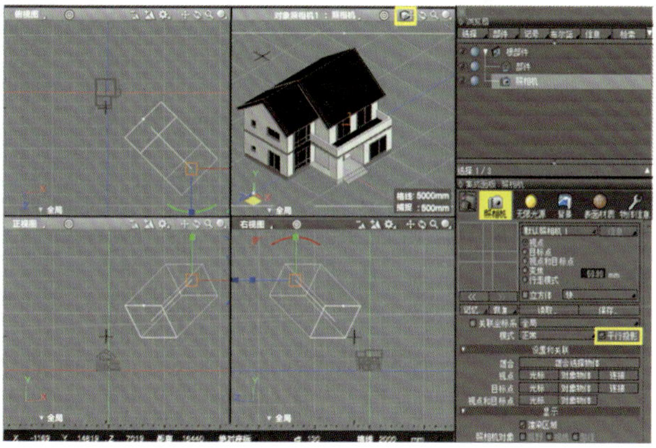

(4)

使用透视图导航工具的“滚动”来更改位置。此时请勿更改照相机的方向，让视点/目标点同时平行移动。调整完毕后，将显示为在CAD中使用的“等角图”。

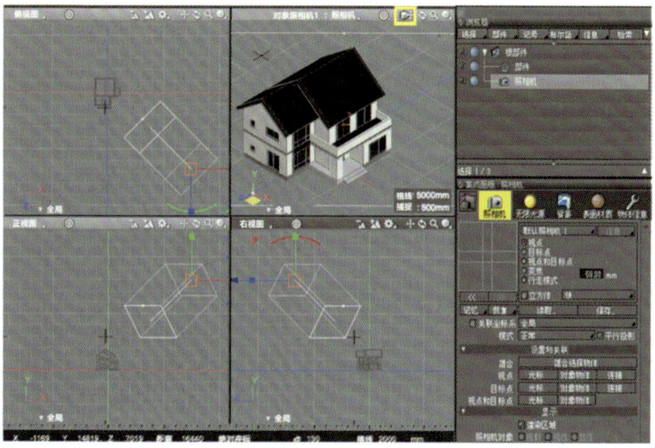

14 计算重心、体积和表面积

Shade3D Professional Ver.18及更高版本可以通过自由曲面、多边形网格或NURBS计算所创建物体的“重心”“体积”和“表面积”。

在对3D打印进行建模时检查重心，或者在进行精确设计时确认体积和表面积等，可以高效地检查计算结果。

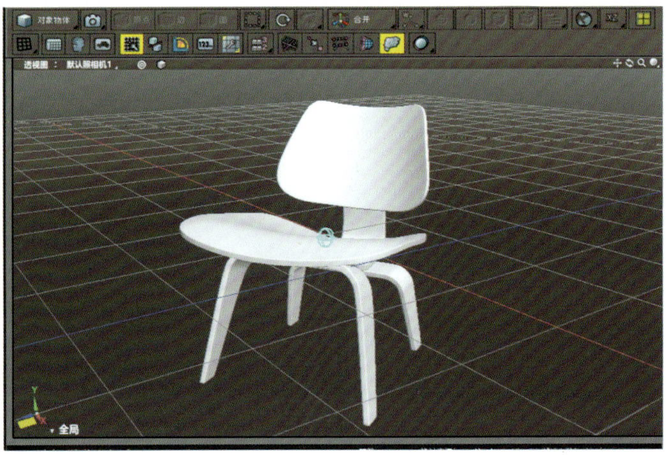

(1)

在浏览器中选择要计算的物体，然后从控制栏的“计算”中选择“重心”“体积”或“表面积”。此处选择了“重心”。

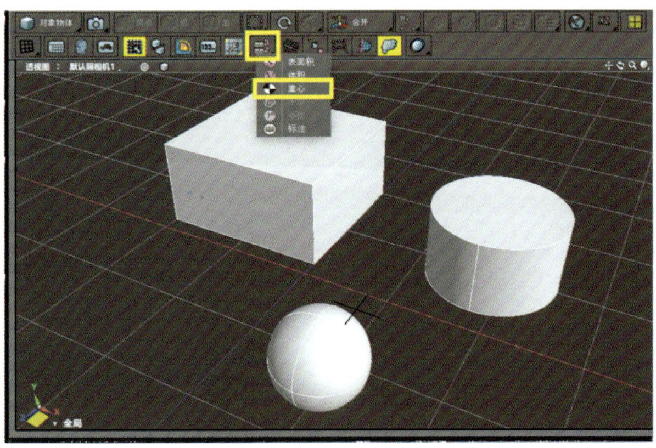

(2)

计算结果将显示在建模视图和“测定信息”窗口中。

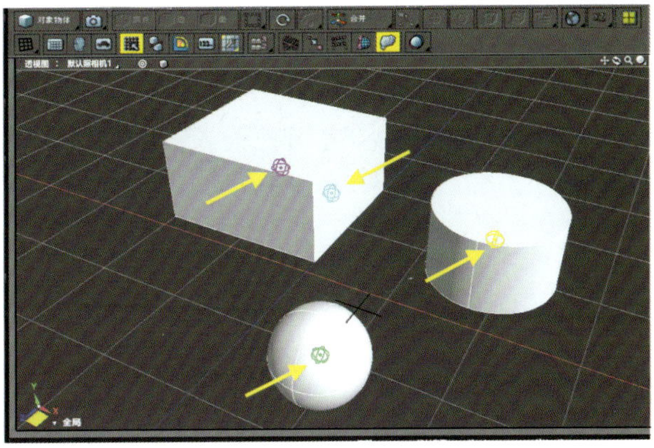

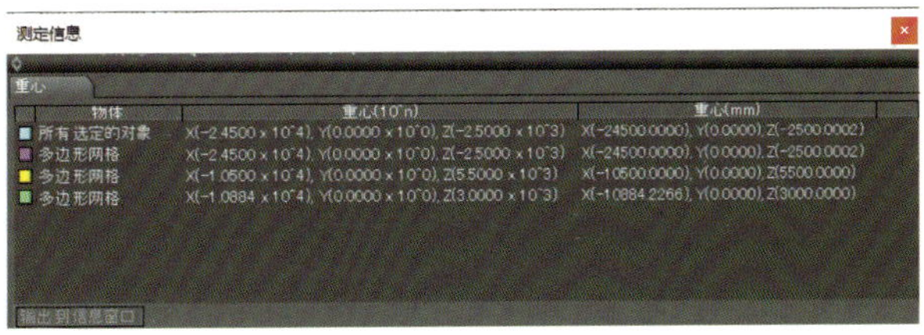

Point

获取计算结果请在“测定信息”窗口中单击“输出到信息窗口”，计算结果将输出到信息窗口。当需要保存计算结果或与其他数值进行比较时可以使用此功能。

15 将上方向设置为Z轴

可以将Z轴设置为上方向（Z-Up）。

使用3D打印机时，将上方向设置为Z轴可以方便地与3DCG和CAD工具连接使用。

（1）

在主菜单中选择“编辑”→“环境设置”以显示“环境设置”窗口。在“一般”选项卡的“坐标系”组中选择“Z轴”作为上方向的轴，然后单击“确定”。

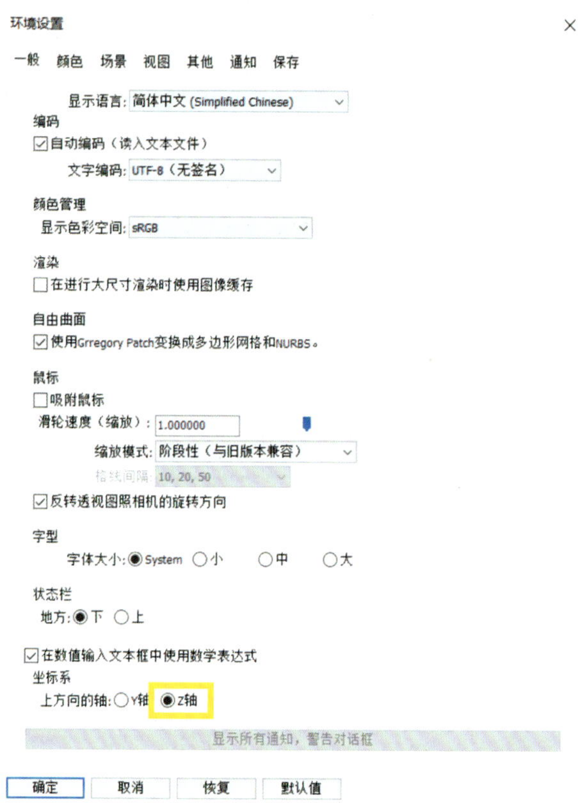

(2)

在图形窗口中上方向的轴将变为+Z，在正视图中的深度为+Y。

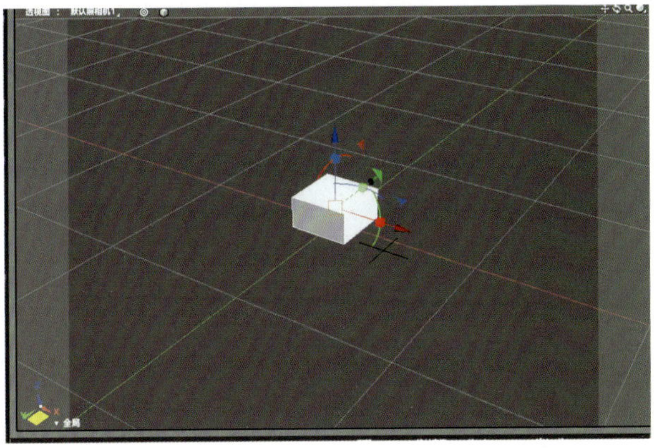

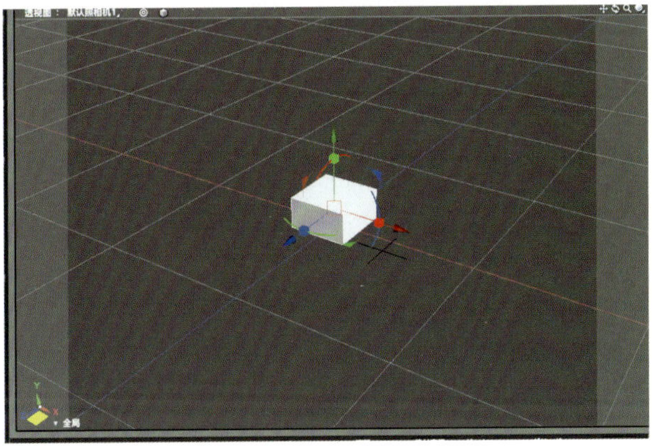

Point 1

Z轴为上方向的设置也可以在激活许可证时设置。
不与其他软件连接或者习惯将Y轴设为上方向时，则可以在“环境设置”中进行切换便于编辑工作。

Point 2

Shade3D的坐标系初始设置屏幕朝向。
+X为右面，+Y为上面，+Z为朝前的右手系坐标。
在每个视图的左下角将显示方向的坐标轴。

16 更改视图的初始单位

可以更改图形窗口中的单位，形状创建/编辑过程中的单位和数值显示的单位等。
Shade3D场景的默认单位是mm（毫米），也可以根据形状和场景切换单位。

(1)

场景的单位显示在图形窗口下方的状态栏中。

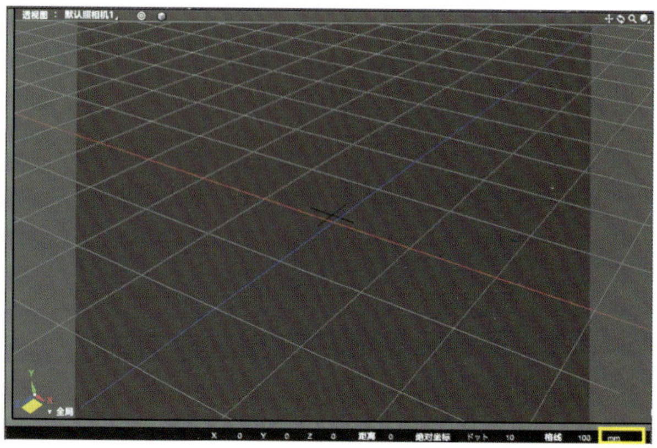

(2)

单击状态栏的单位时，可以从mm/cm/m/km/inch/foot/yard/mile中选择场景的单位。

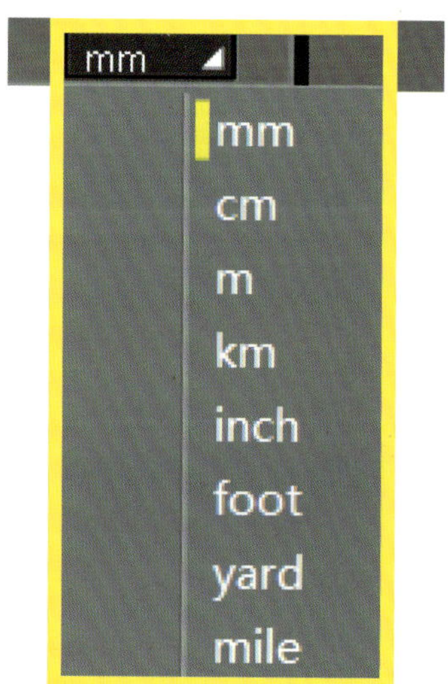

Point 1

状态栏的显示位置可以通过在主菜单中选择“编辑”→“环境设置”→“一般”选项卡的“状态栏”进行设置，可以更改为上或下。

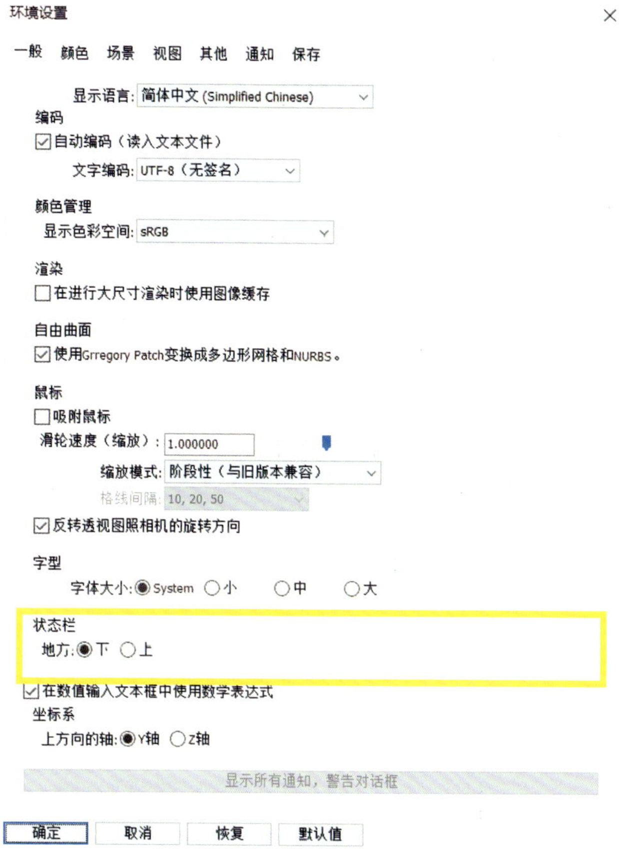

Point 2

从主菜单中选择“显示”→“标尺”，可以显示半透明的标尺窗口。

标尺可以根据设置的“单位”显示每个网格的“距离”，便于在视图中测量距离。

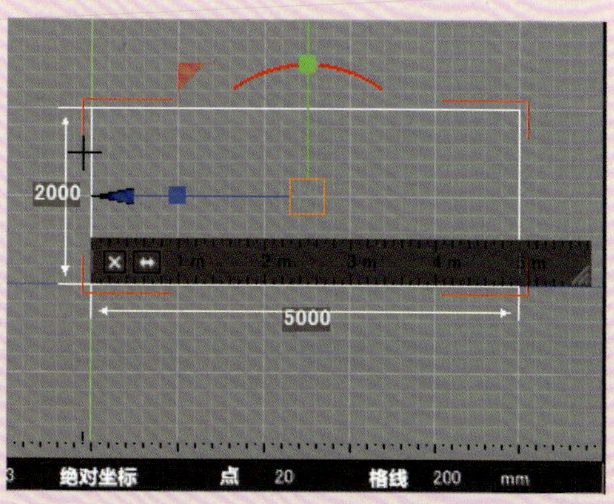

17 切换仅显示阴影/显示材质

可以在图形窗口的透视图中确认建模效果并预览表面材质所指定的纹理。

(1)

在透视图的视图控制栏弹出菜单中进行设置。

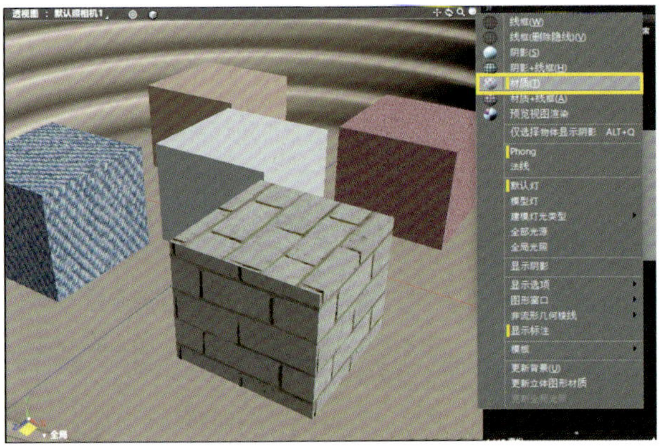

(2)

在选择“材质+线框”的情况下，将显示指定的材质跟线框。

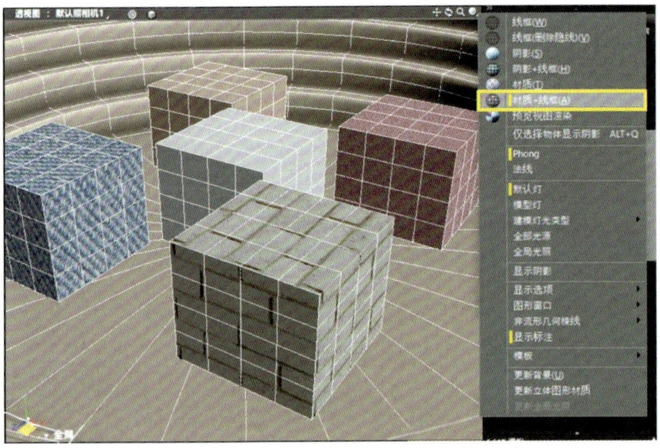

(3)

不显示纹理请选择“阴影”或“阴影+线框”。在对建模进行检查时，显示“阴影”非常方便。

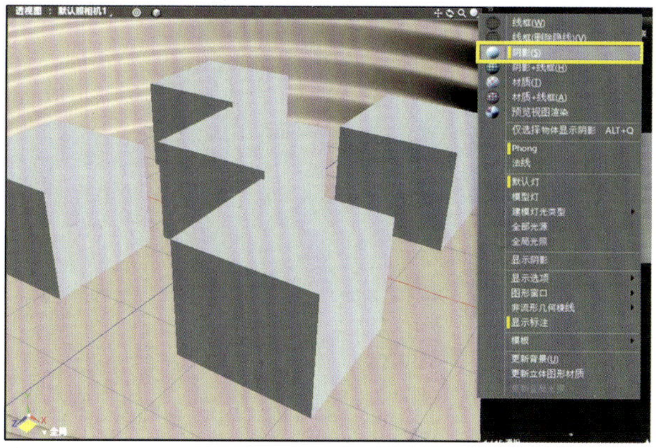

Point

仅对透视图中选定的形状进行阴影处理，或者在阴影显示期间加快编辑速度，可以使用“仅选择物体显示阴影”功能。
从透视图控制栏右上角的弹出菜单中选择“仅选择物体显示阴影”。
仅显示在浏览器中选中的物体的阴影表现，其他物体则以线框显示。

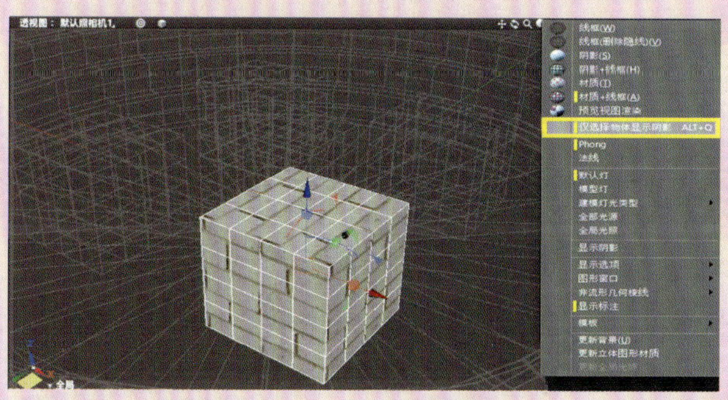

18 显示标注

在进行精确建模时可以显示标注。

标注可以在创建NURBS，多边形网格和自由曲面形状时显示并根据视图的“单位”调节显示的数值。

(1)

在主菜单中选择“图形”→“全部视图”→“显示标注”。

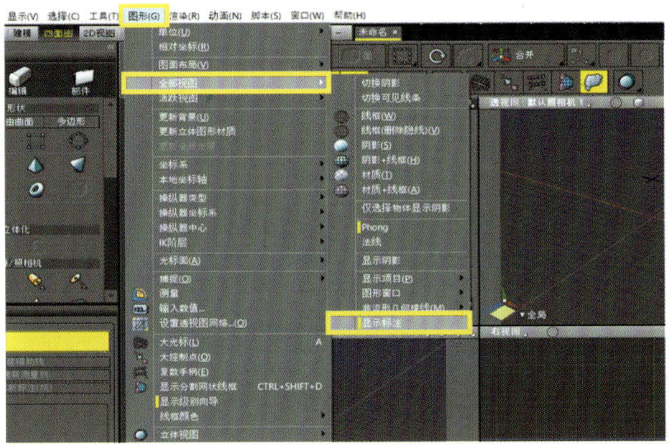

(2)

在工具箱中选择“生成”→“形状”→“普通”→“圆柱”。在显示的工具参数中勾选“创建标注”复选框。

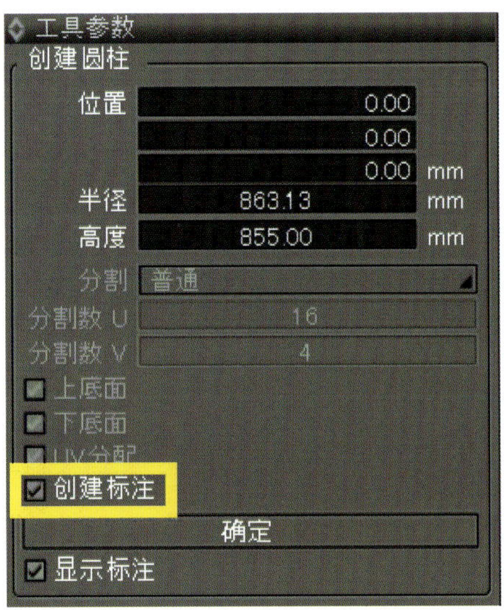

(3)

在图形窗口中创建形状时将显示标注。

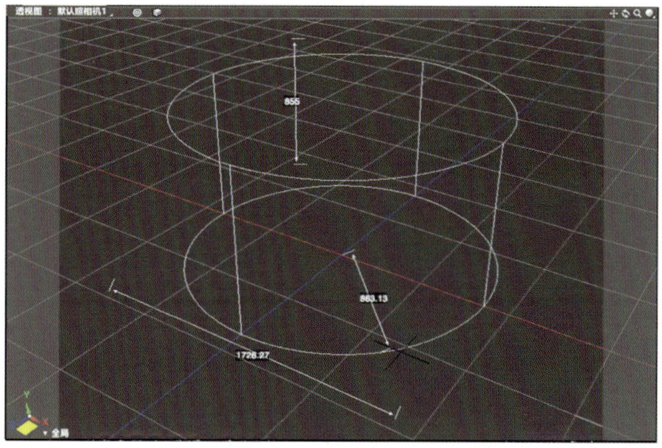

(4)

删除标注请从控制栏中选择“测量”→“标注”。

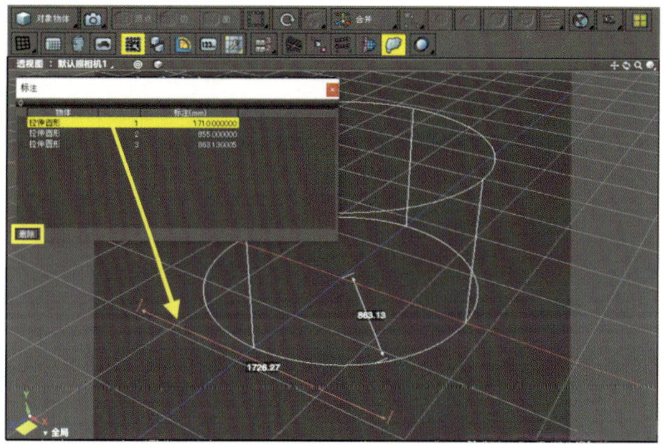

Point 1

标注可以根据每个视图在显示或隐藏间切换。

从视图的“视图控制栏”弹出菜单中选择“显示选项”→“显示标注”来显示或隐藏标注。

Point 2

标注可以在任意位置重新显示。

详情请参照Chapter 1“19 在任意位置创建标注”。

19 在任意位置创建标注

在进行精确建模时可以为创建的图形添加标注。
可以使用测量工具为选定的形状或部件添加标注。

(1)

在主菜单中选择“图形”→“全部视图”→“显示项目”→“显示标注”。

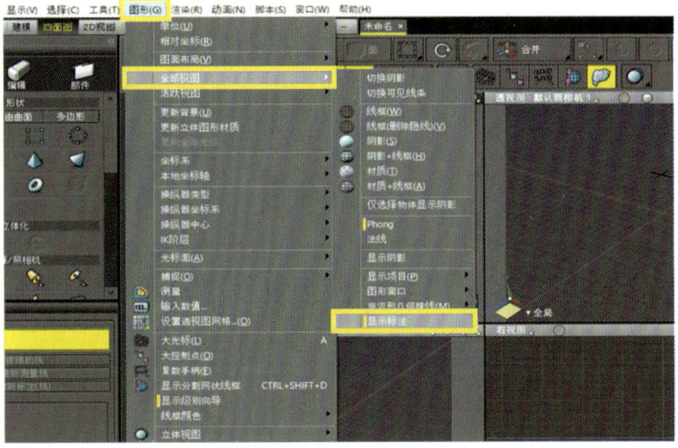

(2)

单击控制栏中的“测量工具”按钮。
在工具参数的显示设置中勾选“长度”。

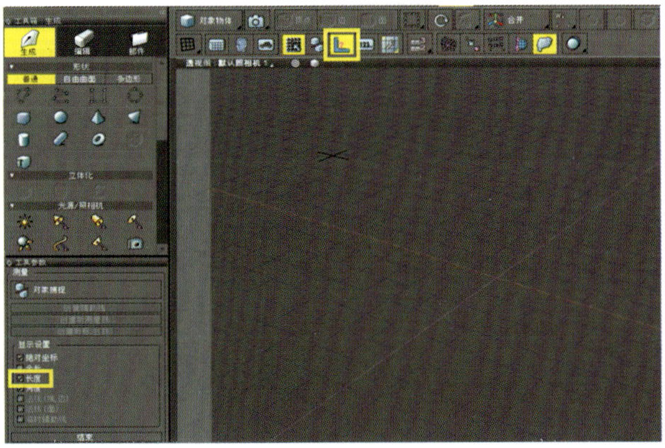

(3)

在视图中单击要显示标注的位置并指定长度。

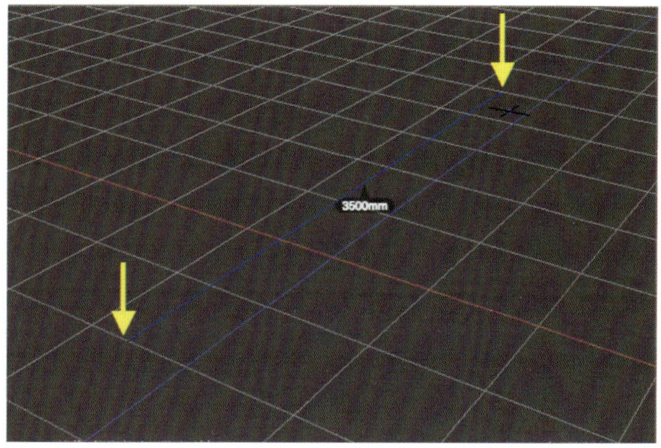

(4)

在工具参数中单击“测量”→“创建新标注”按钮。在视图中显示的长度将被创建为新的标注。

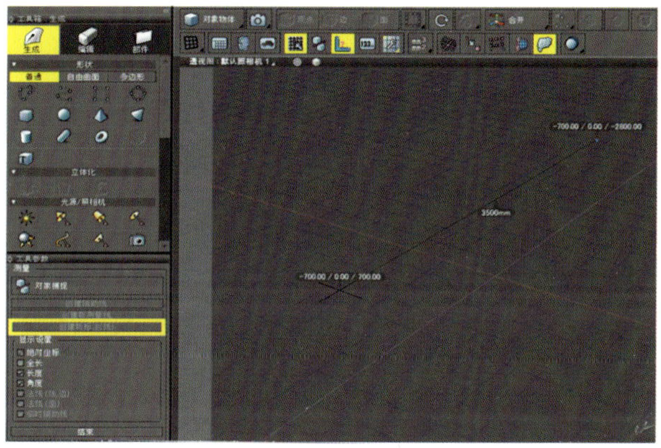

Point 1

删除标注请从控制栏中选择“测量”→“标注”。从“标注”窗口中选择要删除的物体名称，然后单击“删除”按钮。

Point 2

可以根据每个形状显示标注。
详情请参照Chapter 1“18 显示标注”。

Chapter 2

建模操作

20 形状的种类

线形、自由曲面、多边形网格和NURBS是构成形状的要素。

软件支持点光源、聚光灯、平行光源、面光源、线光源、环境光和配光在内的光源要素及照相机等。

同时支持用于动画的各种关节（球关节、骨骼关节、旋转关节和缩放关节等）。

线形

由贝塞尔曲线组成的线形。

可以在工具箱中执行“生成”→“形状”→“普通”来创建。

这是建模必备的直线线形和曲线线形等基本线条形状。

“闭合线”是起点和终点连接的线形，在这种情况下，闭合部分将形成一个面。

“开放线”是起点和终点未连接的线，不会在渲染中显示。

可以将线形立体化为自由曲面/拉伸体/旋转体。

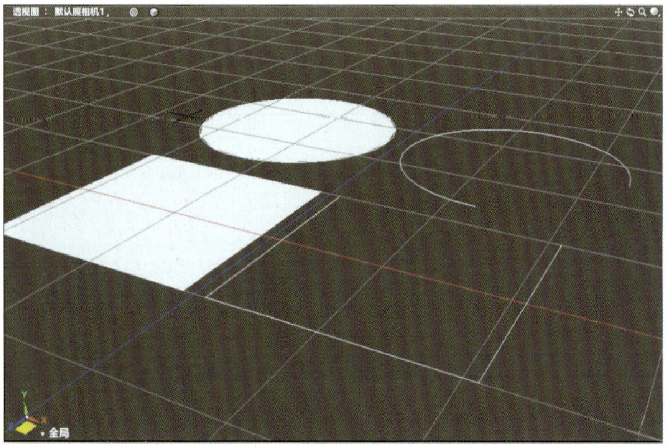

自由曲面

可以在工具箱中执行“生成”→“形状”→“自由曲面”中创建，也可以将线形插入自由曲面部件来创建曲面。

此功能擅长表现曲面，适合对人体和面部等柔软物体进行建模，还可以将自由曲面转换为多边形网格。

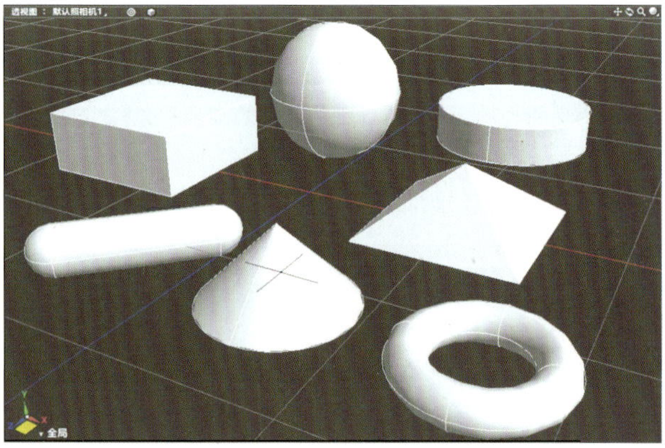

多边形网格

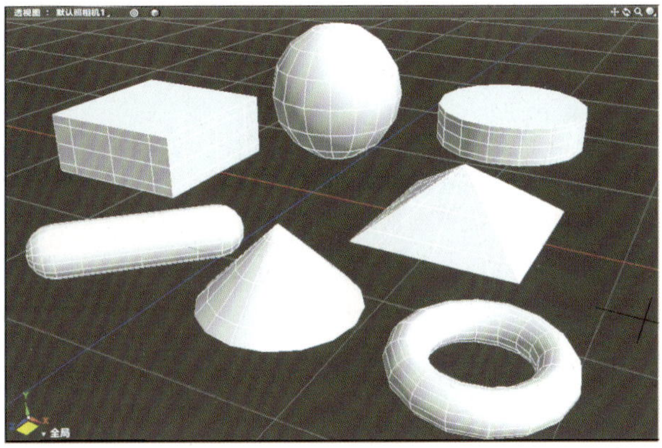

可以在工具箱中执行“生成”→“形状”→“多边形”来创建。
由多个顶点和多个面构成的形状，与3DCG工具连接时，建议使用多边形网格来编辑形状。

NURBS

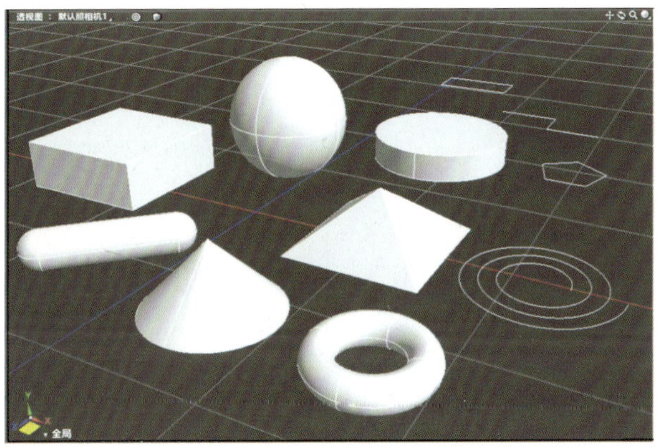

Professional版支持使用NURBS进行建模。从建模画面左上方的“切换模式”弹出菜单中选择“CAD”，将显示用于NURBS形状建模的工具箱。
NURBS是表现曲线和曲面的方法之一，可以执行高精度且复杂的建模。此外，搭载仅由线形组成的“NURBS曲线”和由单个或多个面和曲面组成的“NURBS曲面”功能，在与CAD工具进行数据连接时，建议使用NURBS形状进行编辑。

光源

软件搭载无限光源、点光源、聚光灯、平行光源、面光源、线光源、环境光和配光（IES）。

光源是渲染过程中照亮场景的要素。在工具箱中执行“生成”→“光源/照相机”来创建，并可以在集成面板中设置无限光源。

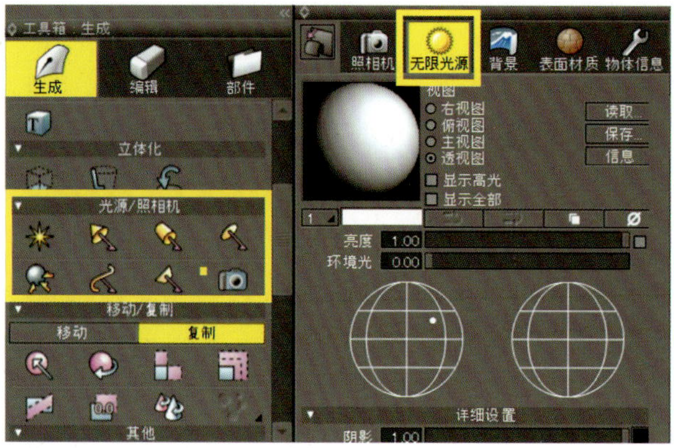

照相机

软件同时搭载了不放置在场景要素中的“元照相机”和放置在场景中的“对象照相机”。

制作照相机动画可以使用对象照相机，在工具箱中执行“生成”→“光源/照相机”来创建。

可以通过集成面板的“照相机”组来调整照相机参数。

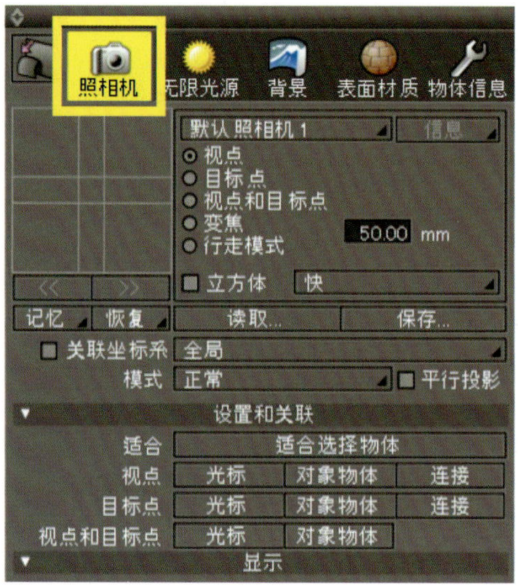

21 镂空多边形网格形状（布尔运算）

B S P

可以使用布尔运算来镂空形状。

当存在两种形状时，可以使用其中一种形状进行镂空，结合或切除两种形状重叠的部分。

由于形状本身会受到影响，因此可以将形状维持现状输出到3D打印机或其他3DCG工具中。

(1)

在浏览器中选择需要进行镂空的形状。

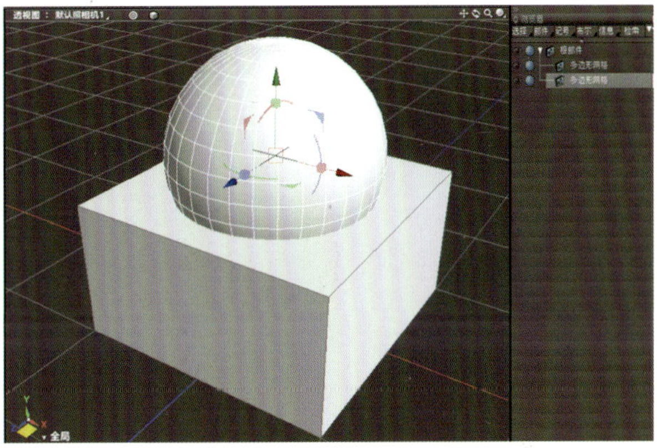

(2)

从工具箱中选择“编辑”→“共同”→“布尔运算”。

(3)

在浏览器中选择镂空所使用的形状。

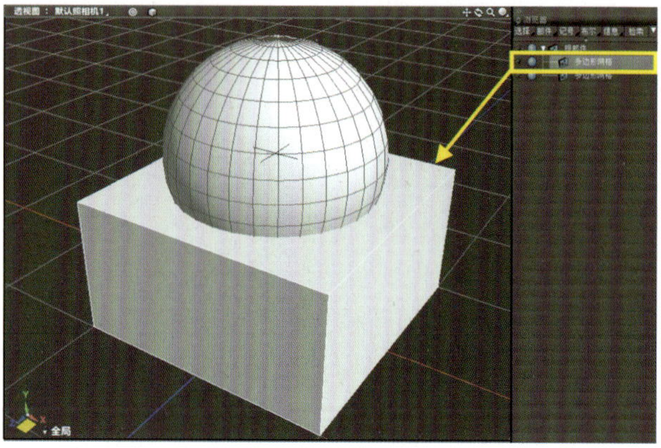

(4)

在工具参数中可以选择布尔运算的类型。单击左上方的“镂空”，然后单击“确定”按钮。

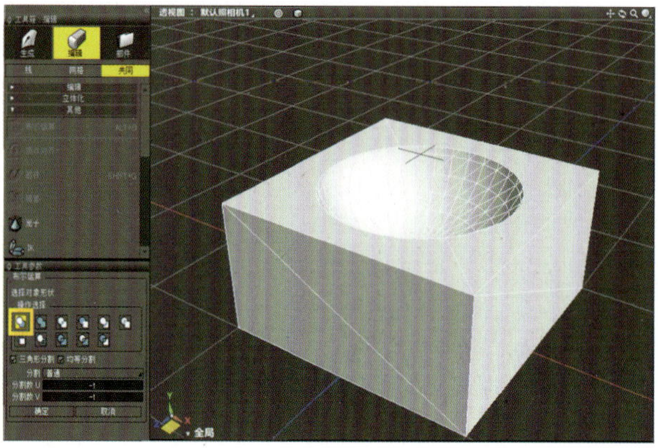

Point 1

布尔运算功能仅允许在多边形网格上执行，自由曲面需先将其转换为多边形网格再执行。

Point 2

NURBS形状可以在检查外观的同时进行镂空（浮动式）。
详情请参照Chapter 2“33 使用NURBS布尔运算确认执行结果并镂空形状（浮动式）”。

22 重置部件的转换

在对象物体模式下重复移动、旋转或缩放部件与关节，则转换行列有可能变得复杂并遇到意外的问题。使用该功能可以在不影响形状的情况下重置转换。

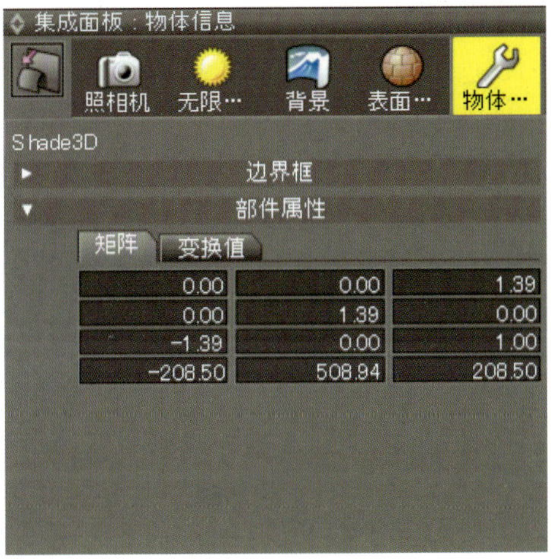

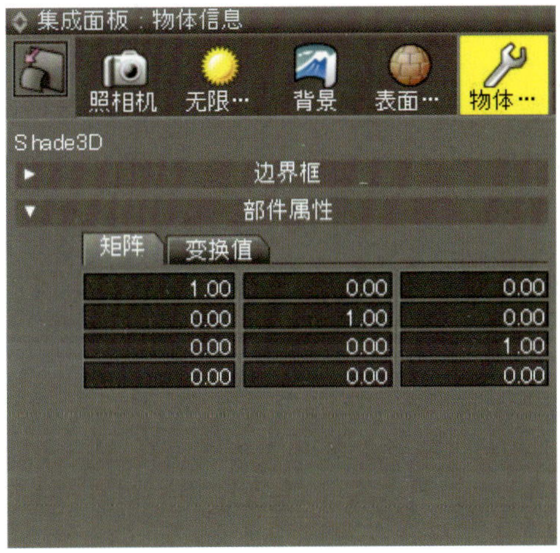

Point 1

重置部件意味着将比例设置为(1，1，1)，将切断/旋转/移动设置为(0，0，0)。

(1)

在浏览器中选择目标部件或关节。

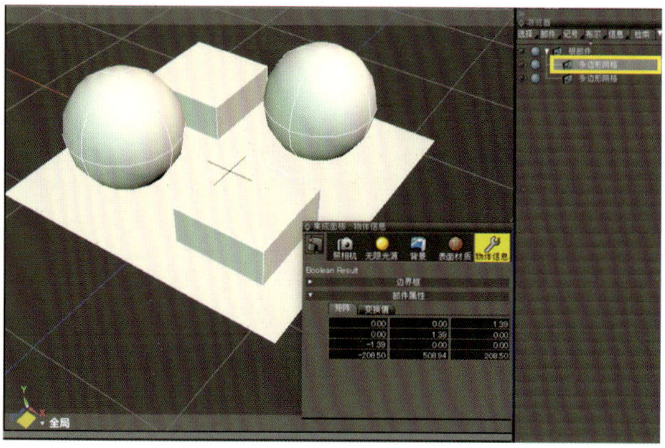

(2)

在工具箱中选择“生成”→“移动/复制”→“移动”→“关节操作”，然后从弹出菜单中选择“重置部件的转换”。

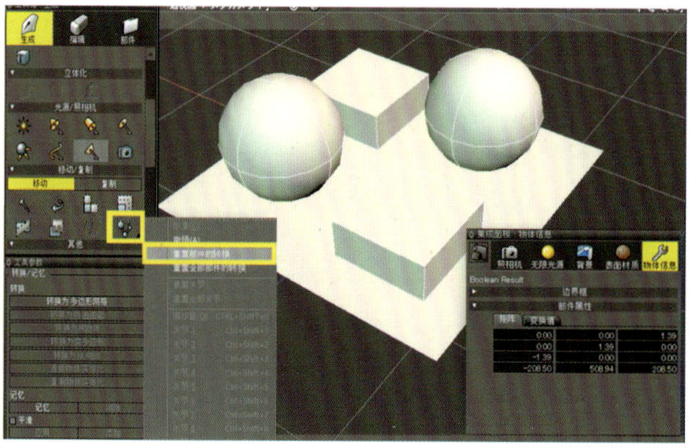

(3)

所选部件的转换行列将被重置。

(4)

重置部件的所有子元素请选择“重置所有部件的转换”。

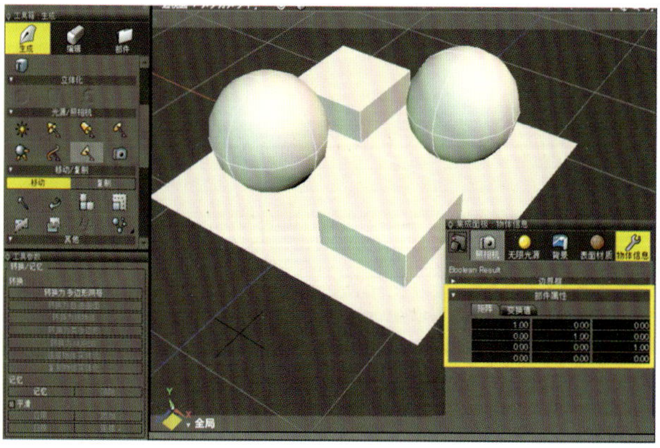

Point 2

“骨骼”不支持“重置部件的转换”。

23 复制形状

关于复制形状，有时会在场景中复制形状，有时会将形状复制到其他场景。根据复制后要放置的场景选择不同的复制方法。

将形状复制到其他场景

(1)

在浏览器中选择要复制的形状，然后在主菜单中选择“编辑”→“复制”。

(2)

打开要复制形状的场景，然后从主菜单中选择“编辑”→“粘贴”。

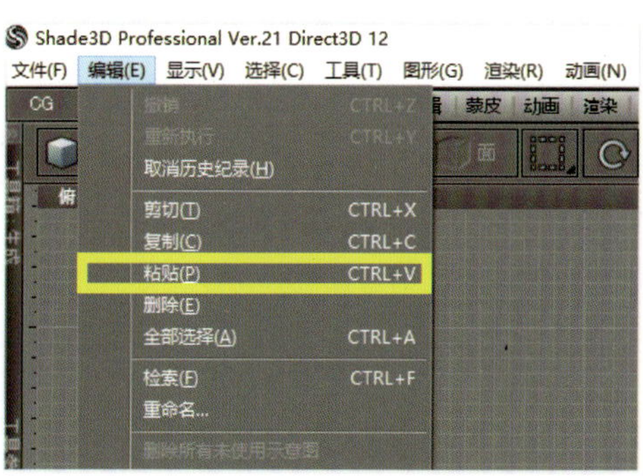

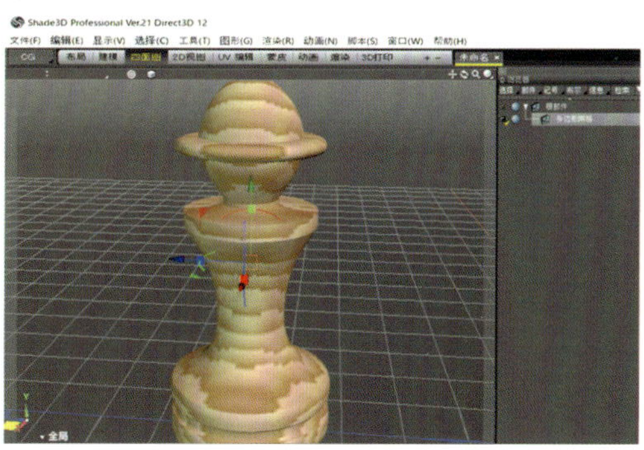

(3)

形状将被复制到其他场景。
此外，如果在表面材质中设置了主表面，将无法对主表面进行复制或剪切。

Point 1

在同一场景中复制并粘贴形状不会复制主表面。
可以利用此性质来删除主表面或仅复制形状。

在同一场景中复制形状

(1)

在浏览器中选择要复制的形状，然后从工具箱中选择“生成”→“移动/复制”→“移动”→“直线移动”。

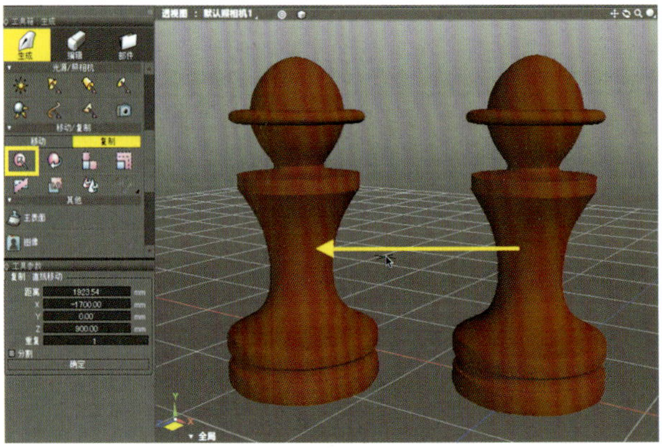

(2)

在视图中拖动形状时，鼠标松开的位置将复制形状。主表面也将被复制。

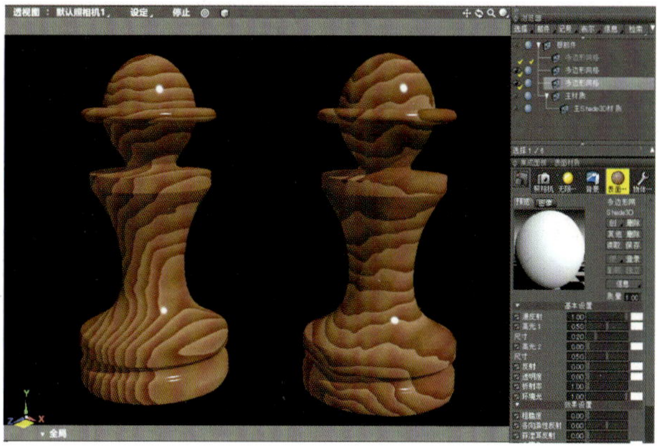

Point 2

使用快捷键复制时请选择要复制的形状，在Windows环境下按住“Shift+Z”组合键，在Mac环境下按住“Shift+option”组合键并拖动形状，形状将被复制到指定位置。

Point 3

在此页面上显示的形状副本中，复制的形状是独立的。
编辑原形状时，复制的副本形状不会同时更改。
如果要在原形状更改时同步更改复制的副本形状请使用“连接”。
详情请参照Chapter 2章“28 使用连接复制形状”。

24 通过旋转创建形状（旋转体）

BSP

使用旋转体功能可以使用截面的线形轻松地创建立体形状。以下将介绍如何制作茶碗。

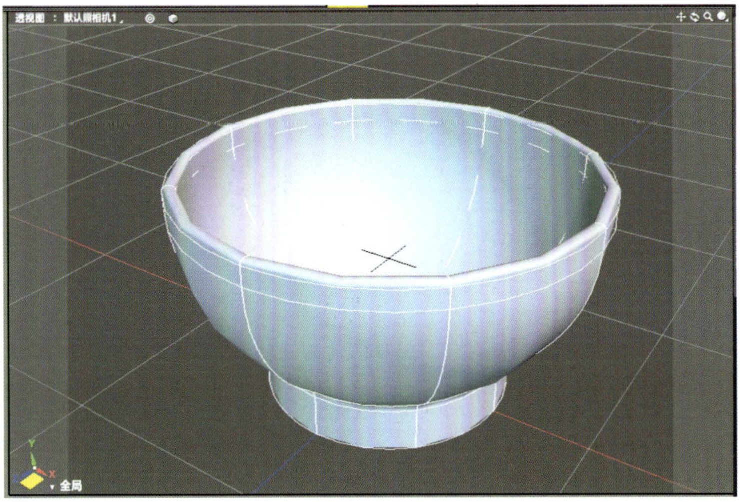

(1)

从工具箱的“生成”→“形状”→“普通”中选择开放线，在正视图中创建茶碗的横截面。

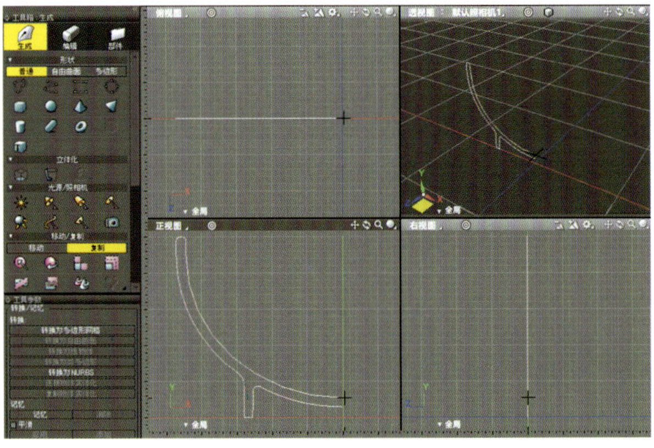

(2)

从工具箱的“生成”→“立体化”中选择“旋转体”。在图形窗口中拖动茶碗的横截面中心位置，将以拖动方向为轴生成旋转形状。

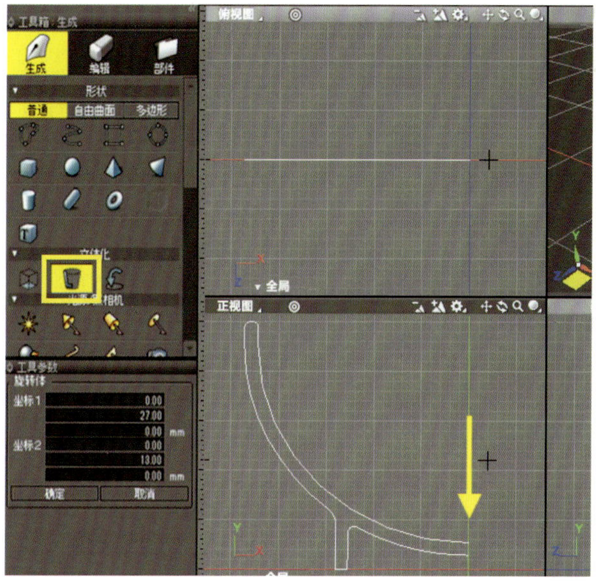

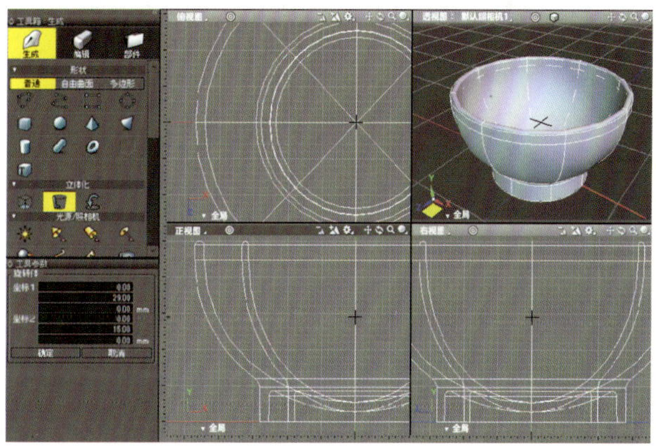

Point 1

轴的起始位置是3D光标的位置。在正视图中创建横截面视图时，请事先在俯视图中单击横截面的原点，然后固定3D光标的位置。

Point 2

选择旋转体，然后单击工具箱的“生成”→“立体化”→“恢复”按钮，可以返回到原始状态。另外，可以在集成面板的“物体信息”窗口中调整旋转体的轴方向和旋转角度。

25 扩展线形（偏移）

沿开放线形或闭合线形的面轮廓向外扩展或向内收缩时可以使用“偏移”功能。

(1)

在视图中选择要偏移的线，然后在工具箱中选择“编辑”→“线”→“偏移”。通过在图形窗口中上下拖动，可以将线形向内侧/外侧偏移。

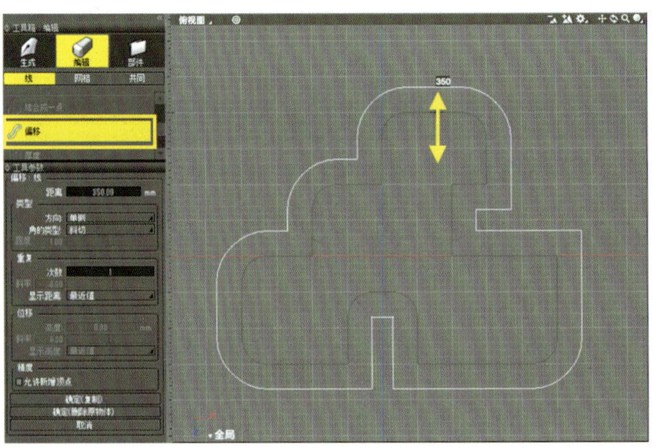

(2)

可以通过工具参数调整距离。
使用Enter键或工具参数中的“确定（复制）”按钮以完成线形的偏移。

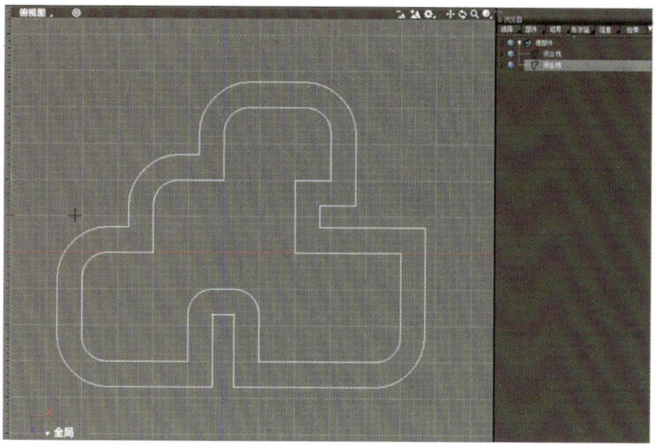

Point

偏移除了可以扩展“距离”外，还可以执行“重复”和“位移（高度）”等操作。
按Enter键或单击工具参数中的“确定（复制）”按钮之前都可以进行修改，非常方便。

26 轻松检查切断面

使用“切断面”功能可以轻松检查创建建筑物的厚度、平衡度和内部构造。

(1)

从主菜单中选择“查看”→“切断面设置”以显示“断面设置”窗口。

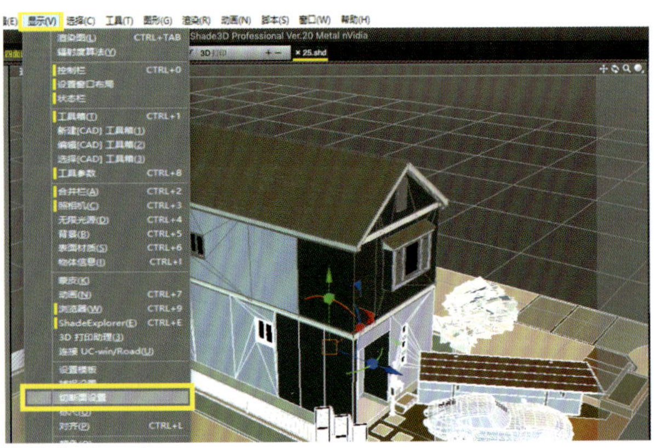

(2)

勾选“有效”复选框，根据“切断位置”滑块在指定的轴方向将一侧隐藏。

“切断位置”将根据在浏览器中选择的形状，显示为0.0~1.0的数值。

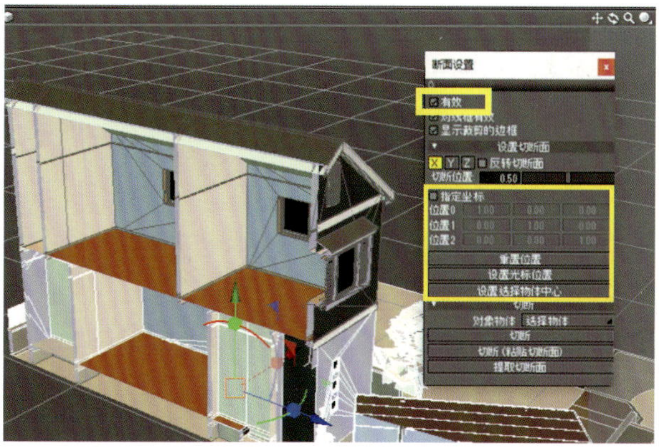

Point 1

可以使用“切断面设置”窗口中的XYZ轴、“切断位置”和“反转切断面”复选框来更改切断的方向和位置。

(3)

选择“设置光标位置”“设置选择物体中心”或“指定坐标”来设置切断面的位置。

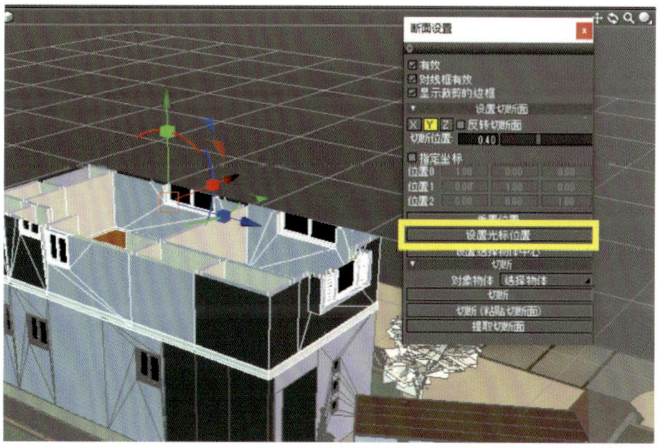

Point 2

切断面功能适用于场景中的所有形状（切断面的“切断位置”随各个选定形状变化）。

当返回建模工作时，可以关闭断面设置中的“有效”复选框。

显示切断面的状态不会反映在渲染中。
如果要在渲染时显示切断面，可以在“断面设置”窗口中执行“切断”，在切割状态下生成多边形网格。

27 解除镜像与实体化

"镜像"是为使用自由曲面/多边形网格/NURBS所创建的形状生成镜像的功能。
镜像形状在浏览器中将显示"镜像"标签，并且仅存在一半的实体。
解除镜像或者实体化的操作根据"自由曲面/多边形网格"和"NURBS"有所不同。

自由曲面/多边形网格的镜像解除、实体化

(1)

在浏览器中选择目标形状，然后在工具箱中选择"编辑"→"共同"→"镜像"。

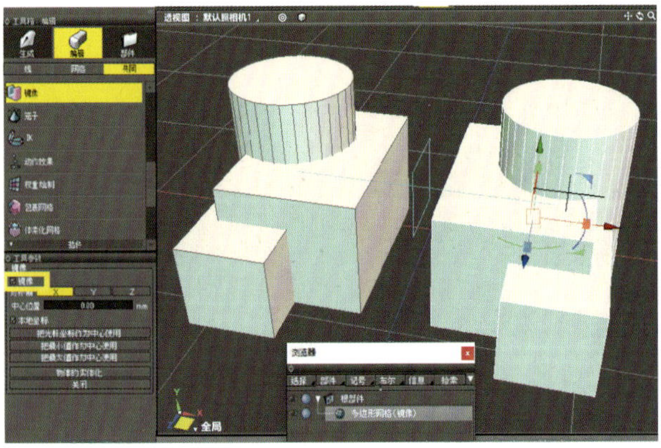

(2)

取消工具参数中的"镜像"复选框可以取消镜像。
如果单击"物体的实体化"按钮，则对该形状执行实体化，并取消镜像。

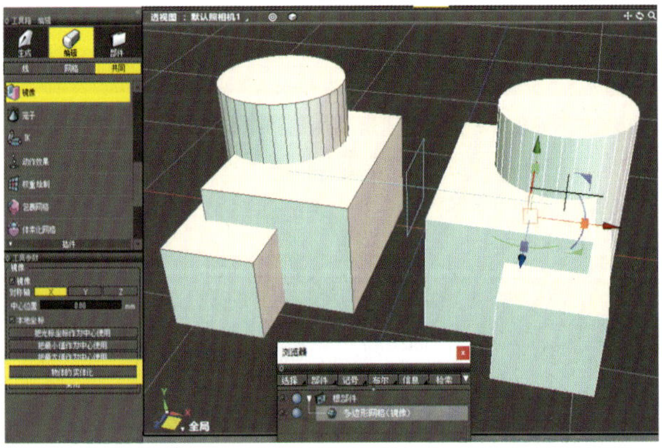

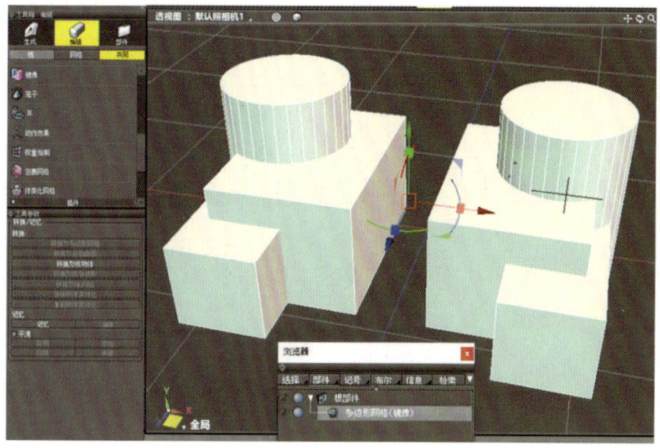

NURBS的镜像解除、实体化

(1)

在浏览器中选择目标形状，然后在CAD模式下从工具箱中选择“新建[CAD]”→“镜像”。

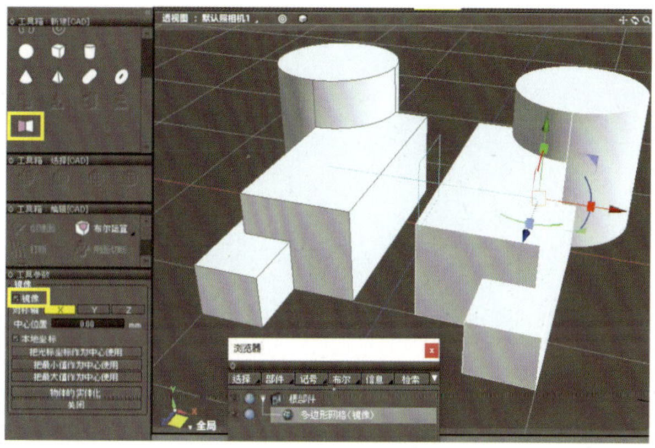

(2)

取消工具参数中的“镜像”复选框可以取消镜像。
如果单击“物体的实体化”按钮，则对该形状执行实体化，并取消镜像。

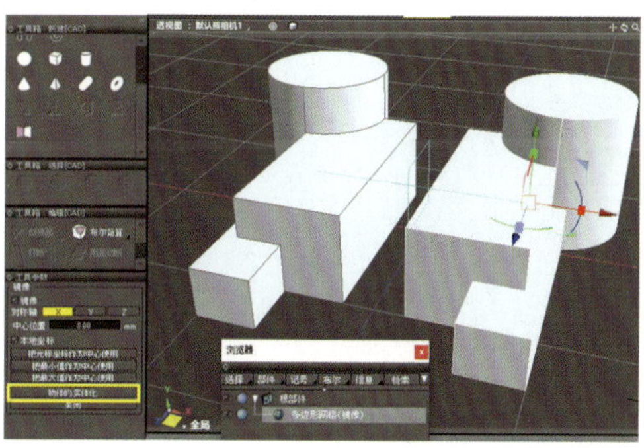

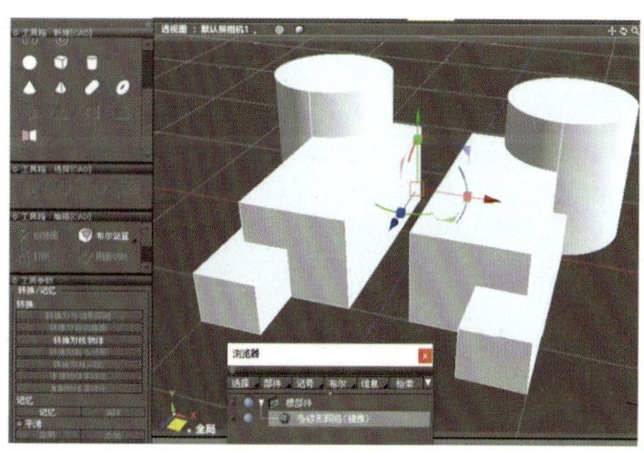

28 使用连接复制形状

复制粘贴形状时，会将原始形状和粘贴形状判定为不同的两个形状。

使用“连接”功能时，原始形状被视为主对象，当编辑原始形状时，编辑结果将同时反映在连接形状中。此外，由于使用原始形状作为参照，因此还能节省内存使用量。

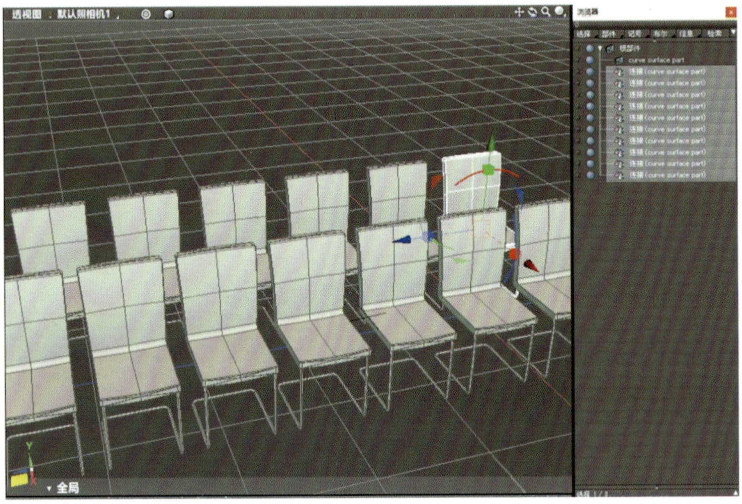

(1)

在浏览器中选择形状，然后在工具箱中选择“生成”→“移动/复制”→“复制”→“连接”。

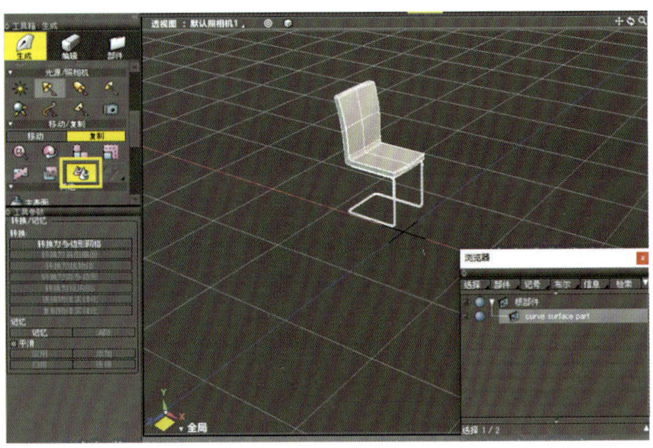

(2)

在图形窗口中拖动以复制连接形状。

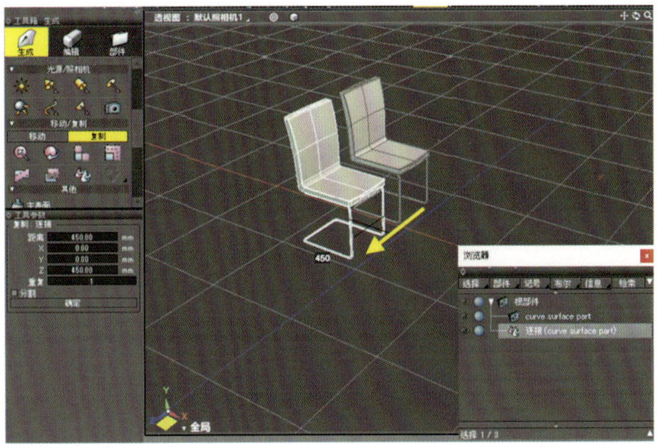

(3)

浏览器中将显示“连接（原始形状名称）”标签。

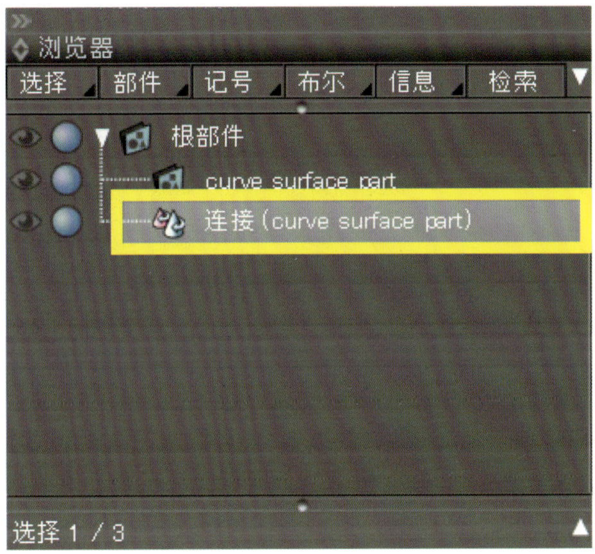

29 NURBS建模的基本操作顺序

在许多CAD软件中使用的NURBS形状的特征是数值的高精确度。

常规的一般形状和多边形网格在运行布尔运算后将变为多边形网格，但NURBS形状会保持原状并维持曲线的平滑度，不会因为多边形分割而产生误差。因此可以准确地计算距离、体积、重心等数据。以下将使用NURBS创建一个齿数18，半径50mm的齿轮。

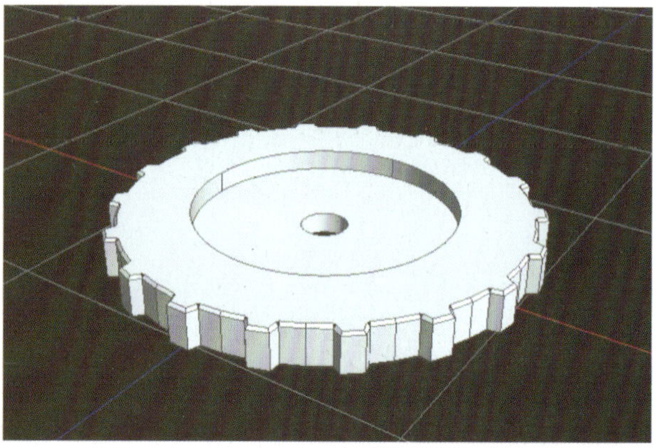

(1)

请从窗口布局左侧的“切换模式”弹出菜单中选择CAD来进行NURBS建模。

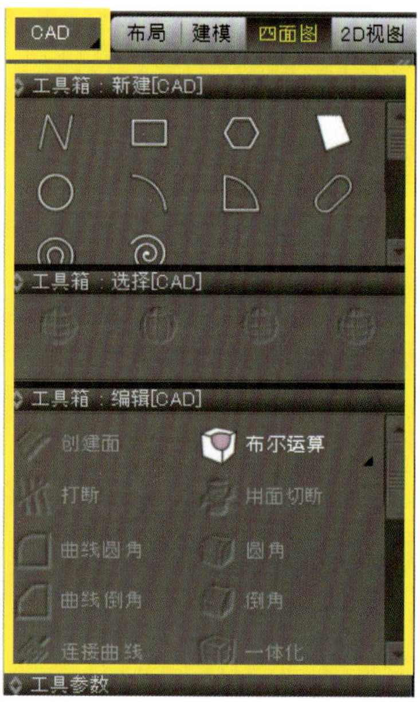

(2)

在CAD模式下，从工具箱中选择“新建[CAD]”→“扇”，然后在俯视图中拖动以创建一个扇形形状作为齿轮的参考。

在工具参数中将显示“创建扇形”，在中心的X，Y，Z项目中输入“0”，在端点Z项目中输入“-50mm”，在角度中输入“20”，然后点击“确定”按钮。

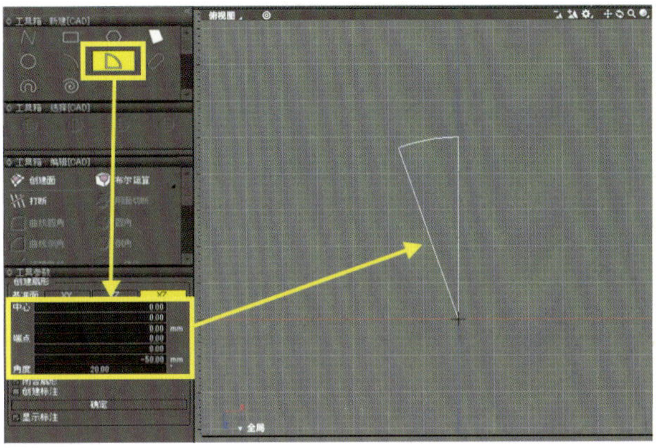

Point 1

如果视图过小不易于操作，请从“图形”菜单中选择“图面操作”，点击“缩放以适合窗口”。

(3)

从“工具”菜单的“移动”中选择“旋转”，然后以扇形的“角”为基准旋转10°。

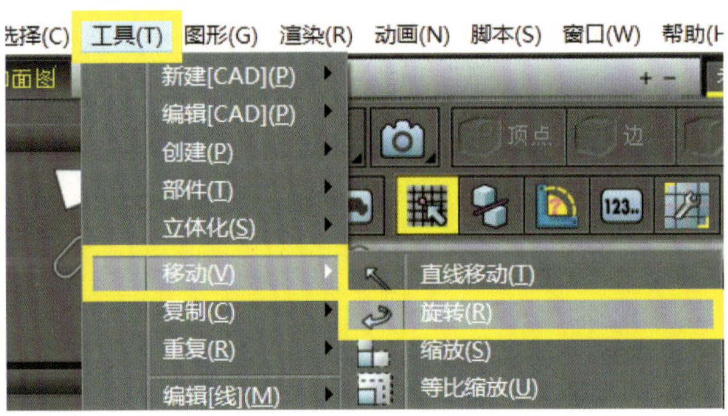

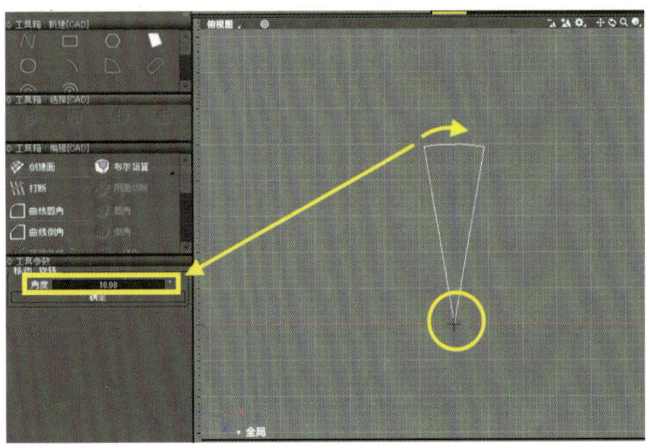

(4)

从控制栏中选择“捕捉设置”并开启对象捕捉。

从工具箱中选择“新建[CAD]”→“曲线”，以扇形两侧的“点”为基准绘制齿轮的齿形。

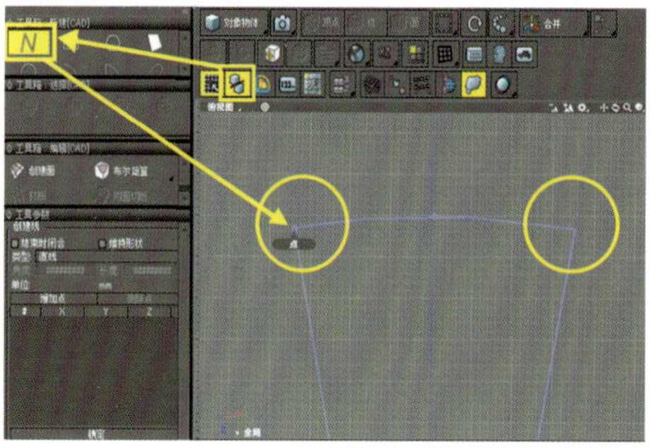

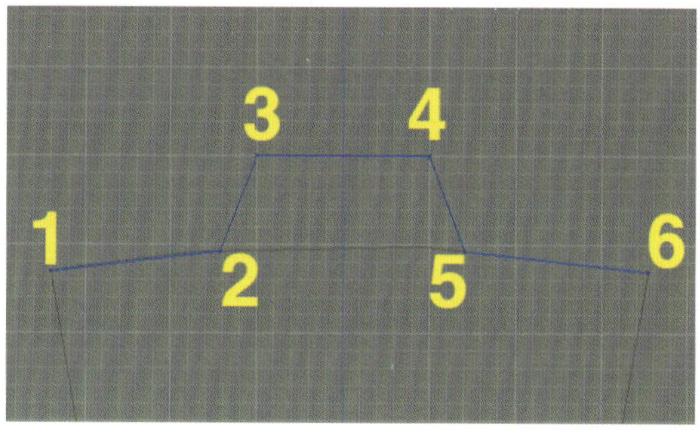

Point 2

创建齿轮的齿形时，请确保“1”和“6”与扇形的角点吻合。

(5)

在浏览器窗口中选择使用NURBS创建的“齿轮齿形”。

从工具菜单中选择“复制”→“旋转”，然后以扇形的角为基准旋转20°。

可以通过左下角的工具参数将角度设置为“20”°，重复设置为“17”，然后单击“确定”。

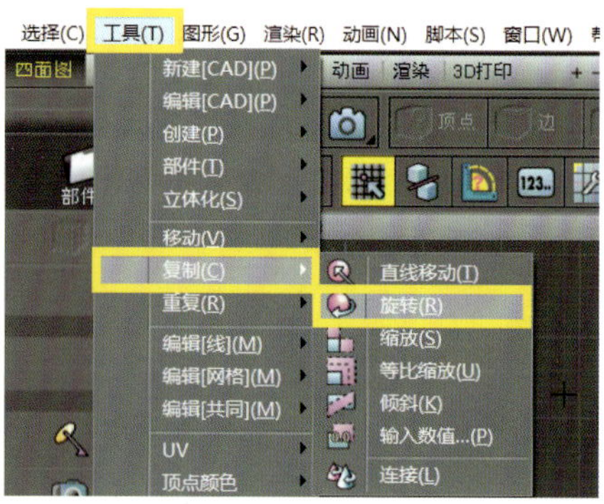

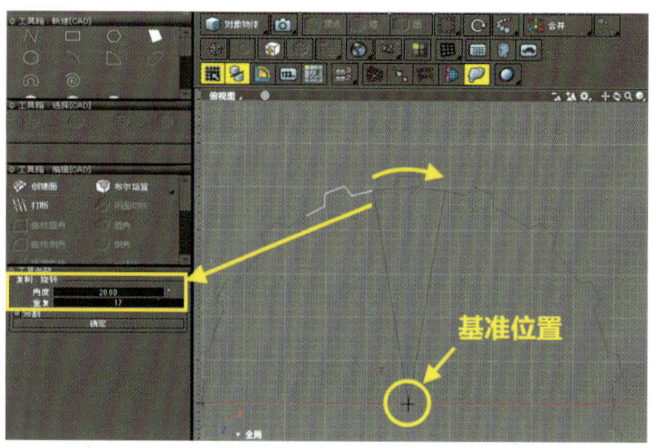

(6)

将生成一个“半径”50mm，“齿数”18的齿轮。

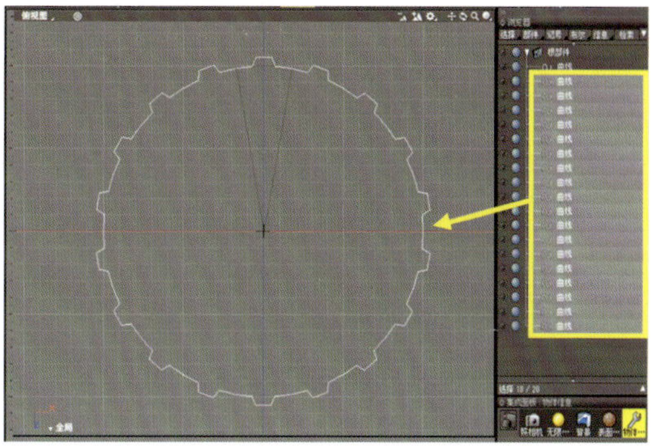

(7)

在浏览器中按住Ctrl键[Windows]/Command键[macOS]的同时选择多条齿的曲线，然后从工具箱中选择“编辑[CAD]”→“连接曲线”。这样会以齿轮边缘生成一条NURBS曲线。

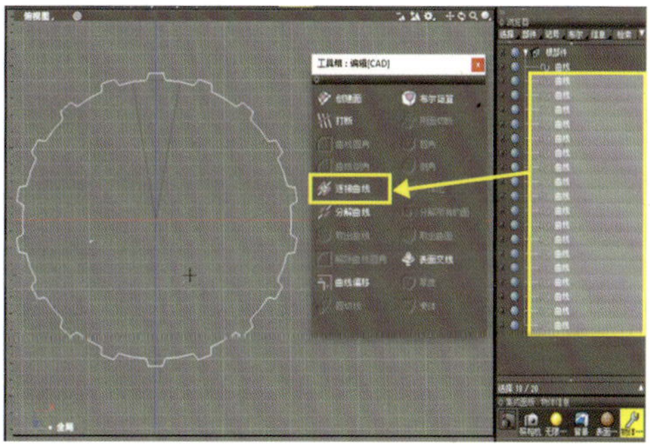

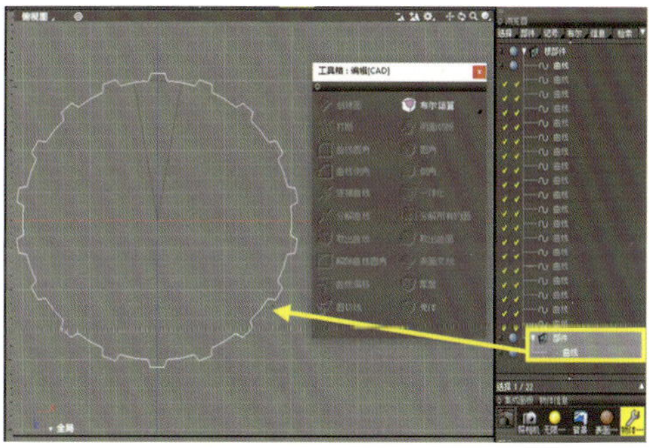

(8)

设置齿轮的厚度。

从工具箱中选择“新建[CAD]”→“拉伸”，然后在“拉伸体”工具参数的坐标1的Y轴中输入“10”。将创建10mm厚的NURBS曲面。

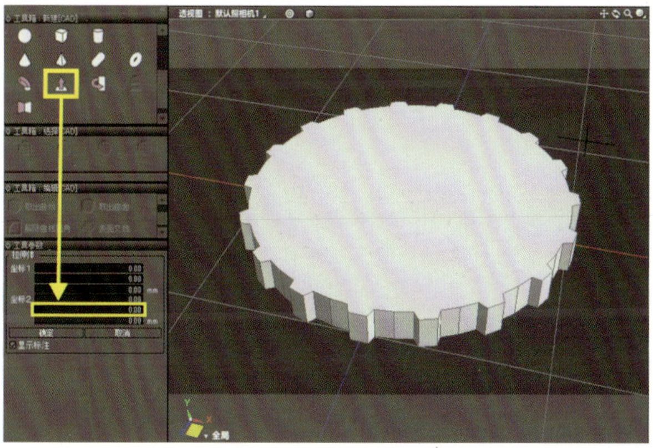

Point 3

当Z坐标被指定为上方向时，在坐标2的Z轴中输入“10”。

(9)

对齿轮的顶部和底部执行“倒角”。切换至“物体编辑”模式+“面”选择模式，然后在俯视图中选择齿轮。齿轮的顶部和底部将被选择。

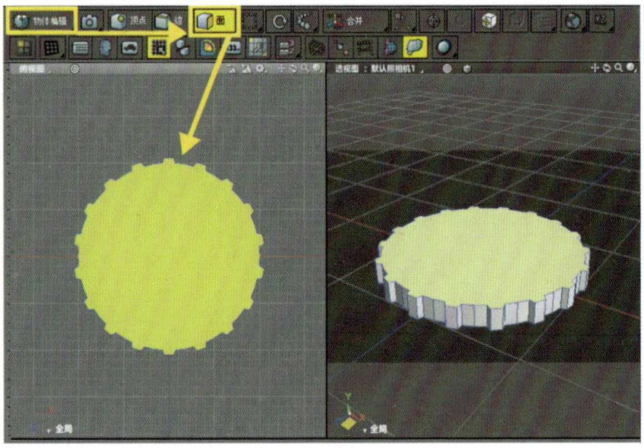

Point 4

如果控制条中的对象捕捉为开启状态，请将其关闭。

(10)

转换为“边”选择模式，此时仅齿轮的边缘部分处于选择状态。

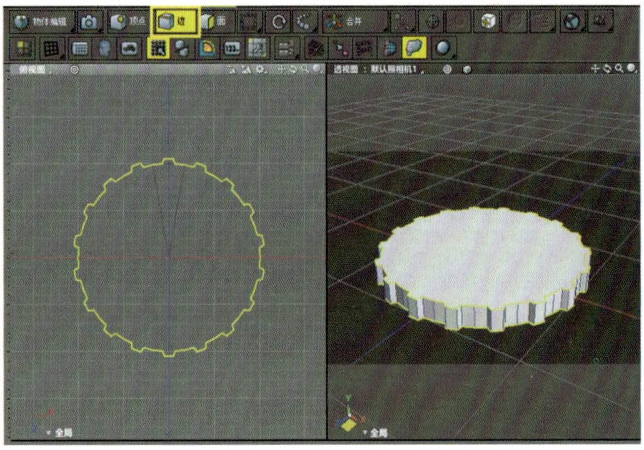

(11)

从工具箱中选择“编辑[CAD]”→“倒角”，在工具参数中将“距离”设置为0.7mm，然后单击“确定”按钮。

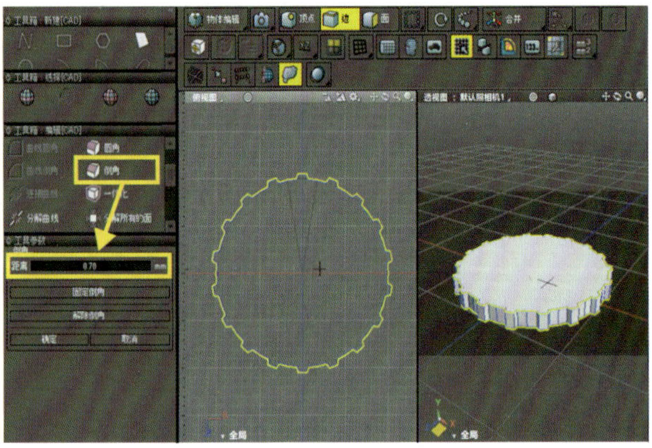

(12)

沿齿轮的轴线制作凹痕。
对于NURBS可以使用布尔运算执行此操作。从工具箱中选择“新建[CAD]”→“圆柱”并根据凹痕的大小来创建NURBS曲面。

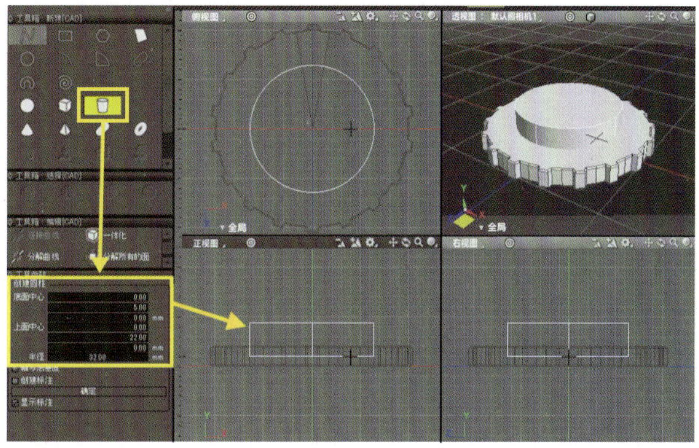

(13)

从浏览器窗口的“布尔运算”中选择“布尔运算：差”以创建“布尔运算：差集”部件。将齿轮的NURBS曲面和凹痕的NURBS曲面放入部件中。
完成此操作将生成齿轮轴部分的凹痕。

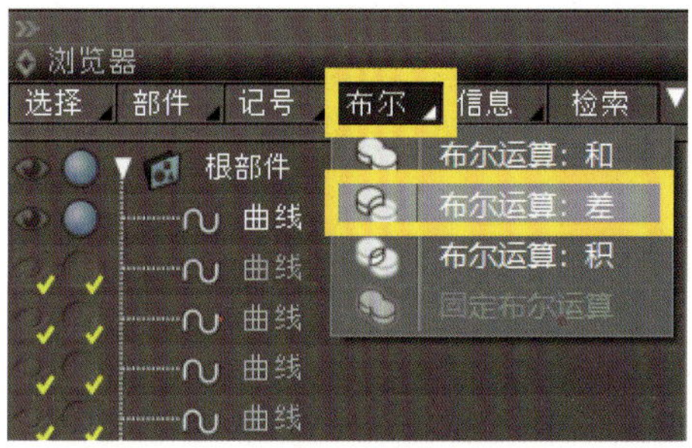

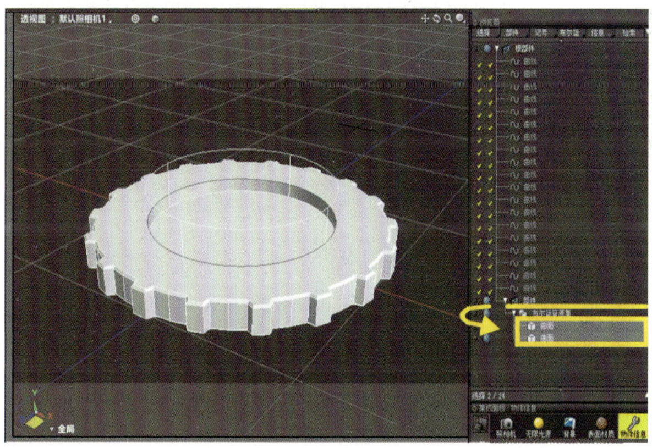

Point 5

请使用相同的步骤在“底部”也生成凹痕。

(14)

在齿轮上打孔。使用工具箱中的“新建[CAD]”→“圆柱”创建一个圆柱体并使其穿透齿轮，然后将圆柱体移入浏览器窗口的“布尔运算：差集”部件中。
此时，部件中包含齿轮的凹痕和打孔用的NURBS曲面。另外，在部件内部放入构成齿轮、凹部和孔的NURBS曲面。

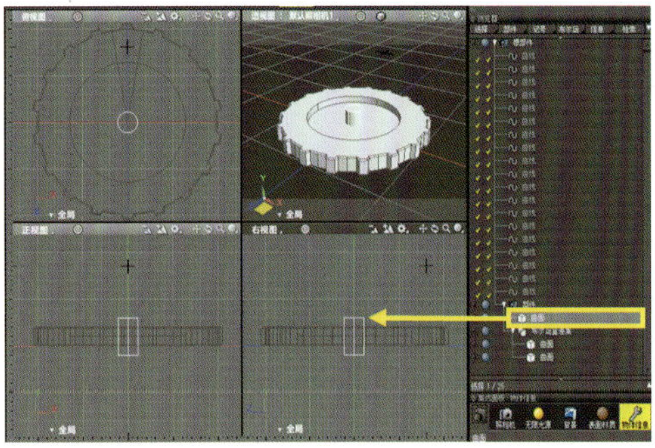

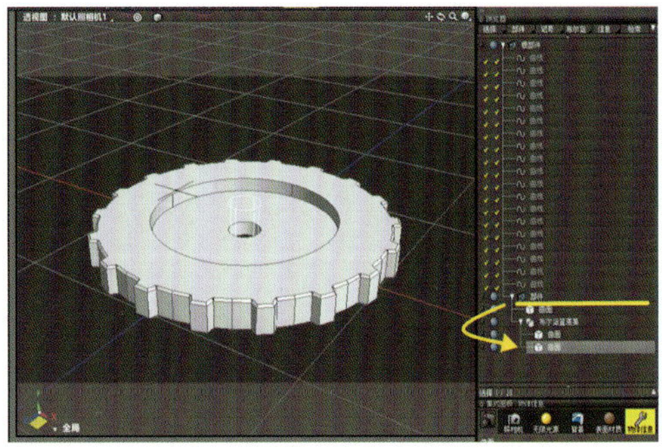

Point 6

如果无法顺利打孔，请在布尔运算的部件中调整形状的设置。

(15)

将布尔运算生成的形状实体化。
选择“布尔运算：差集”部件，然后从浏览器的布尔运算菜单中选择“固定布尔运算”。将生成一个应用了布尔运算“差”效果的NURBS形状。

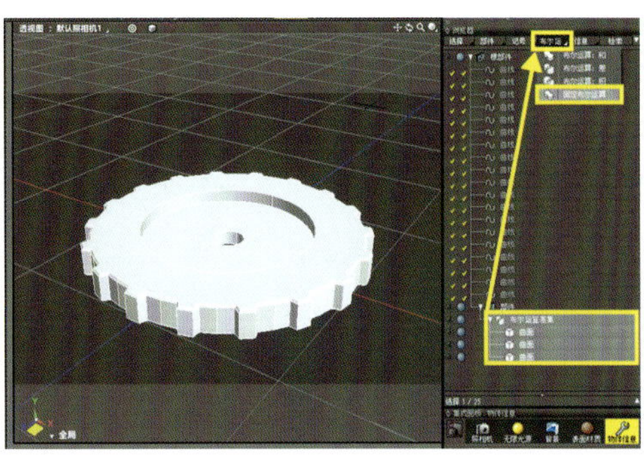

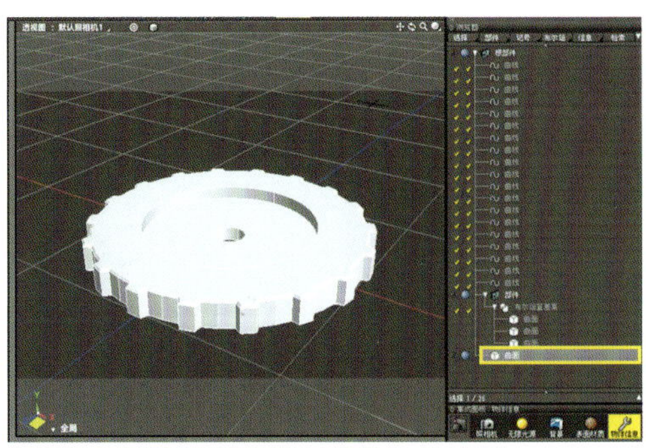

30 NURBS建模中的圆角

在NURBS建模时使用“圆角”，NURBS曲线会以线的控制点为中心形成圆角。
将在NURBS曲面中的棱线（边）上形成圆角。
可以根据需要创建的形状指定精确的圆角。

(1)

对NURBS曲线执行圆角，请先选择NURBS曲线，然后在“物体编辑”模式下选择控制点。

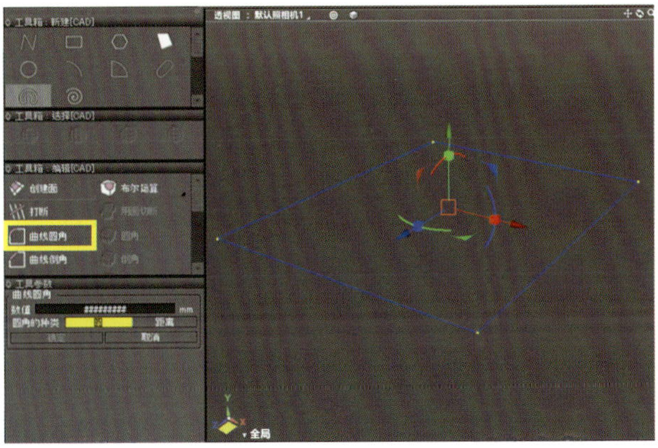

(2)

从工具箱中选择“编辑[CAD]”→“曲线圆角”以显示工具参数。
通过将圆角的种类选择为“距离”，圆角将以指定半径的圆相接的控制点为中心。

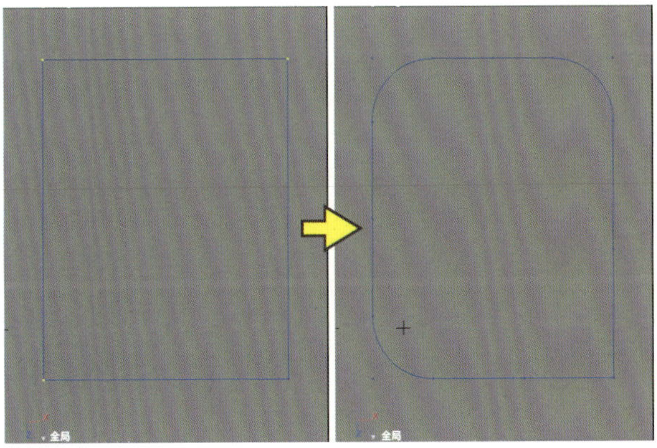

(3)

对NURBS曲面进行圆角处理时请先选择NURBS曲面，并在“物体编辑”模式下选择边。

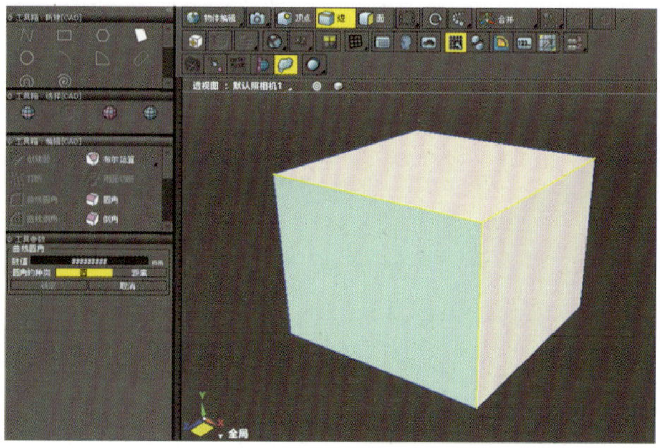

(4)

从工具箱中选择“编辑[CAD]”→“圆角”以显示工具参数。

圆角的种类指定为“圆”，将在指定半径处生成圆角曲面。

圆角的种类指定为“距离”，将以边的距离生成圆角曲面。

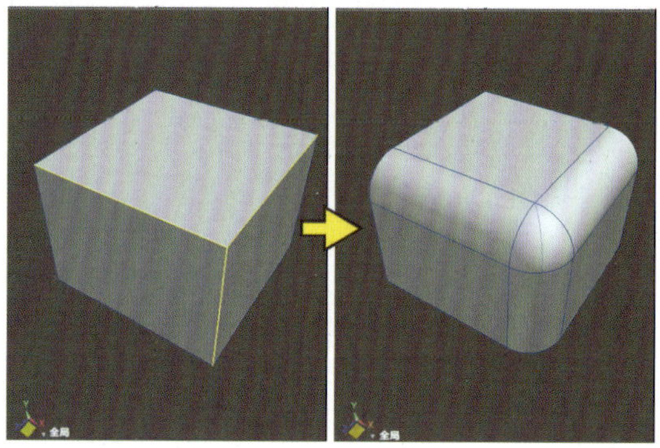

(5)

通过将圆角应用于NURBS曲面相交的边上，可以轻松且精确地表现无法在自由曲面或多边形网格中执行的圆角。

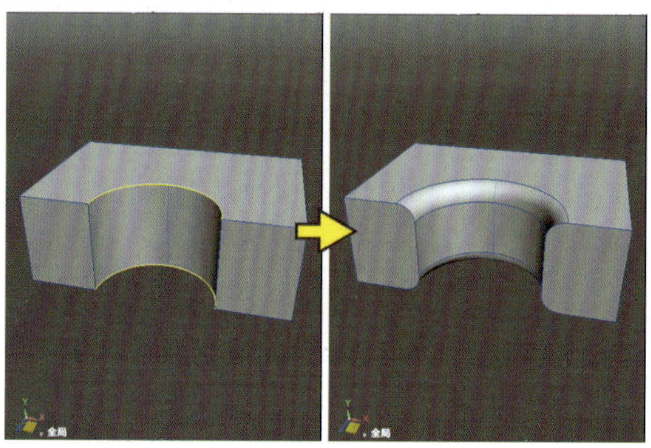

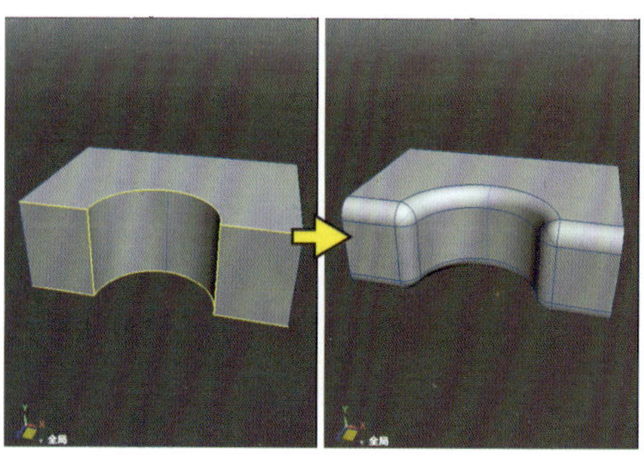

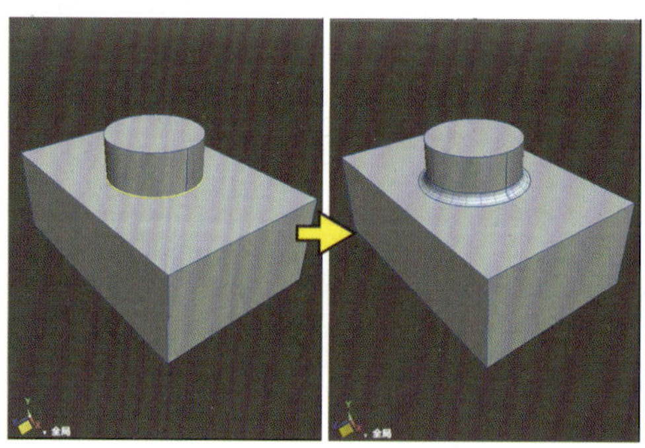

31 NURBS建模中的倒角

在NURBS建模时使用“倒角”，NURBS曲线会以线的控制点为中心切除角。
将在NURBS曲面中切除棱线（边）上的角。

(1)

对NURBS曲线执行倒角，请先选择NURBS曲线，然后在“物体编辑”模式下选择控制点。

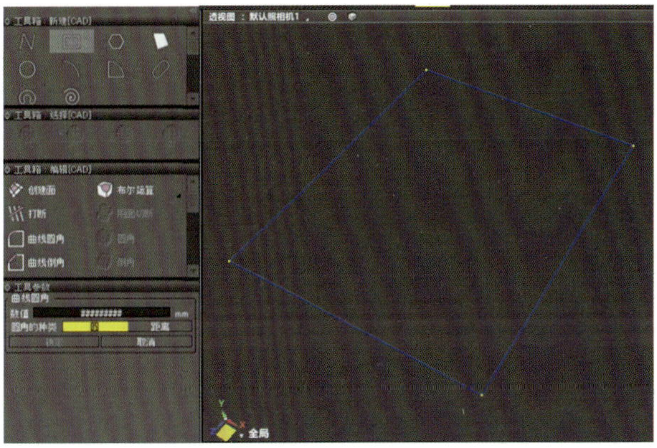

(2)

从工具箱中选择“编辑[CAD]”→“曲线倒角”以显示工具参数。
通过将倒角的种类选择为“距离”，将沿着角边切除指定的距离。

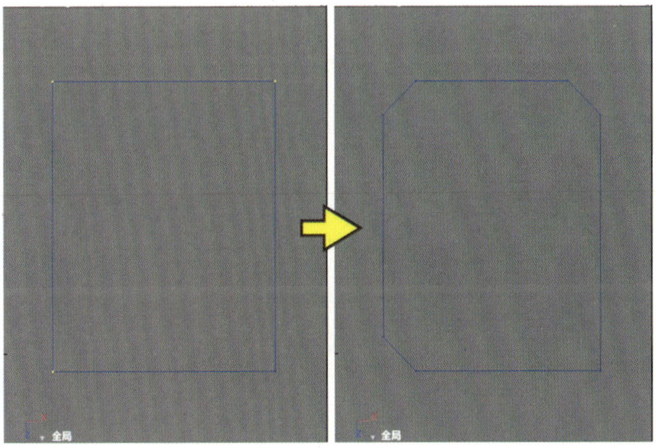

(3)

对NURBS曲面使用倒角时，选择NURBS曲面，然后在“物体编辑”模式下选择“边”。

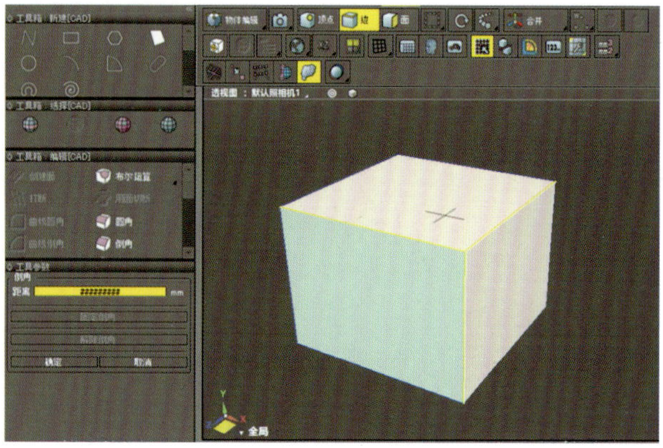

(4)

如果从工具箱中选择“编辑[CAD]”→“倒角”，在工具参数中将显示“倒角”。倒角的种类指定为“距离”，以指定的距离应用倒角。

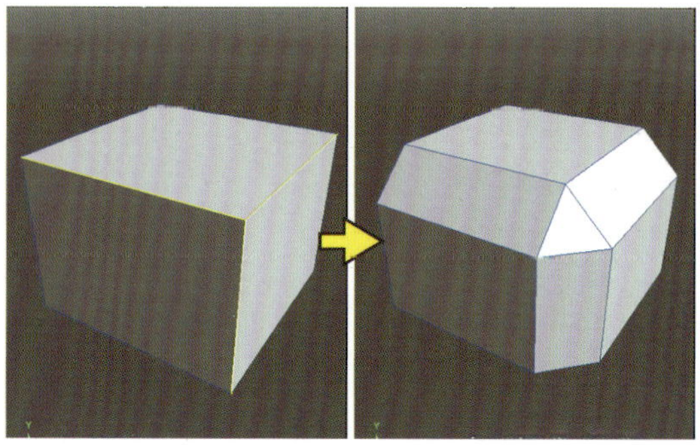

(5)

对NURBS曲面相交处应用“倒角”，可以准确且轻松地进行编辑。

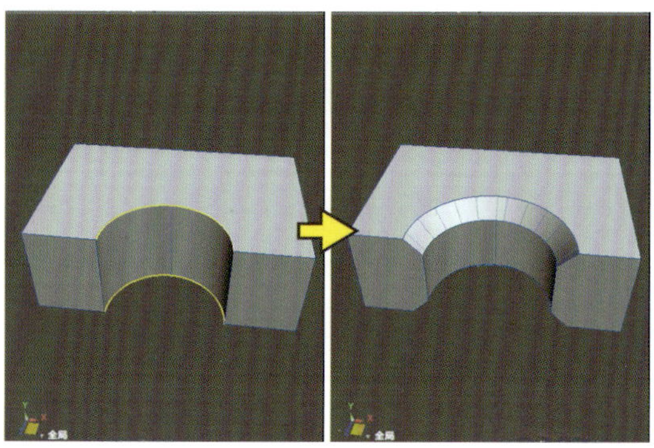

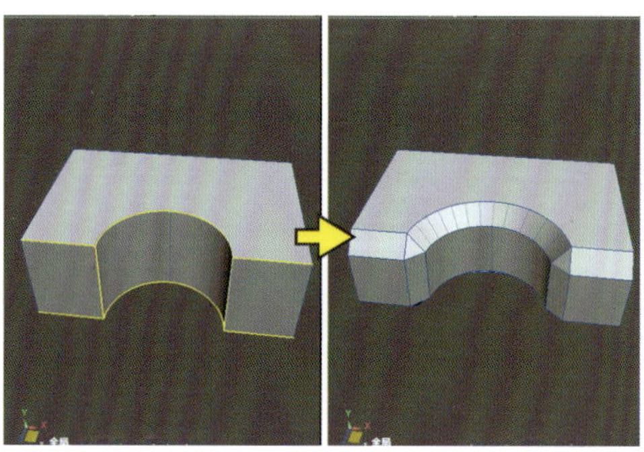

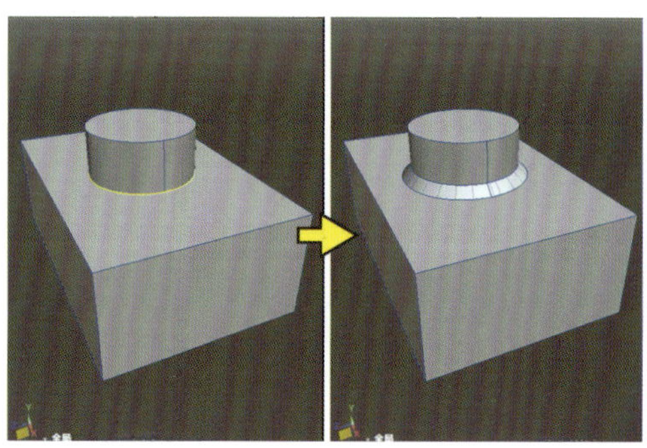

32 在NURBS曲面设置原点(接合点)并与其他表面的原点连接(组装)

使用组装功能可以将NURBS中创建的两个形状的“端点”“曲线”“中点”“面”和“面的中心”等基准点连接在一起。

组装的原点将以操纵器的形式显示，并且可以自由设置位置和角度。

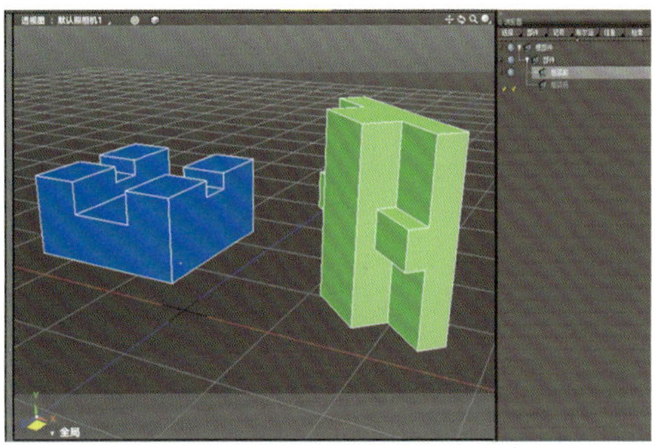

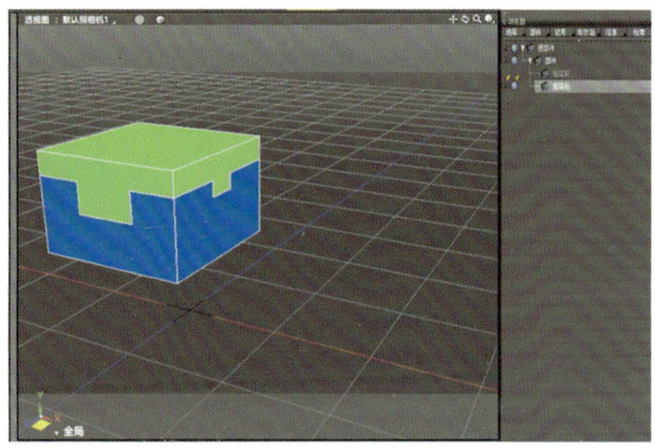

(1)

准备用于连接的两个形状并选择其中一个形状，然后从“控制栏”中选择“组装”。

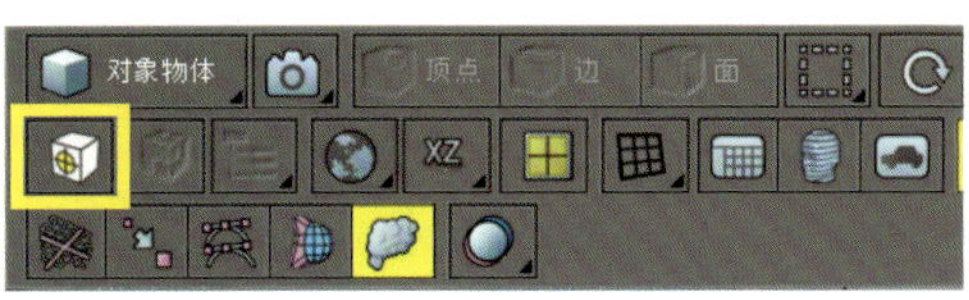

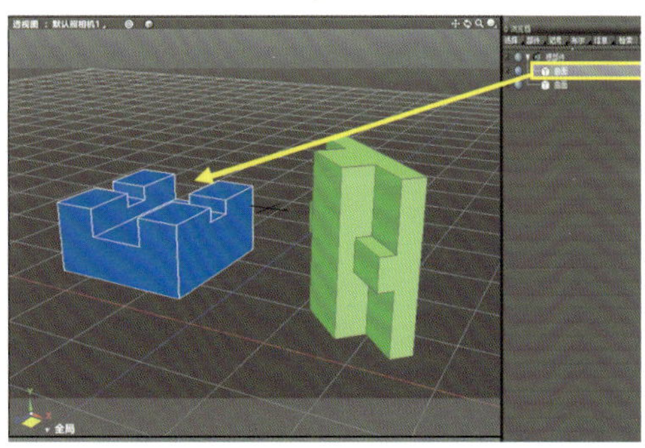

(2)

单击“端点”“曲线”“中点”“面”，“面的中心”等的任意点。
此处单击的是面的中心。

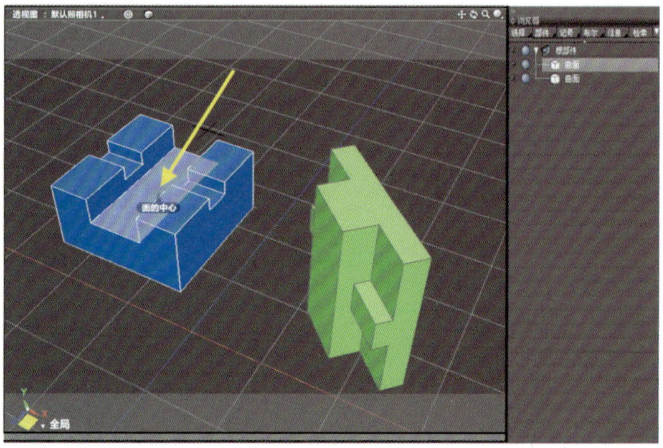

Point 1

“对象捕捉”将自动开启。
请根据需要在“捕捉设置”窗口中单击对象要素。

(3)

在单击的位置将生成组装的原点（接合点）。
接合点可以移动和旋转，也可以通过在工具参数中修改数值进行控制。在工具参数中点击“确定”完成设置。

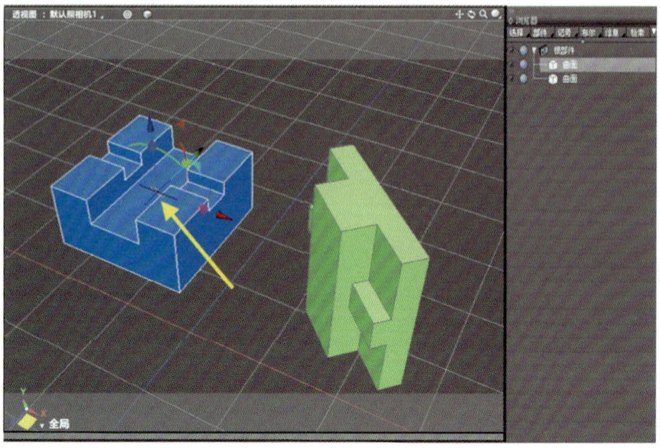

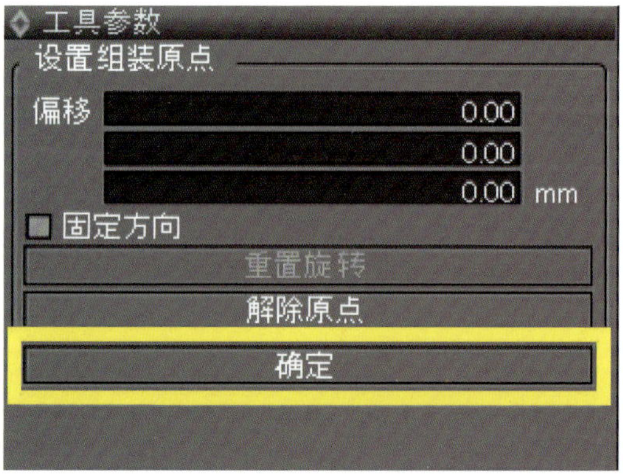

(4)

在浏览器中选择另一个形状，并通过相同的步骤设置接合点。

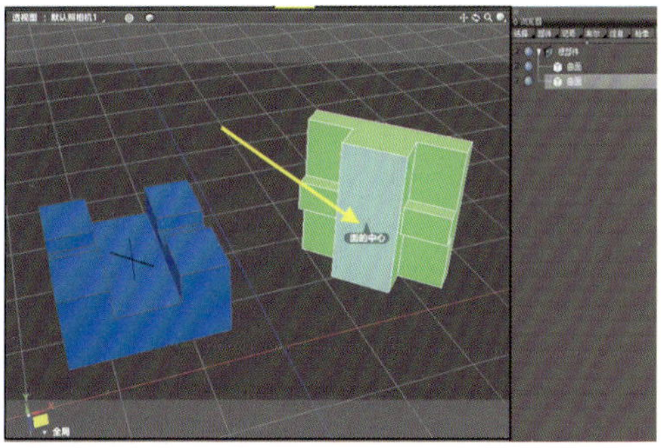

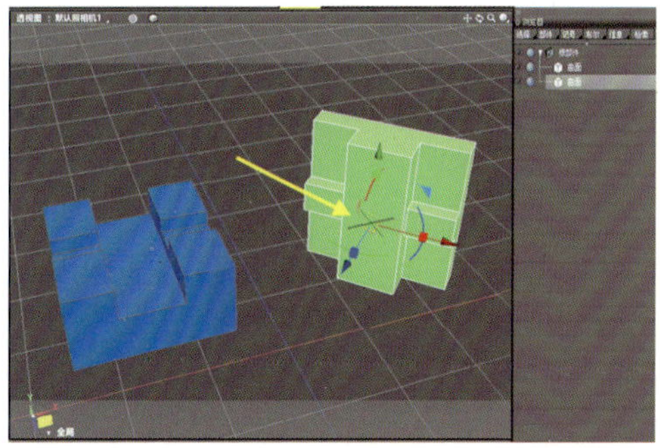

(5)

选择带有接合点的两个形状。

首先选择作为参考的形状，然后使用Ctrl键（Windows环境）/command键（macOS环境）键选择其他形状。

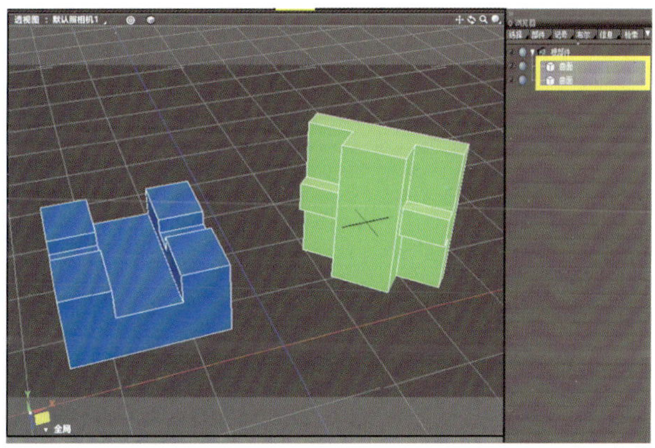

(6)

“控制栏”中的“组装原点”按钮将变为活动状态，点击按钮。

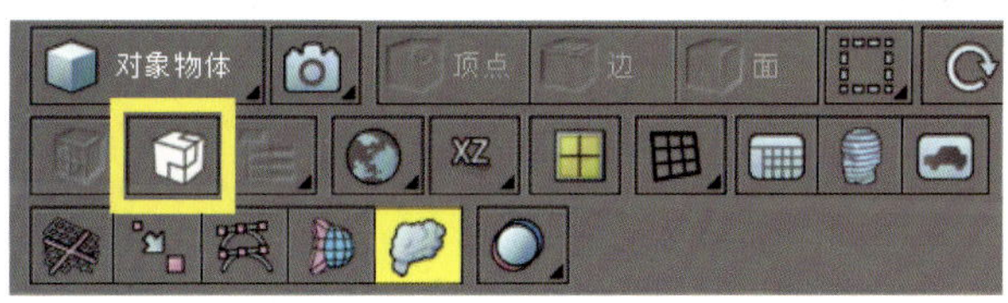

(7)

单击工具参数中的“匹配”按钮，选择的第二个形状将移动至与接合点一致的位置。
另外，可以通过更改接合点的位置和角度来调整接合状态。
设置完毕后请单击“确定”按钮以完成操作。

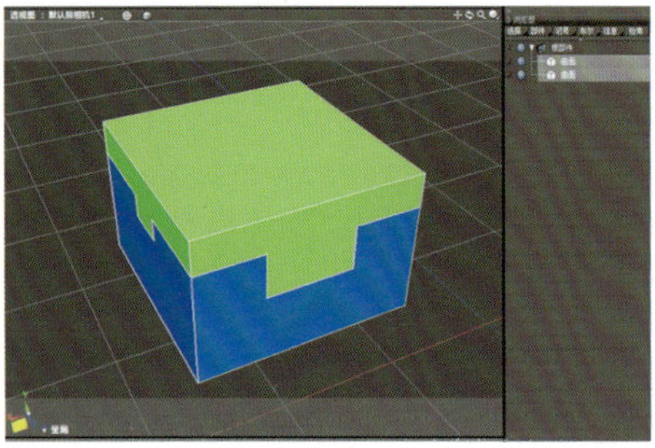

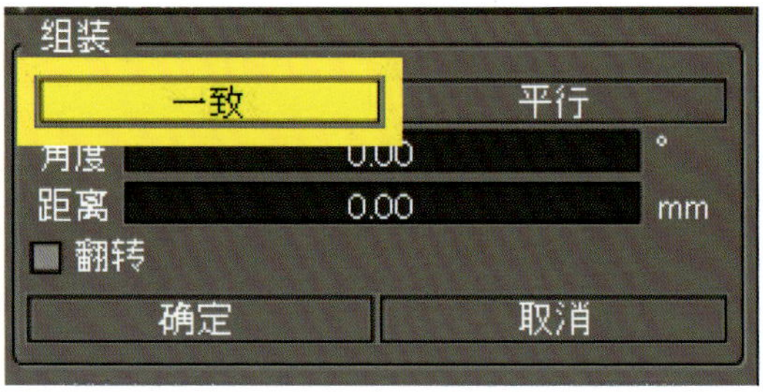

Point 2

如果未正确放置，则有可能是组装的原点（接合点）不正确所导致。
选择形状并在“控制栏”中选择“组装原点”，
在“工具参数”的“设置组装原点”中执行“解除原点”或拖动“接合点”手柄来调整位置。

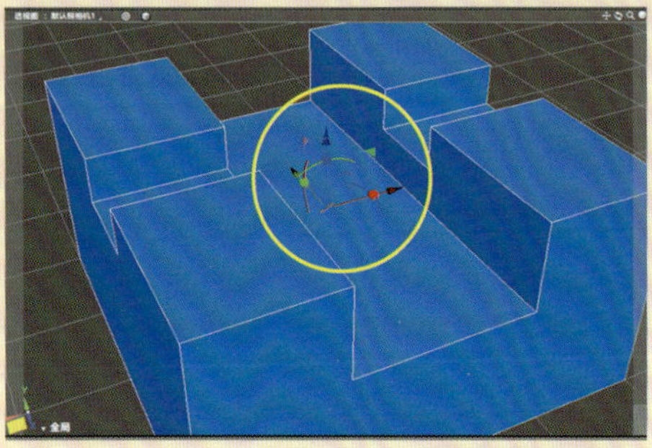

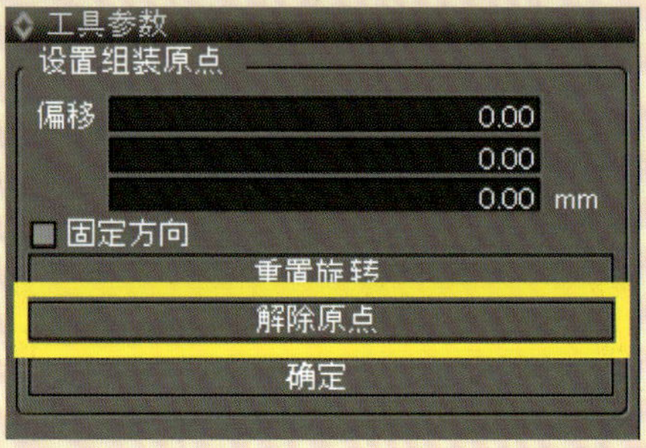

Point 3

从控制栏中的“计算”中选择“干涉”可以确认组装原点的连接状态和形状之间的干涉状态。

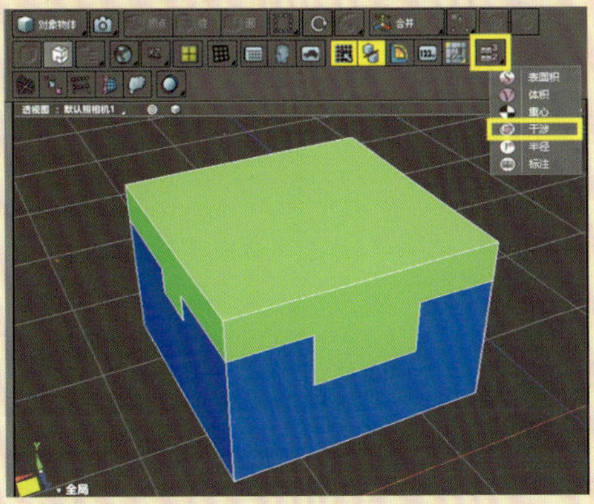

Chapter 2 建模操作

P

33 使用NURBS布尔运算确认执行结果并镂空形状(浮动式)

使用布尔运算(浮动式)只需将形状包含在指定部件中就可以实时显示“和·差·积”的布尔运算结果或更改不同类型的布尔运算。

可以在直观掌握运算结果的同时进行整体的更改和微调。

(1)

从浏览器窗口的“布尔运算”下拉菜单中选择要使用的运算方式。

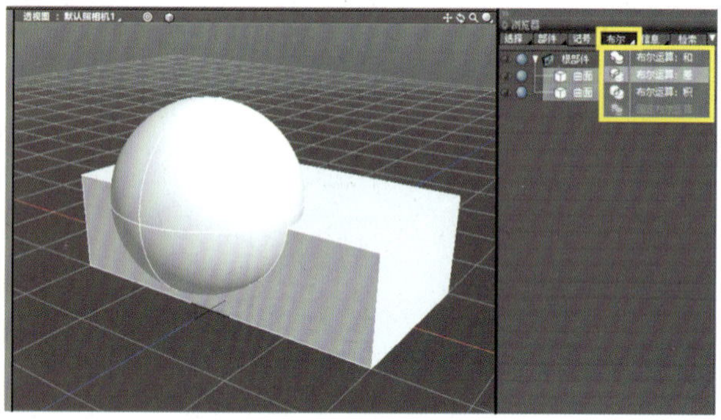

(2)

在浏览器中将创建所选布尔运算的部件。此处使用的是“差”的部件。

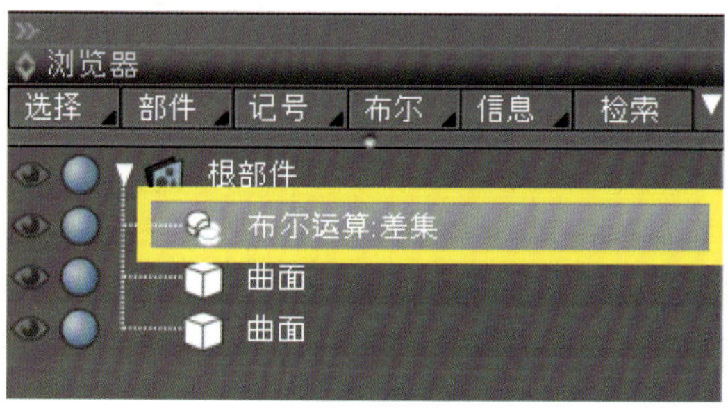

(3)

如果将布尔运算对象的形状和显示运算效果的形状移到布尔运算的部件中，则会显示“差”的运算结果。

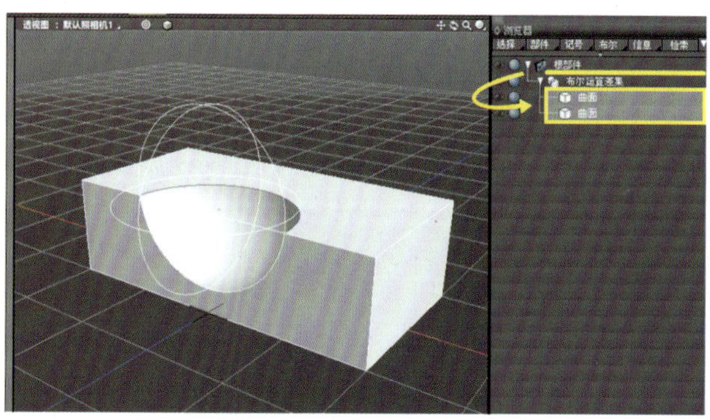

(4)

只要运算效果包含在部件中，效果就会持续适用。
在图形窗口中移动形状时将实时显示新的布尔运算结果。

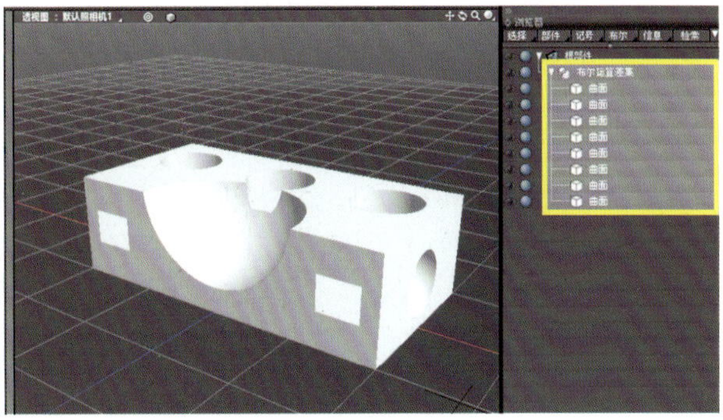

Point 1

在布尔运算部件的树结构中可以组合多个布尔运算。

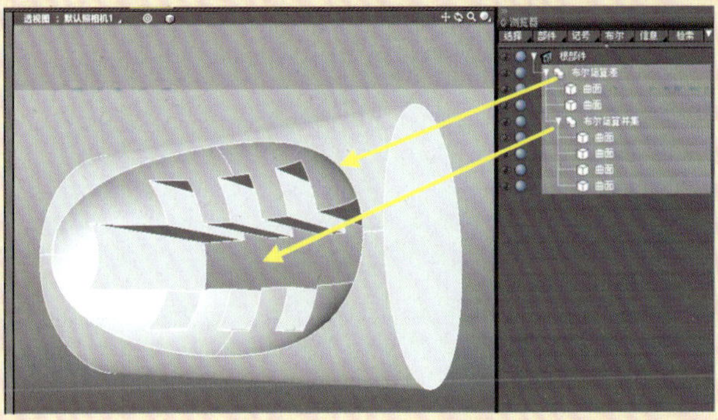

Point 2

布尔运算部件可以执行三个或更多形状的布尔运算。

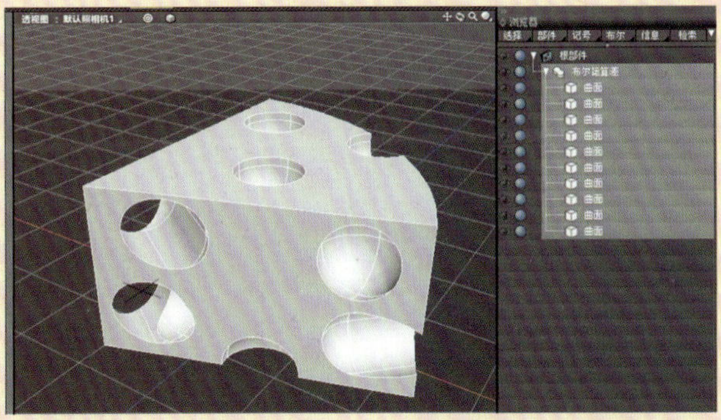

Point 3

可以转换为NURBS的3DCG的常规形状和自由曲面,也可以对其使用布尔运算。

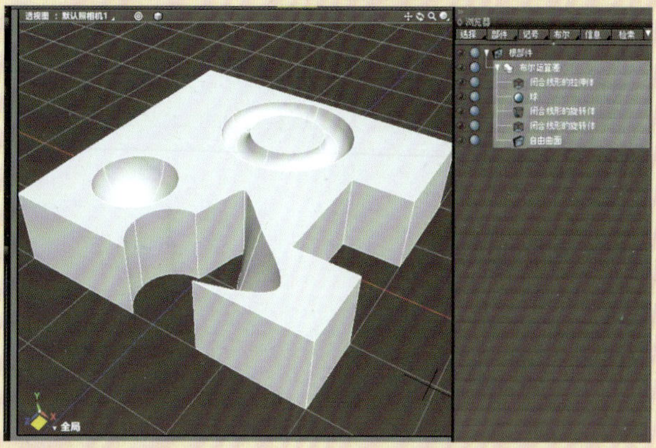

(5)

物体信息窗口的“布尔运算”部件可以更改类型。

从浏览器窗口中选择“布尔运算”部件，然后单击“集成面板”→“信息”选项卡。从“布尔运算”的“运算方法”下拉菜单中可以更改选择“和”“差”“积”。

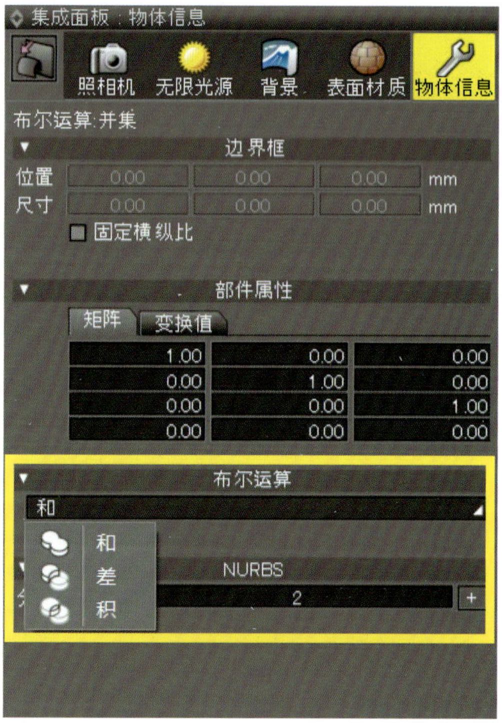

(6)

在浏览器的布尔运算下拉菜单中选择“固定布尔运算”，可以将布尔运算部件中包含的运算结果创建为形状。

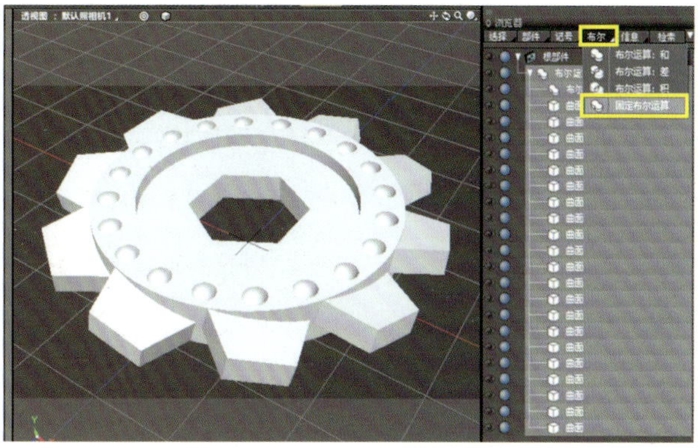

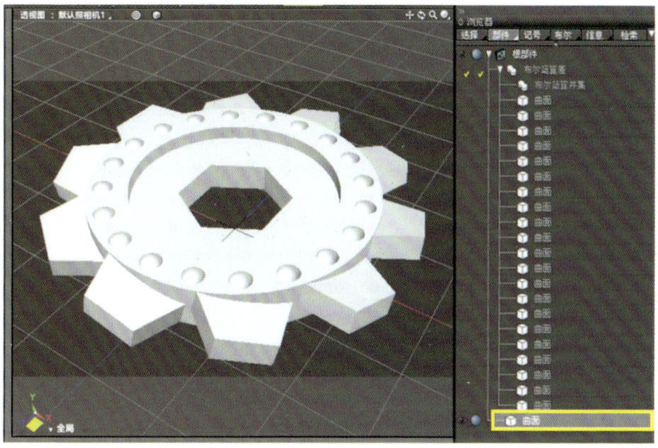

Point 4

原始的布尔运算部件不显示且不作为渲染对象。

P

34 将NURBS形状数据传递到其他的CAD工具

将NURBS创建的模型传递到其他工具（CAD或3DCG等）时，请以STEP/IGES格式导出数据。导出数据的处理方式取决于导入软件所支持的格式。通常在导出数据时会显示提醒，请选择导入软件适合的设置以避免问题。

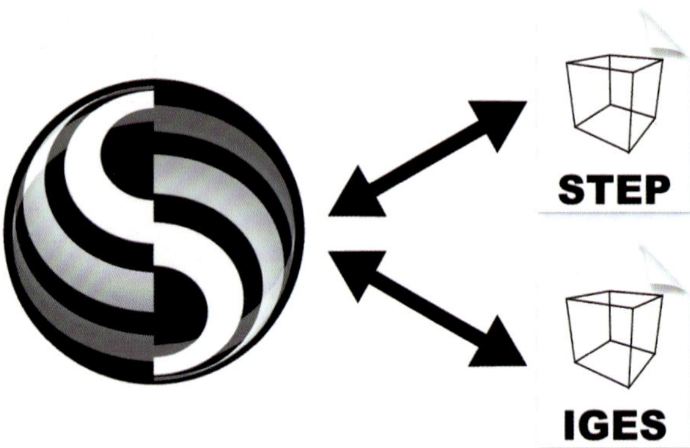

Point 1

Shade3D Professional版本17.1添加了STEP格式的数据导出功能。
Shade3D Professional版本18添加了IGES格式的数据导出功能。

(1)

STEP格式的数据导出请从“文件”菜单中选择“导出”→“STEP”。IGES格式的数据导出请从“文件”菜单中选择“导出”→“IGES”。

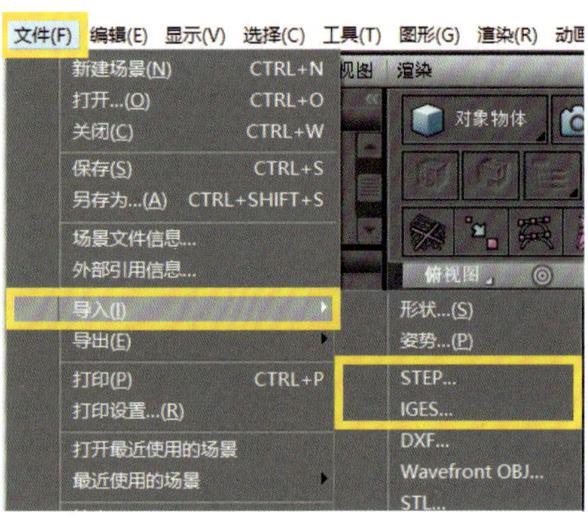

Point 2

两种格式都会显示相同的“输出设置”对话框。

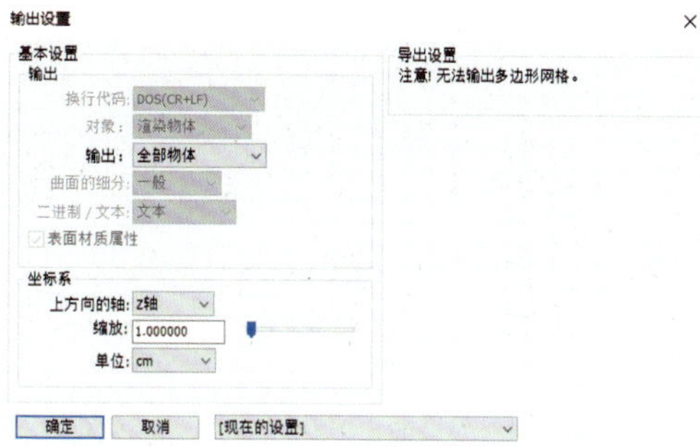

(2)

在“输出设置”对话框中确认“单位”→“缩放”→“上方向的轴”。由于许多CAD工具都将Z轴作为向上方向，因此请根据输出目标工具更改“向上轴”。另外，请设置与形状匹配的“单位”和“缩放”。如果与导入软件不匹配，则会读取为意外的大小。

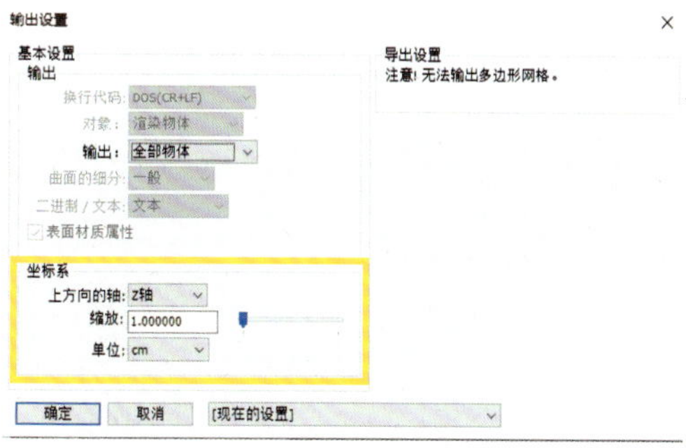

Point 3

STEP/IGES格式无法输出多边形网格形状。
该功能仅支持表面材质的漫反射表现，不支持光泽/反射/透明等其他的表面材质设置以及用于贴图的纹理图像表现。

(3)

设置完毕后，请按“确定”按钮。将弹出“文件”对话框，指定文件名并导出数据。

Point 4

Shade3D Professional ver.18以上的版本中，如果存在圆、球或自由曲面，将转换为NURBS并输出。

BSP

35 将形状导入原点

可以将保存在场景文件(shd)中的形状，表面材质(包括主表面)、图像等形状导入当前打开的场景中。

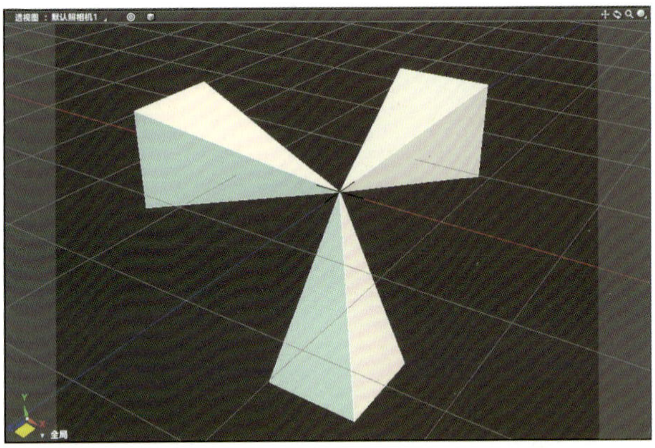

(1)

从主菜单中选择“文件”→“导入”→“形状”。

(2)

在出现的“打开”对话框中，选择“以原点为基准进行读取”导入以场景原点为中心的形状。

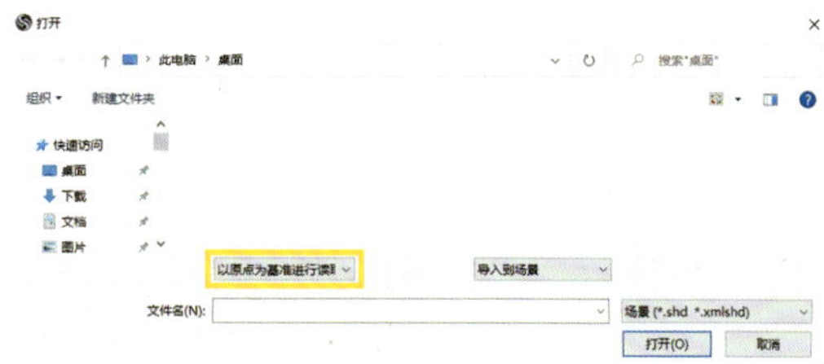

Point

打开“文件”对话框后，选择“以光标坐标为基准进行读取”。
在这种情况下，将以3D光标的位置为中心读取形状。
通过提前在图形窗口中单击要放置的位置来指定导入的位置。

36 表面材质的表现和投影贴图

表面材质可以表现形状的颜色、图像（纹理）、反射和透射等效果。

在其他工具中也称为“材料”。

以下将介绍表面材质的基本表现方式和贴图方法。

(1)

从浏览器中选择应用表面材质的形状，在集成面板中选择“表面材质”，然后单击“创建”按钮。

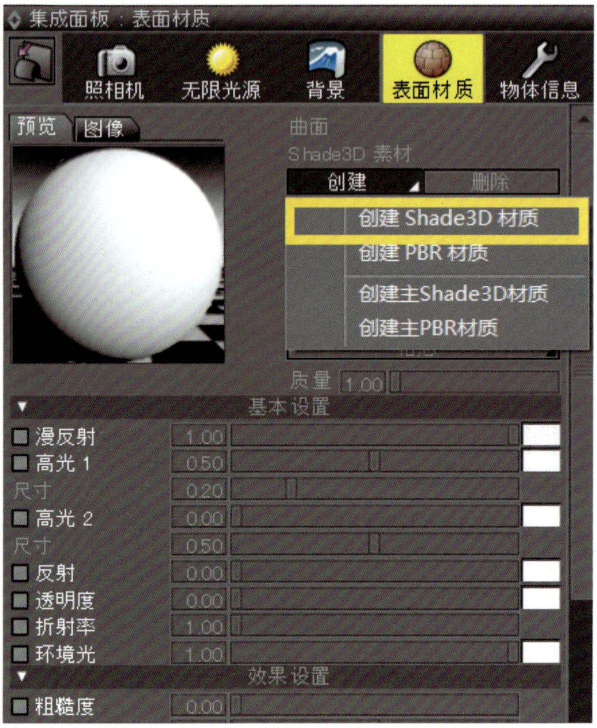

Point 1

在此章节中，将使用“创建Shade3D材质”进行介绍。Shade3D Professional Ver.20开始搭载的“创建PBR材质”功能请参照Chapter 3“49 PBR材质的优点和效果（金属表现）”和“50 使用PBR材质表现玻璃”。

(2)

从“创建”按钮的下拉菜单中选择“创建Shade3D材质”并通过调整漫反射/高光/反射/透明度/折射率/环境光来表现形状表面材质的纹理。

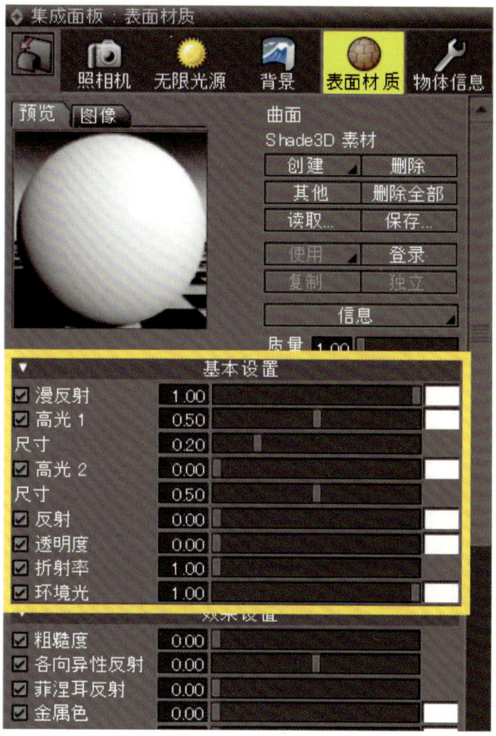

Point 2

从左到右分别是“指定红色的漫反射”“指定透明度”“指定透明度+折射率”“指定光泽”和“指定材质”的渲染结果。

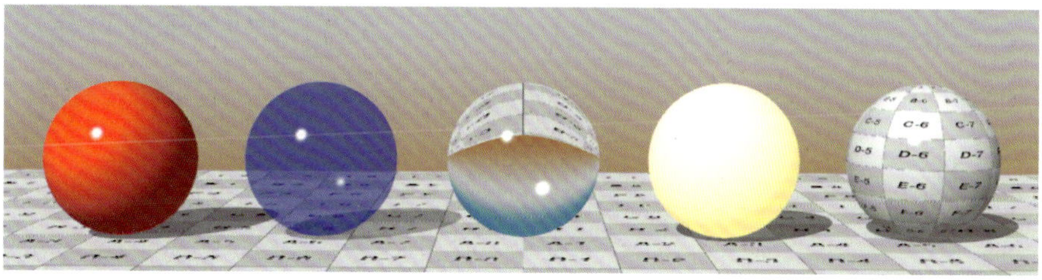

(3)

指定纹理请在表面材质窗口中向下滚动并在“贴图设置”中进行设置。

从左到右分别是“图像-扩散反射”，“方格纹-扩散反射”，“斑纹-扩散反射”，“斑纹-凹凸”，“斑纹-位移”的渲染结果。

Point 3

通过指定“贴图方式”和“贴图类型”可以执行不同组合的贴图。
使用“图像”贴图必须指定纹理图像。
“方格纹”和“斑纹”也被称为实体纹理或过程纹理，可以通过计算进行3D贴图。

(4)

从“贴图设置”中选择“图像”以使用图像加载表面材质。右键单击“编辑图像”，从弹出菜单的“视图”中选择图像。

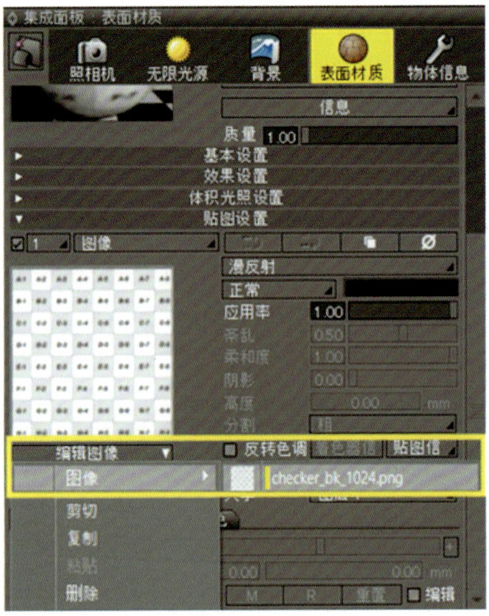

(5)

“贴图设置”的“图像”基本设置的表现方法取决于投影贴图的方式。
可以从贴图类型中选择“包裹”，“X/Y/Z”“圆柱”“球体”和“盒子”。

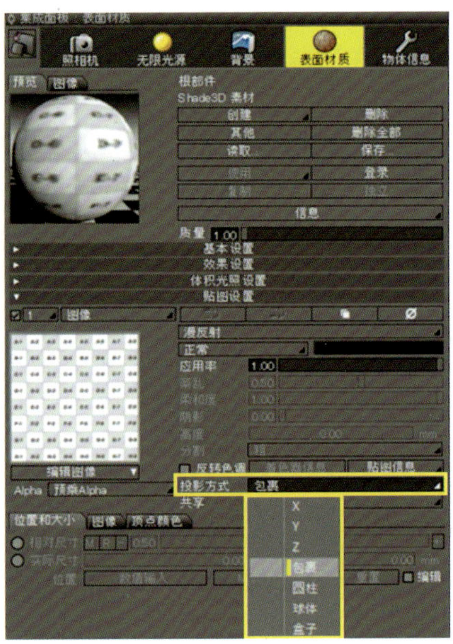

X/Y/Z

沿X/Y/Z轴方向进行平行投影映射贴图。
在贴图模式下可以调整纹理映射的方向和位置。

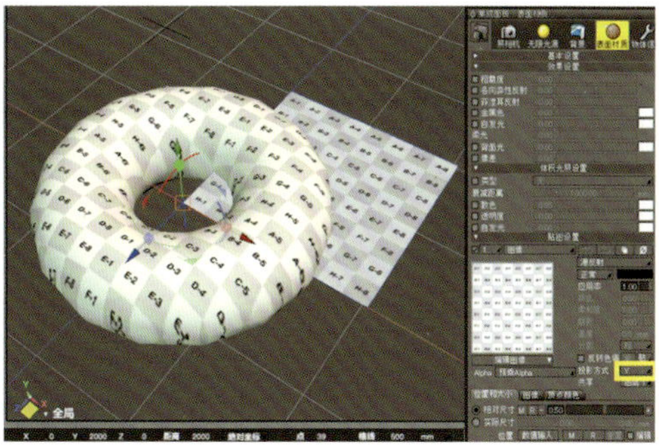

圆柱

将形状包裹成圆柱状的映射贴图。
在贴图模式下可以调整纹理映射的方向和位置。

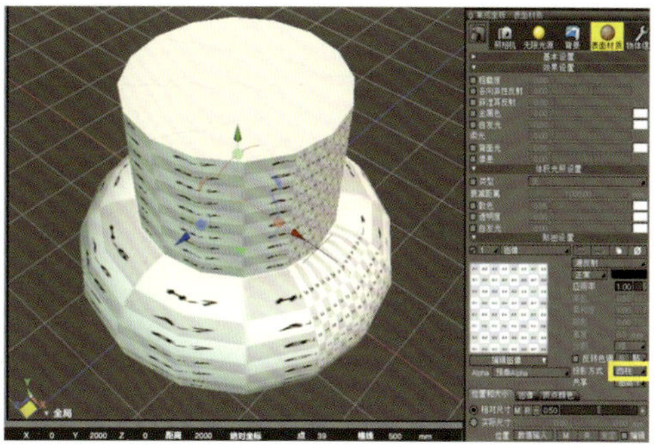

球体

将形状包裹成球体状的映射贴图。
在贴图模式下可以调整纹理映射的方向和位置。

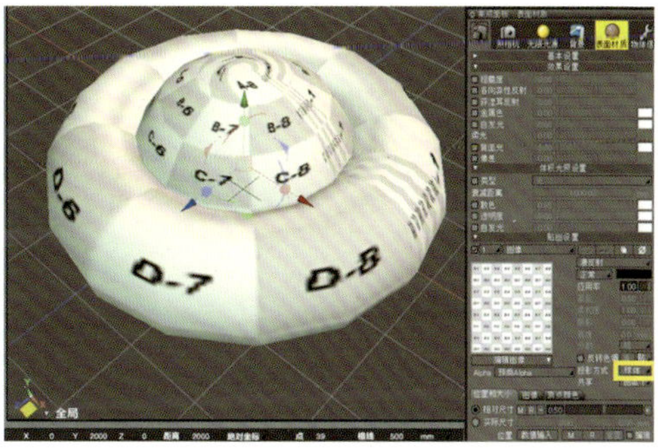

盒子

将形状包裹成6面的盒子状的映射贴图。
在贴图模式下可以调整纹理映射的方向和位置。

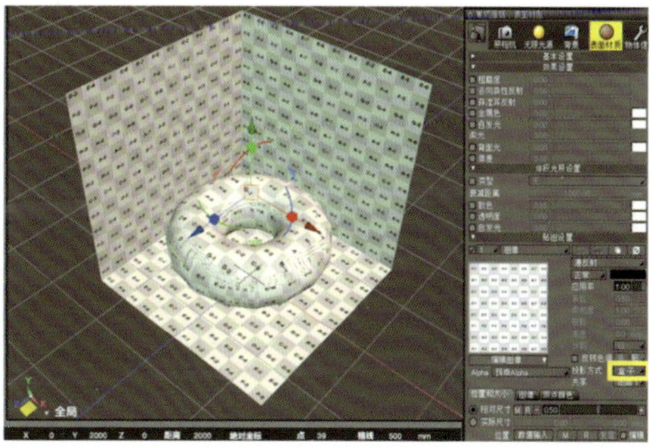

37 多个形状共享表面材质（主材质）

通过为形状添加“表面材质”可以设置表面的质感。

在多个形状之间共享该材质信息可以使用“主材质”功能。

“主材质”是与形状分离的表面材质信息，通过将其分配给各个形状可以统一编辑形状的材质。

(1)

从工具箱中选择“生成”→“其他”→“主表面”。
将弹出“名称”对话框，输入“主材质名称”然后单击“确定”按钮。
在浏览器中将创建“主表面部件”以及“主材质部件”。

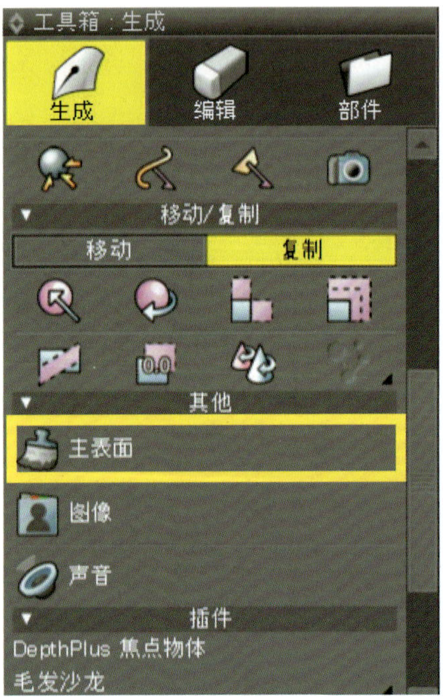

(2)

在浏览器的“主材质部件”中选择新添加的主材质，并在集成面板的表面材质窗口中调整参数。

Point 1

可以使用已经设置的表面材质作为主材质。

点击集成面板的“表面材质”窗口，然后单击右侧的“登录”按钮可以将表面材质设置为主材质。

(3)

选择形状并在集成面板的“表面材质”窗口中单击“使用”按钮可以选择要添加的主材质，并且可以与多个形状共享。

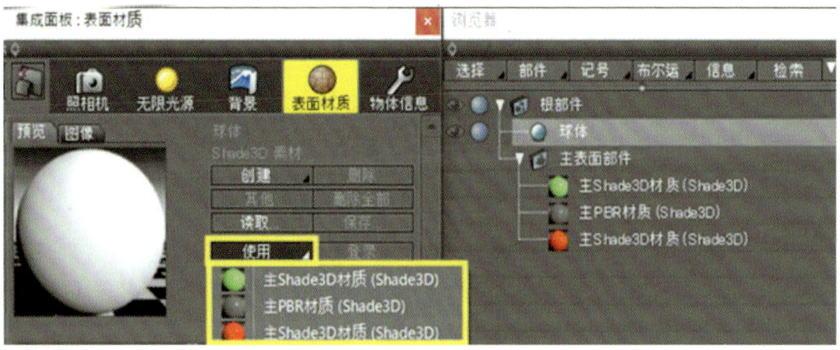

Point 2

取消表面材质的主材质可以在浏览器中选择形状，然后在集成面板的“表面材质”中单击“独立”按钮，所选形状将变为普通表面材质。

在这种情况下，更改表面材质参数不会更新主表面的材质信息。表面材质仅分配给独立的形状。

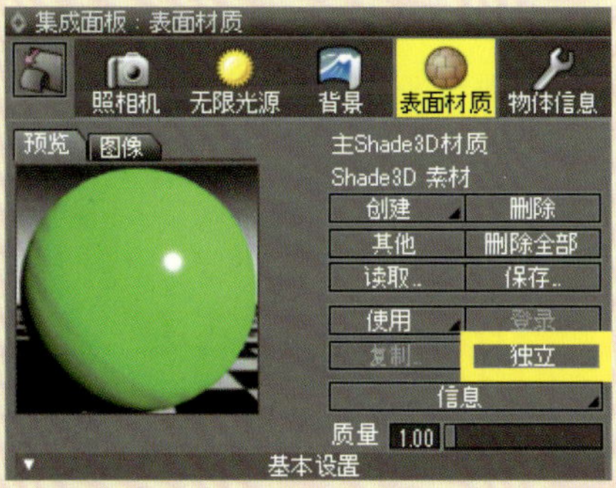

Chapter 2 建模操作

38 根据形状设置UV贴图的材质

将材质映射到多边形网格形状时，可以使用“UV坐标”作为指定各个面粘贴的材质位置的坐标系。UV坐标是材质图像的左上角为（0，0），右下角为（1，1）的坐标系。通过使用UV坐标位置的“UV值”指定面的各个顶点，可以根据多边形网格的面来调整材质的显示范围。另外，与其他3DCG工具连接时也可以执行包括材质在内的数据传输。

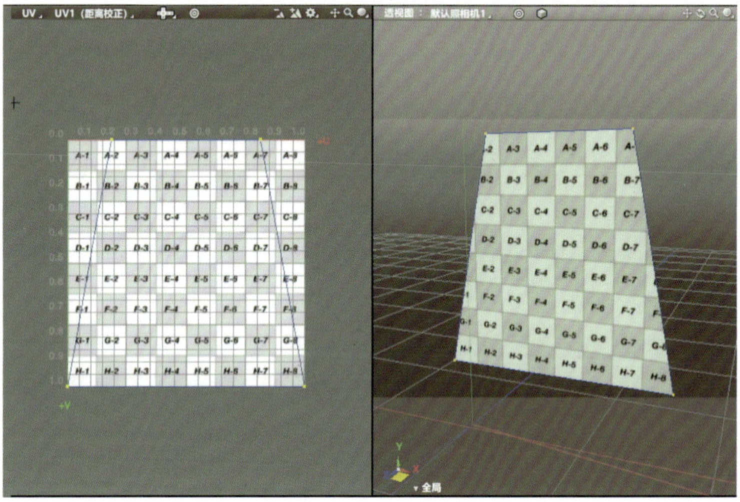

(1)

从各视图左上角的“视图切换”弹出菜单中选择“UV”，可以显示在浏览器中所选的多边形网格的UV坐标。

Point 1

1个多边形网格最多可以包含8层UV。

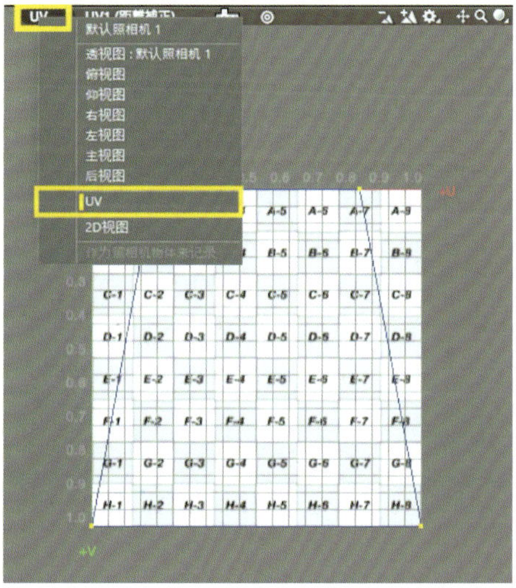

(2)

在浏览器中选择多边形网格，并在“表面材质”的“贴图设置”中选择“图像”。
把“投影方式”更改为“包裹”将执行“UV贴图”。

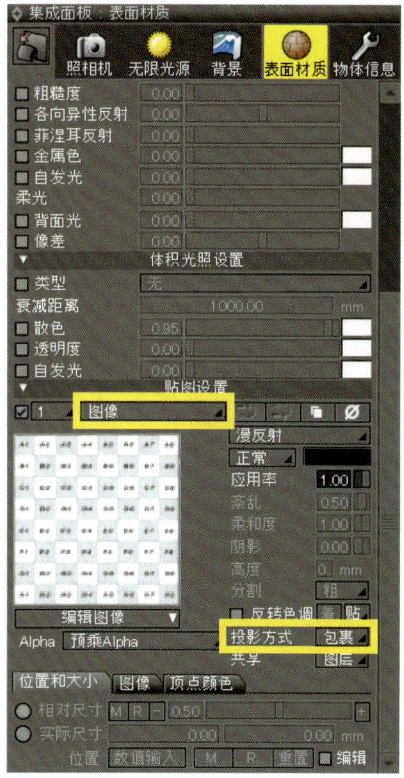

Point 2

“UV贴图”是使用UV坐标将材质粘贴到面的方法。在“表面材质”→“贴图设置”→“图像”选项卡的“UV”中可以指定各贴图层的UV层分配。

(3)

从UV视图的控制栏的UV菜单中选择“创建UV”，在工具参数中将显示用于创建UV的功能。

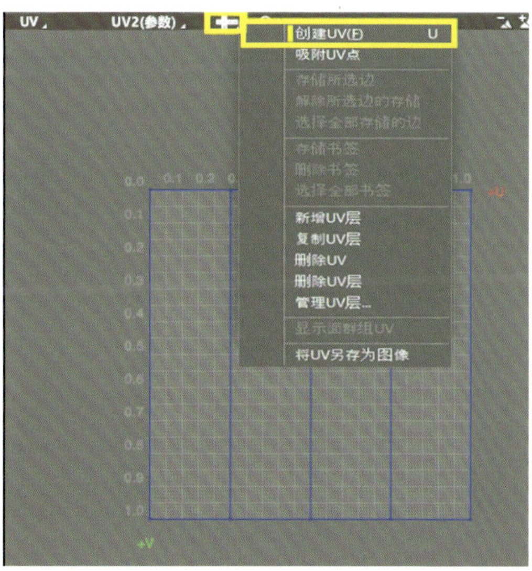

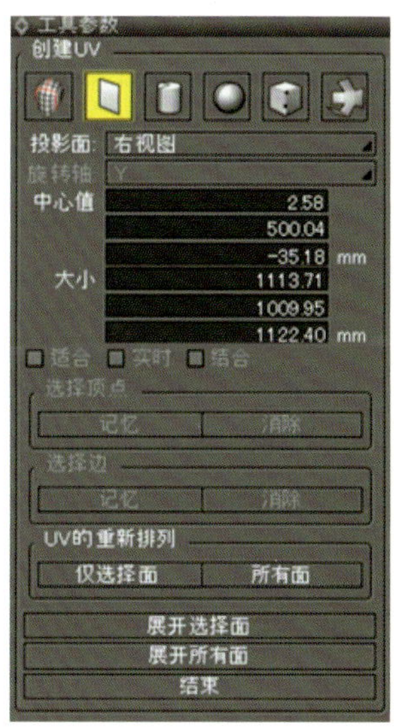

投影UV

沿X/Y/Z轴方向平行投影映射贴图。
在贴图模式下可以调整纹理映射的方向和位置。

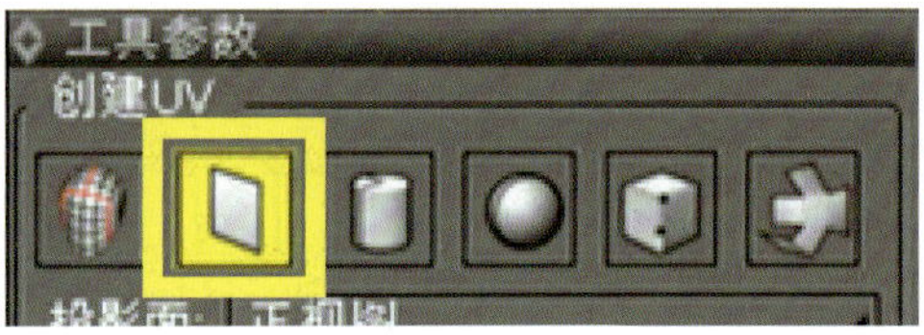

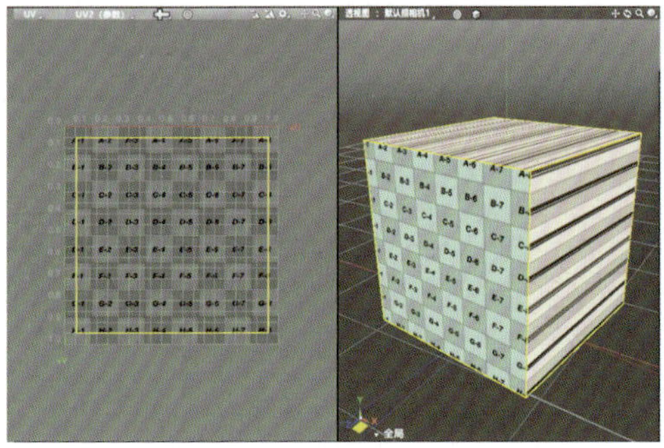

圆柱UV

指定XYZ轴的任意一轴为旋转轴，并UV映射至圆柱体。
可以指定中心值和尺寸。

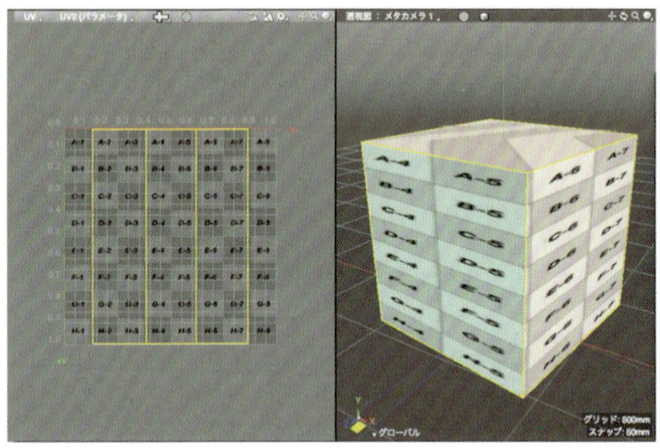

球型UV

指定XYZ轴的任意一轴为旋转轴对球体执行UV贴图。
可以指定中心值和尺寸。

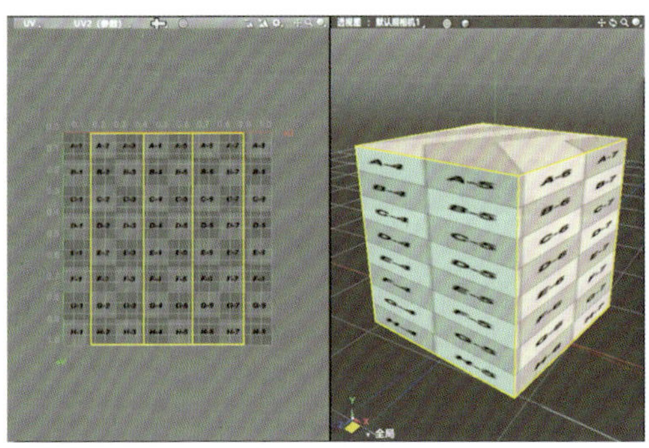

盒子UV

从多边形网格的6个方向以盒子形状执行UV贴图。
可以指定中心值和尺寸。

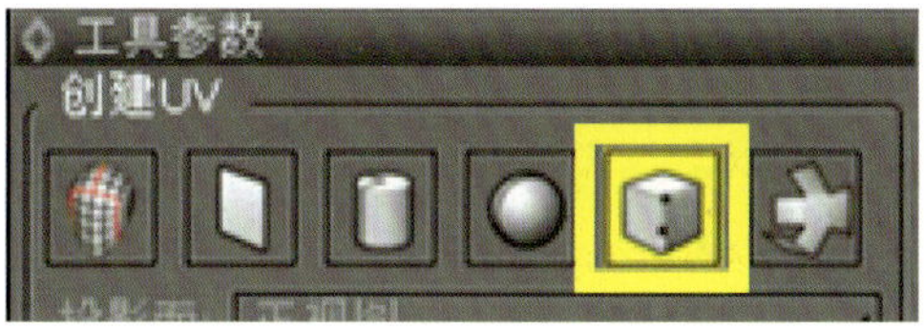

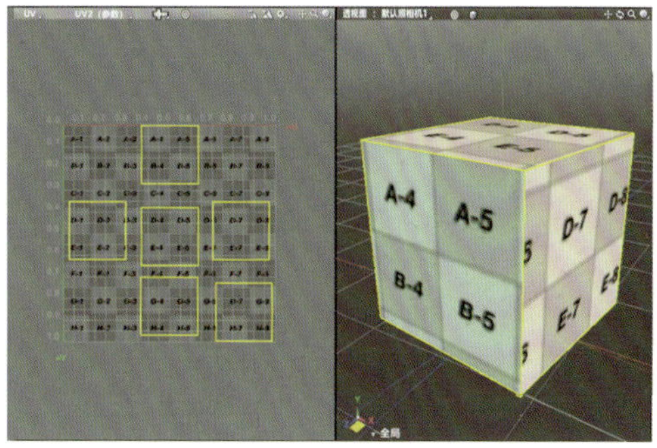

LSCM

指定多边形网格形状中成为折点的边，并沿折点执行UV贴图。

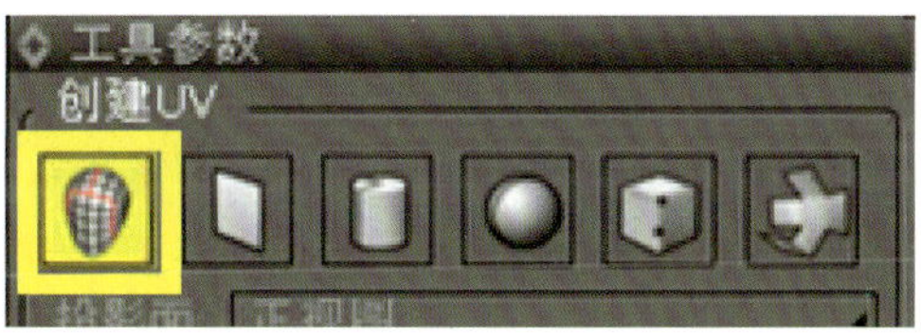

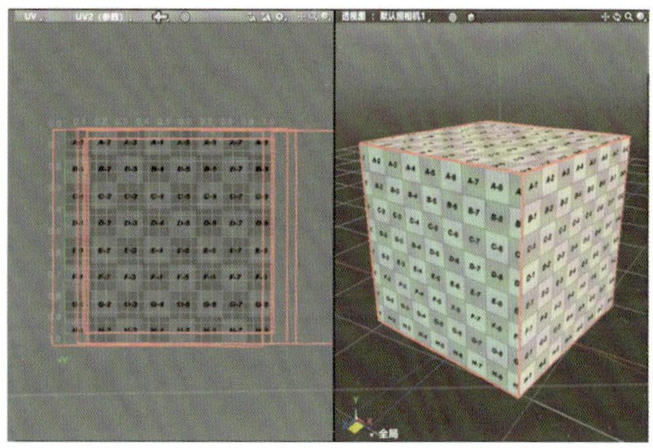

扁平扩张

对比较简单的多边形网格在保持连接状态下执行UV贴图。

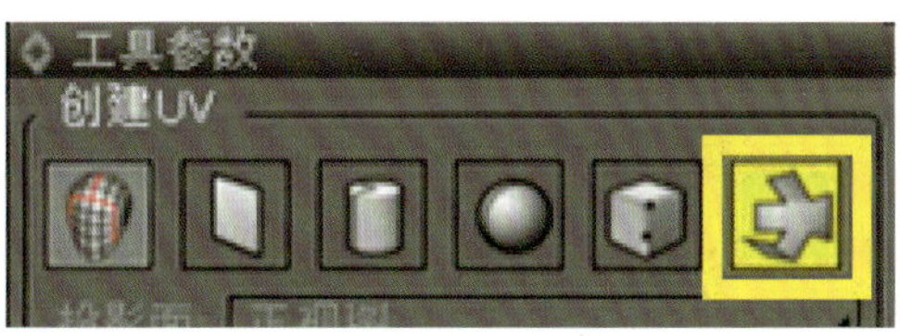

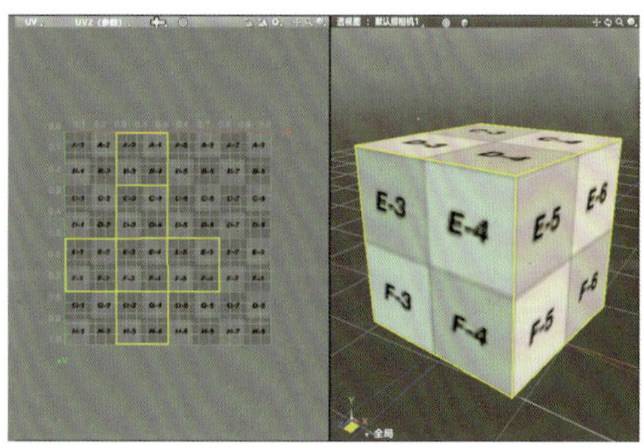

39 使用UV贴图对骰子的6个面进行贴图

使用UV贴图将图像映射到骰子的6个面。

此处假设材质图像能够包裹住骰子的6个面。

使用192×128像素的图像作为骰子的材质图像。

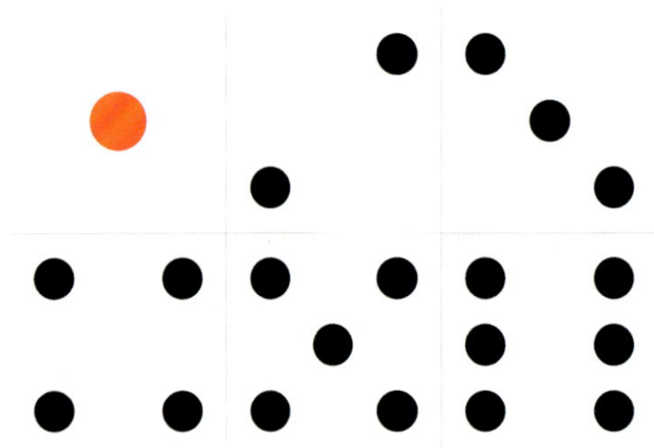

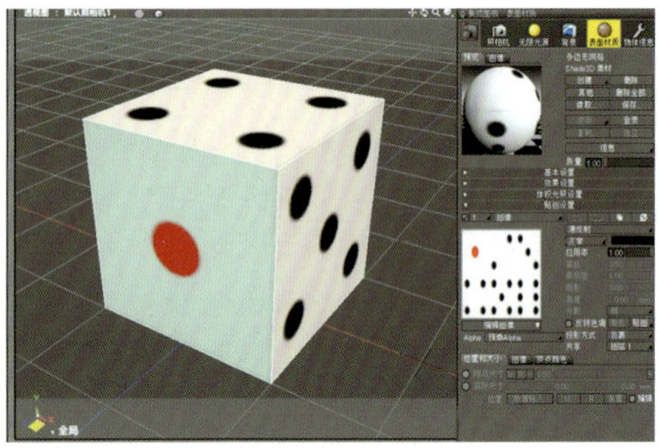

(1)

从工具箱中选择“生成”→“其他”→“图像”，然后读取骰子的材质图像。

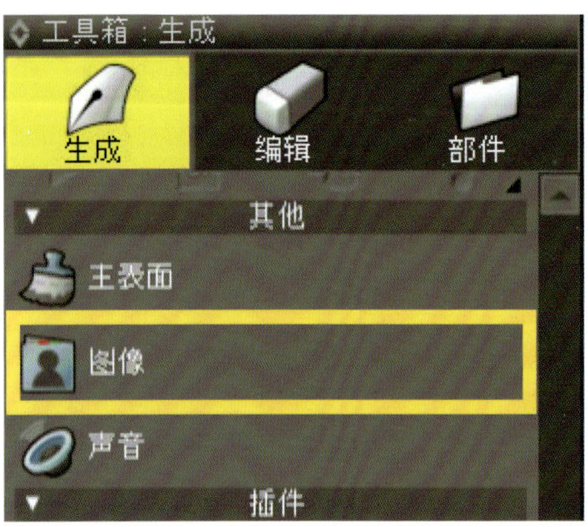

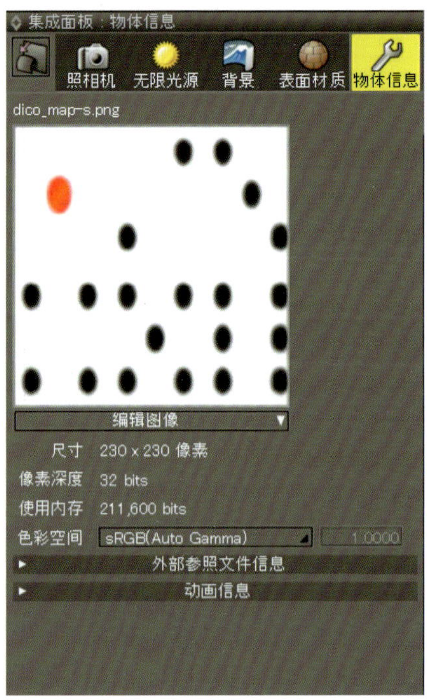

(2)

从工具箱中选择“生成”→“多边形”→“长方体”。
使用工具参数指定位置（0，0，0）、尺寸（50，50）、高度（50），然后单击“确定”按钮。
单击视图控制栏上的“适应窗口”按钮使立方体的大小适应视图。

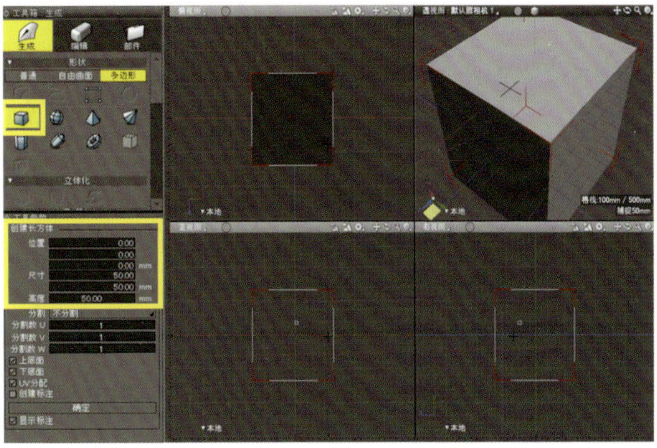

(3)

选择在浏览器中创建的长方体多边形网格，然后从集成面板中选择“表面材质”→“创建”→“创建Shade3D材质”以设置表面材质。
在表面材质窗口的“贴图设置”中添加1层“图像”→“漫反射”，单击“编辑图像”按钮并从弹出菜单中指定骰子的材质图像。

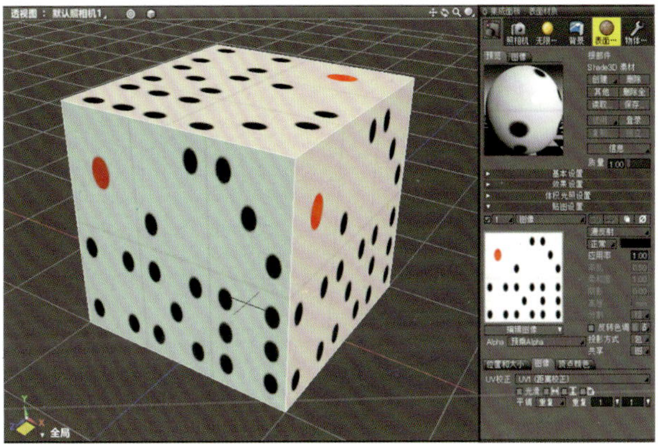

(4)

在浏览器中选择长方体多边形网格，然后从正视图的视图控制栏中选择“UV”。从“切换显示”弹出菜单中选择“暗”。

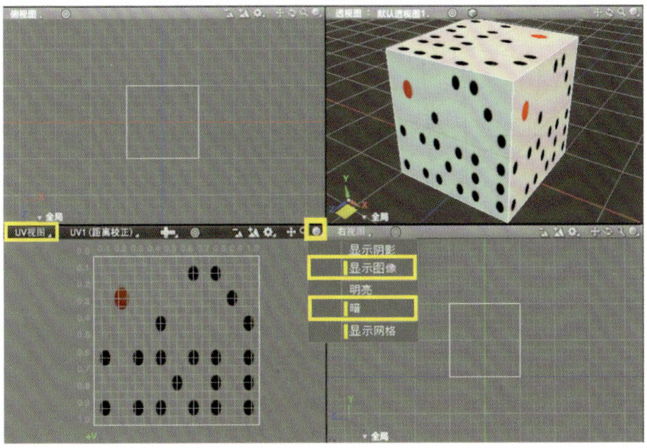

(5)

该材质在UV视图中将显示得偏暗。从UV视图的视图控制栏中选择“UV菜单”→“创建UV”。此时将自动切换至“物体编辑”模式。

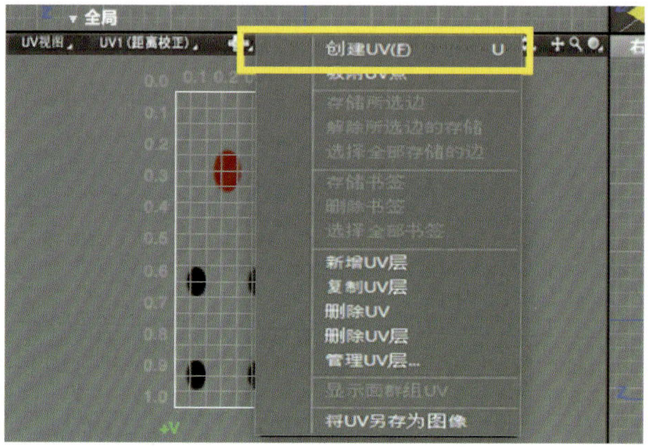

(6)

在工具参数中将显示用于创建UV贴图的功能。
单击工具参数中的“创建盒子UV”按钮，然后单击“展开所有面”按钮。将以分别从6个方向投影的方式在UV上执行贴图。

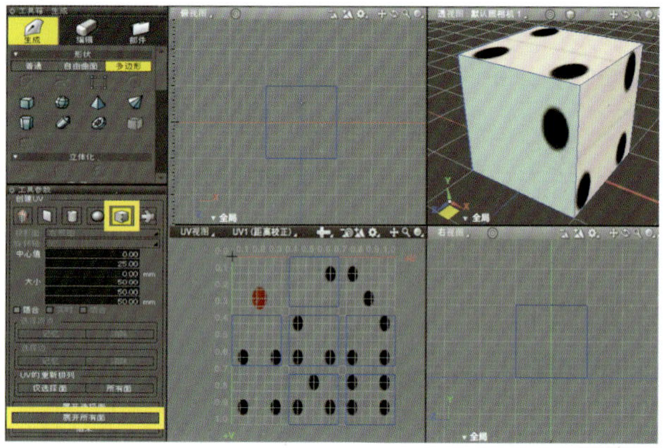

(7)

在UV视图上移动/调整面的大小，使骰子相对的面相加的和为7，即可完成骰子的贴图。

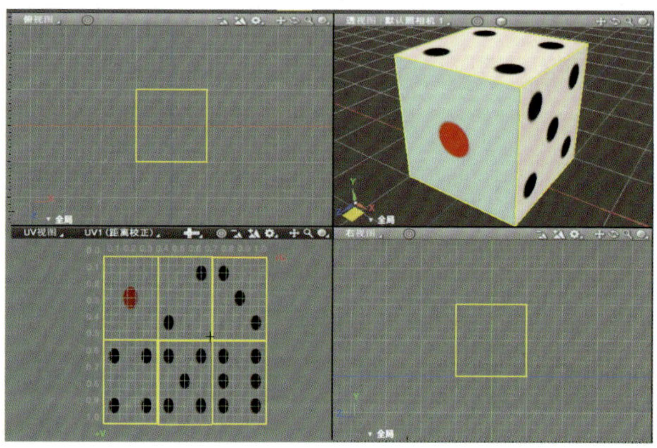

Point

建议在“物体编辑模式”下的“UV绘图”上执行此操作。
形状本身的面不会改变，可以编辑面的UV值。

40 对指定的面分别应用表面材质（添加面群组）

对多边形网格形状的各个“面”分组，可以对各个组分配表面材质的主材质。

由于可以在不分割形状的前提下将各种表面材质应用于同一个形状中，因此可以创建形状和表面材质同时变化的动画，或者仅应用部分的图像。

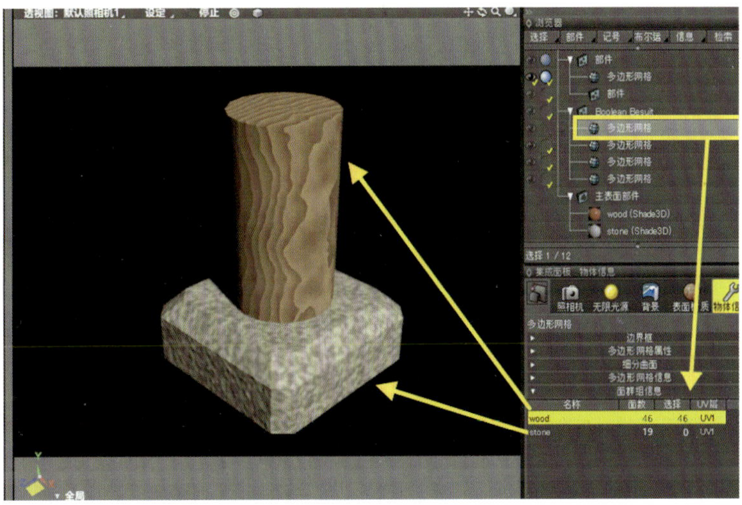

(1)

从工具箱中选择“生成”→“其他”→“主表面”。从显示的集成面板中选择“表面材质”选项卡，预先创建表面材质的主材质。

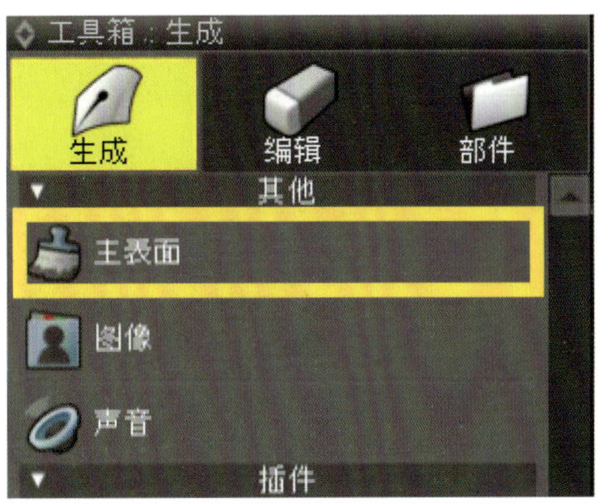

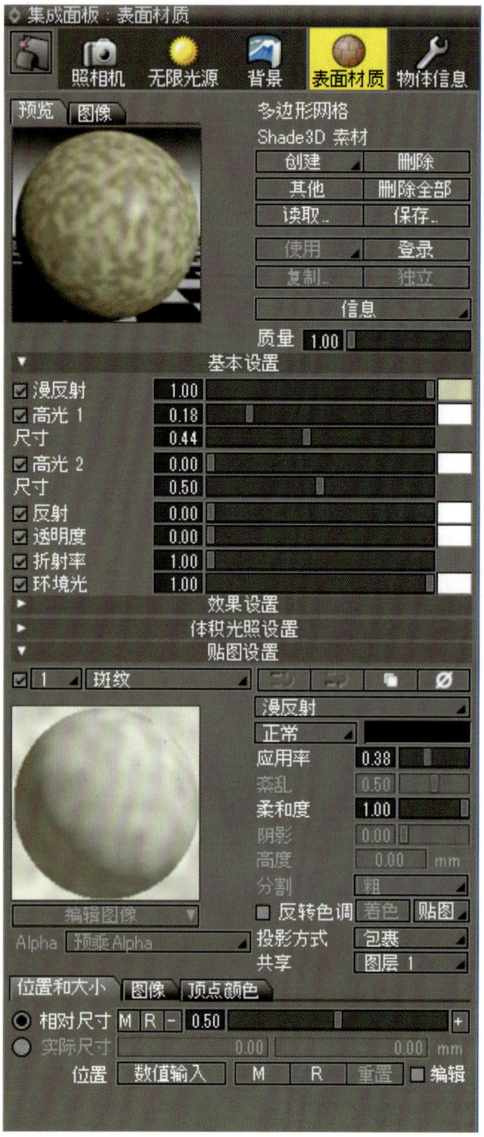

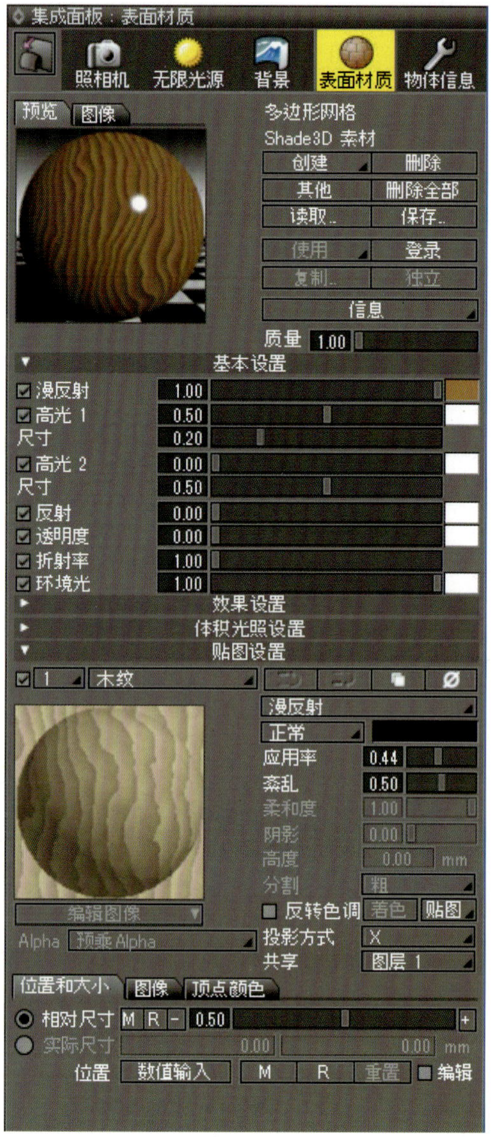

Point 1

主材质的名称建议选择易于识别材质的描述性名称。

(2)

在浏览器中选择多边形网格，然后在“物体编辑”模式+“面”选择模式下选择要设置主材质的面。

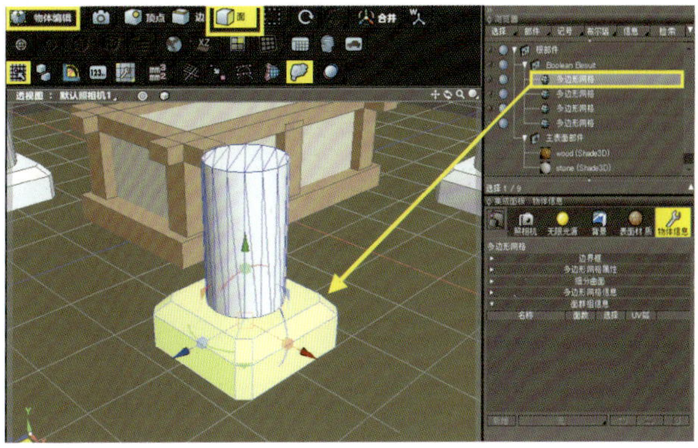

(3)

单击集成面板中“物体信息”→“面群组信息”→“新增”按钮，将所选面添加为新的面群组。

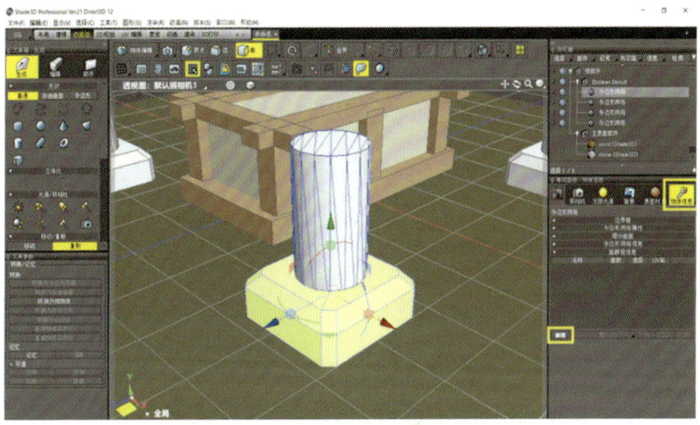

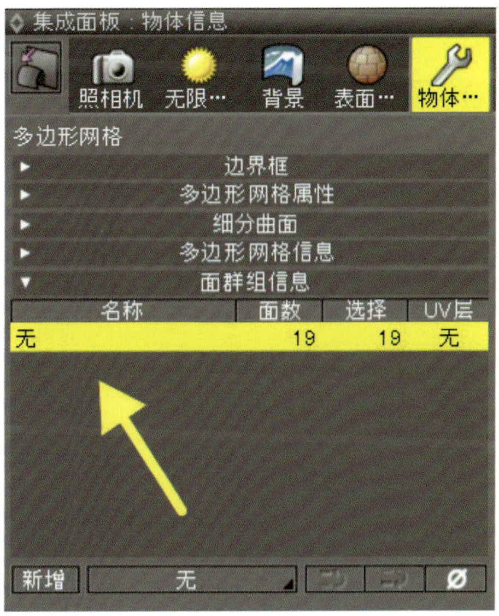

(4)

此时表面材质尚未分配，所以处于“无”状态。单击面群组信息中的“无”，然后从弹出菜单中选择“主材质”，将主材质应用在该面群组中。

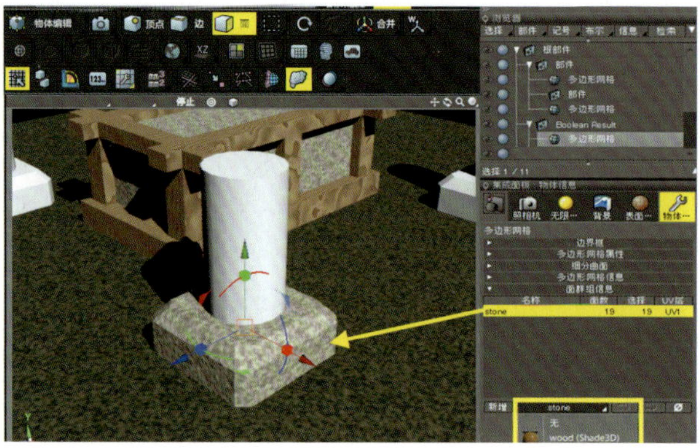

Point 2

同一个面无法分配给不同的面群组。
添加新的面群组时，如果已添加的主材质中包含重复的面，将被删除。

Point 3

粘贴部分图像可以使用“=”的贴图映射。
详情请参照Chapter 2“41 粘贴部分图像（贴图映射）”。

41 粘贴部分图像（贴图映射）

使用“渲染布尔”的“=”功能可以将部分的图像粘贴到形状上。

“=”的意思是对与其他形状重叠的部分应用表面材质。

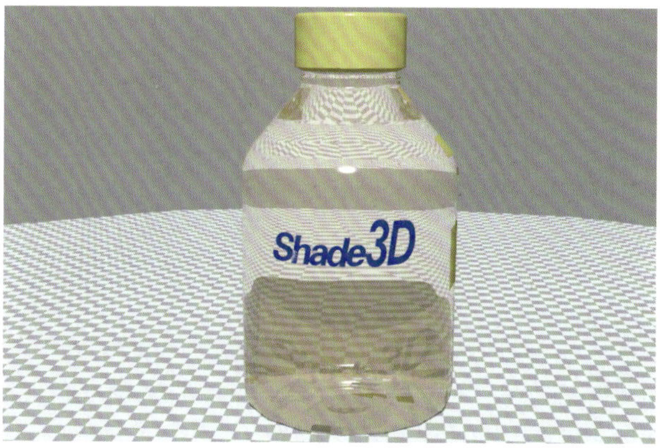

(1)

创建一个部件，并放置一个设置了子形状贴图的球体。
为部件指定应用于球体的表面材质。

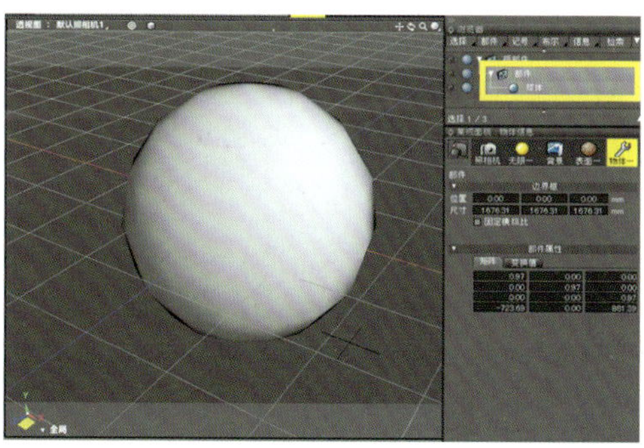

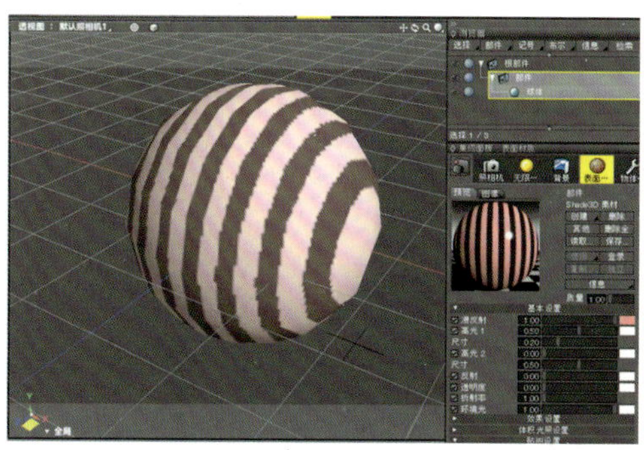

(2)

将“闭合线形拉伸体”放置在与球体相同的层次中，并使其与球体重叠。

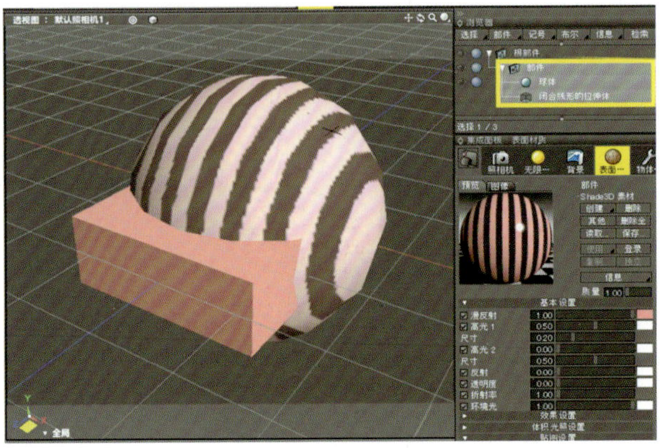

(3)

在沿拉伸方向映射的形状名称的开头添加“=”。

贴图映射将反映在“=闭合线形拉伸体”和“球体”重叠的部分。

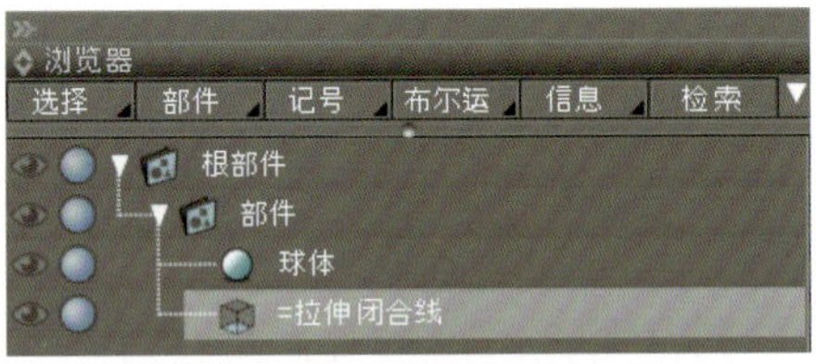

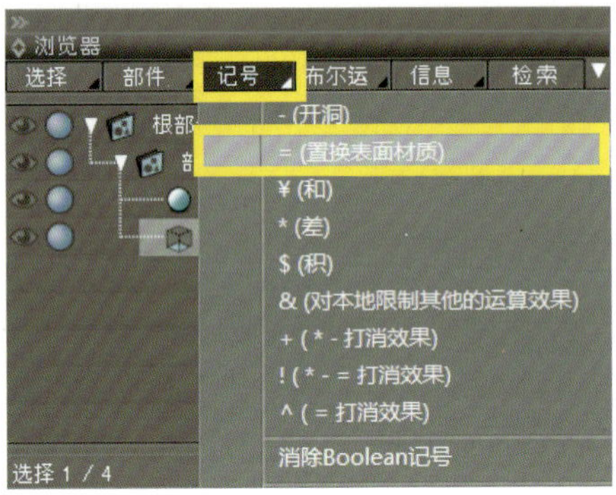

(4)

在浏览器中选择“=闭合线形拉伸体”，然后在集成面板的“表面材质”窗口中添加“图像”→“漫反射”作为映射图像。

此处设置为白色背景与蓝色Shade3D文本。

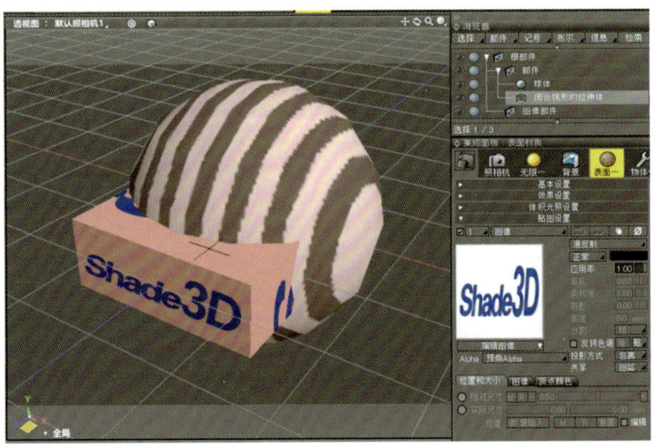

(5)

点击表面材质的“其他”按钮，然后在“其他表面材质属性”对话框中勾选“白色遮罩”复选框。白色的背景将显示为透明并应用根部件的表面材质。

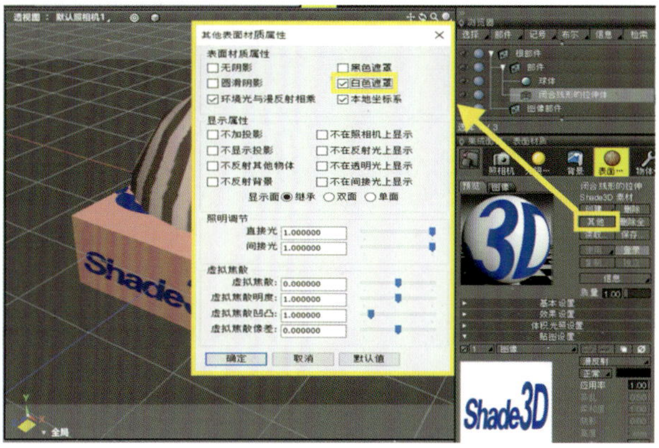

(6)

执行渲染后，球体的表面将显示蓝色的“Shade3D”文本。

Point

使用“=”符号应用部分图像的方法仅在执行渲染时有效。与其他工具一起使用时，请将其转换为多边形网格并使用“UV贴图”应用图像。

42 禁止形状编辑（锁定）

有时候不需要进行形状的编辑，仅放置形状作为参考。

在这种情况下，可以锁定线形的点以及多边形网格的顶点/边/面来禁止对其进行编辑，或者在视图中操作鼠标来将其从选择对象中移除。

(1)

选择不需要编辑的形状，然后单击浏览器窗口右上方的“▼”按钮。

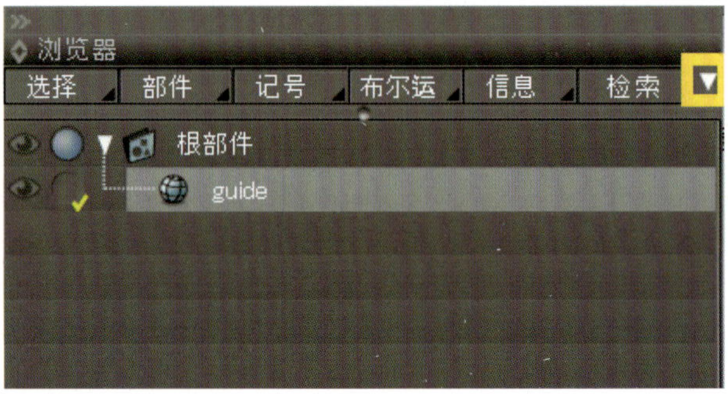

(2)

将显示更改属性的复选框。

通过单击复选框最左侧的锁定图标来锁定/解锁形状。

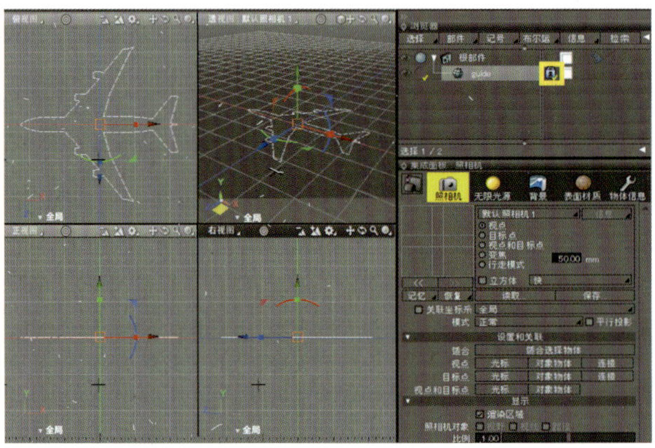

(3)

在视图中操作鼠标将形状从选择对象中排除请先选择目标形状，然后从浏览器的“记号”菜单中选择“(锁定物体)”。

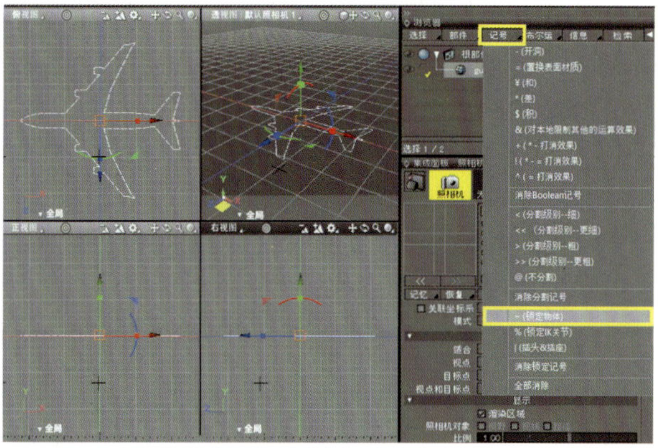

(4)

在目标形状名称的开头将添加“(波浪号)”符号，并且无法在视图中选择该形状。

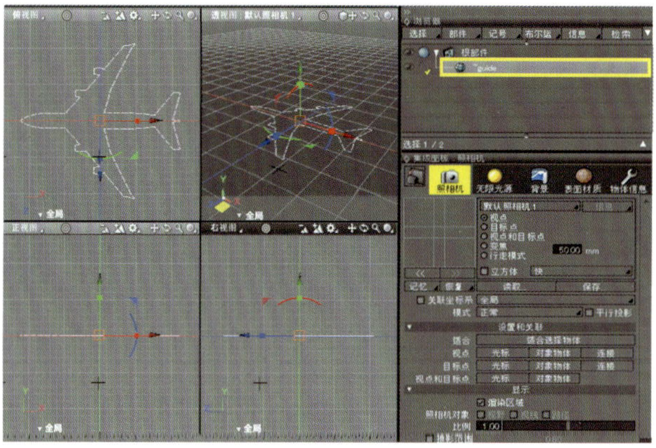

Point 1

解除锁定请在浏览器的“记号”菜单中选择“消除锁定记号”。

Point 2

利用“形状编辑锁定”可以将加载的形状作为模板来使用。

Chapter

3

渲染技巧

BSP

43 “渲染方式”和“全局光照”的相辅相成

在Shade3D中的渲染，通过组合“渲染方式”和“全局光照”可以得到各式各样的效果。通过了解各种渲染方式的特征可以缩短渲染时间并高效地表现逼真的效果，请根据情况选择喜欢的渲染方法。

(1)

从“渲染”菜单中选择“渲染设置”以显示渲染图窗口，在“渲染方式”下拉菜单中可以切换渲染方式。

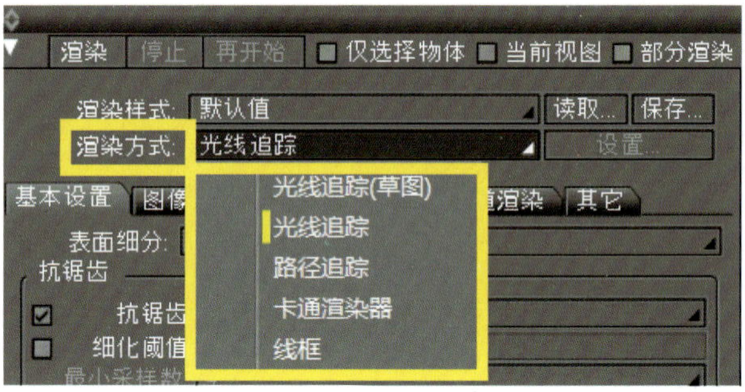

Point 1

“卡通渲染”仅在Standard版/Professional版中提供。

(2)

从“全局光照”选项卡的“全局光照方式”下拉菜单中可以选择全局光照方式。

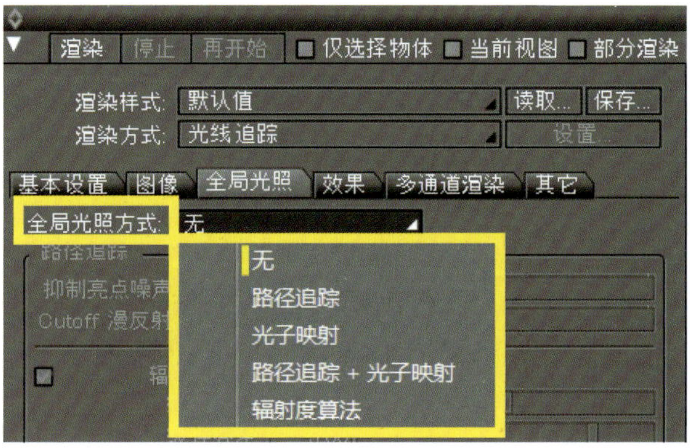

Point 2

"全局光照"可以从"路径追踪""光子映射""路径追踪+光子映射"和"辐射度算法"中选择渲染的间接照明。

"渲染方式"和"全局光照"的组合

光线追踪（草图）

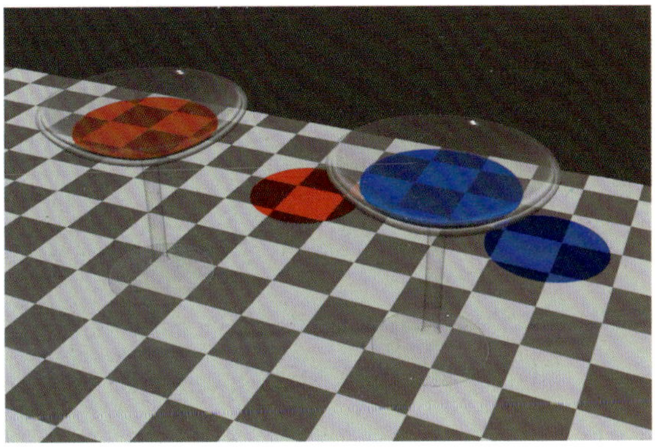

不包含反射或折射的渲染方式。
渲染非常快速。

光线追踪+无

仅直接照明的场景。
不体现反射或折射的"粗糙度"。
在不需要高精度像素的场景中非常有效。

路径追踪+无

仅直接照明的场景。
体现了反射和折射的“粗糙度”。
在需要高精度像素的场景中非常有效。

光线追踪+路径追踪

直接照明+间接照明的场景。
不体现反射或折射的“粗糙度”。
在不需要高精度像素的场景中非常有效。

路径追踪+路径追踪

直接照明+间接照明的场景。
体现了反射和折射的“粗糙度”。在需要高精度像素的场景中非常有效。

线框

在线框中渲染。包含线形在内。

卡通渲染

绘制轮廓线并使用阴影层进行渲染，包含线形在内。
（仅在Standard版/Professional版中提供）

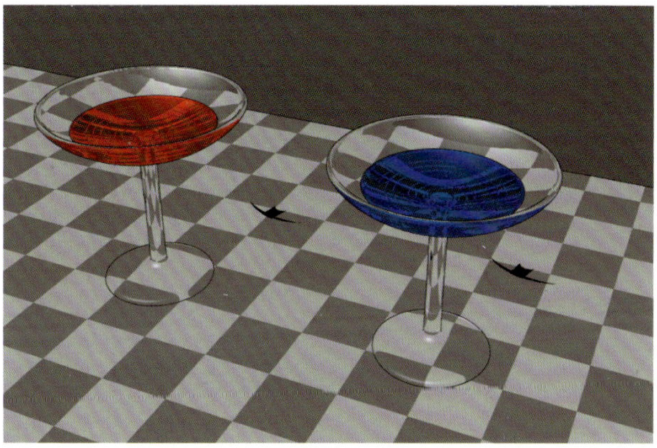

Point 3

“直接照明”是将光直接照射在形状上的一个点的表现方式。
“间接照明”是将光从其他形状的表面反射而来的表现方式。
即使没有反射属性，也可以使用漫反射来达到间接照明的效果。

44 使用体积渲染表现烟雾

体积渲染可以生成具有透明表面材质以及内部填充物的效果。

可以利用此特性对创建的形状制造烟雾效果。

(1)

选择集成面板的“表面材质”选项卡，在“基本设置”中将“漫反射”设置为“0”，“高光1”设置为“0”，“透明度”设置为“1”，然后在“体积光照设置”中将类型指定为“体积光照渲染”。

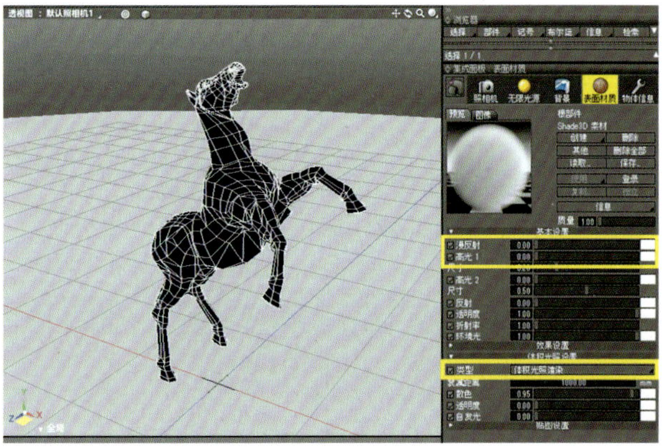

(2)

在“贴图设置”中设置为“云/体积衰减距离”或“方格纹/体积衰减距离”。

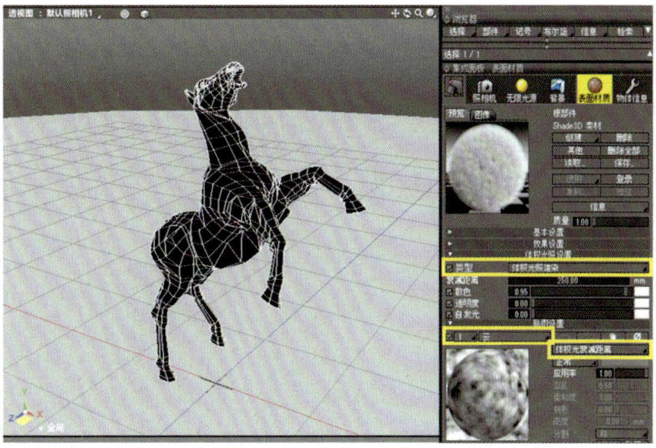

Point 1

此时请指定一个较小的数值使“体积设置”的“衰减距离”变密。

(3)

通过在“体积光照设置”中勾选“自发光”，可以得到类似云一样的效果。

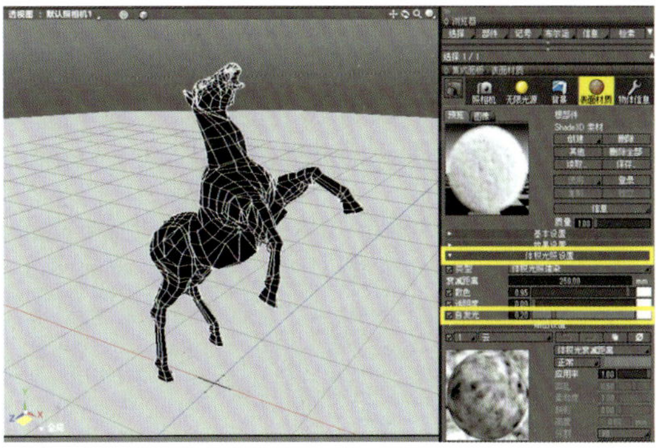

Point 2

体积渲染的属性有“衰减距离”“散射颜色”“透明度”和“发光”。
可以通过“衰减距离”设置体积溶度，通过“散射颜色”设置体积应用率，通过“透明度”设置半透明的部分的颜色，通过“发光”设置体积的发光色浓度。
根据烟雾的效果调整适当的数值。

45 保存渲染图像时删除背景

通过在图像窗口中单击“保存”，可以将渲染的图像保存到文件中。

此时，如果输出png/targa/tiff/OpenEXR等具有Alpha信息的图像格式，可以通过调整Alpha值来保存透明背景的文件。

(1)

将具有背景的渲染图像另存为png文件。

在集成面板的“背景”选项卡的设置或“渲染设置”中，勾选“反映背景”和“渲染背景”。

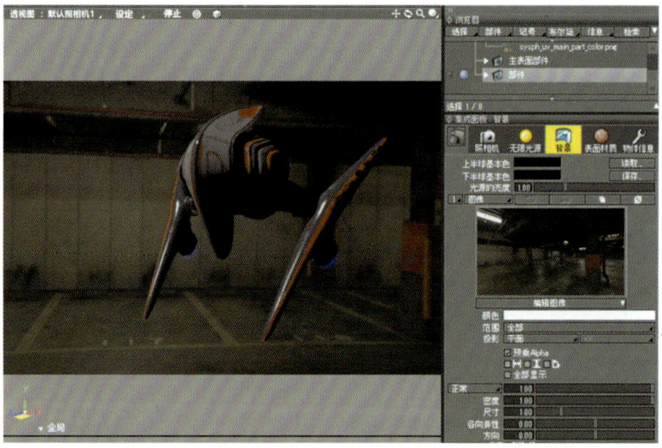

(2)

保存图像文件时，在对话框中将“禁用Alpha通道”改为“打开Alpha通道”并进行保存。

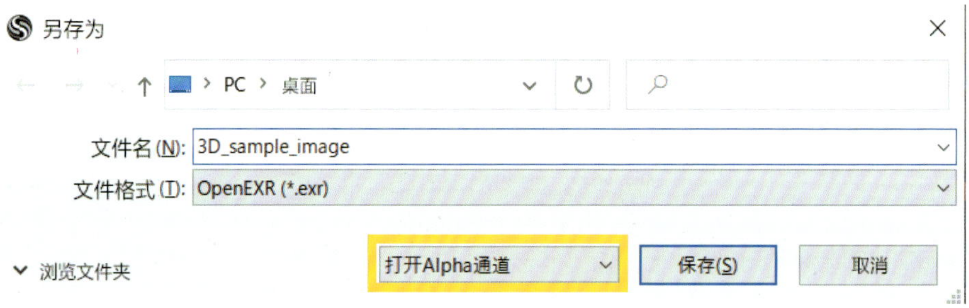

(3)

当使用绘图工具加载该文件时，即可保存除背景以外的数据。

Point 1

使用默认设置的“禁用Alpha通道”将保存背景和形状。

Point 2

如果不希望显示背景，可以取消“渲染设置”的“基本设置”选项卡中的“渲染背景”和“反映背景”复选框来隐藏渲染时的背景。

如果需要处理动画等大量图像时，请取消“渲染背景”复选框再执行渲染以缩短渲染时间。

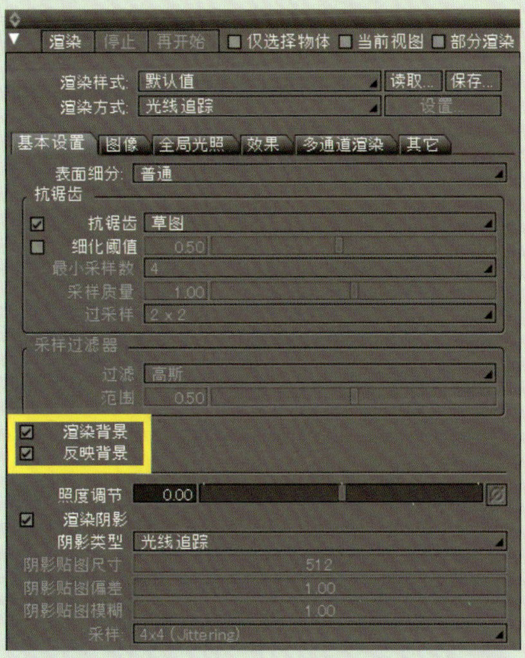

46 随着场景深入而模糊渲染（景深：DOF）

“DepthPlus”功能可以在执行渲染时让屏幕的近处或远处变得模糊。
此功能可以模仿相机的聚焦效果，在远离焦点的位置给与渐进模糊的效果。
此焦点位置周围的聚焦区域称为景深(Depth of field)。

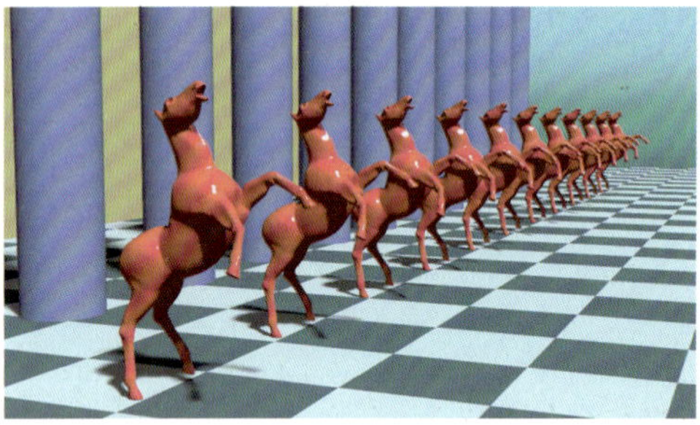

应用效果前的图像

应用DepthPlus效果的图像

(1)

在工具箱中选择“生成”→“插件”→“DepthPlus焦点物体”，然后在图形窗口中创建以拖动距离为半径的球体。

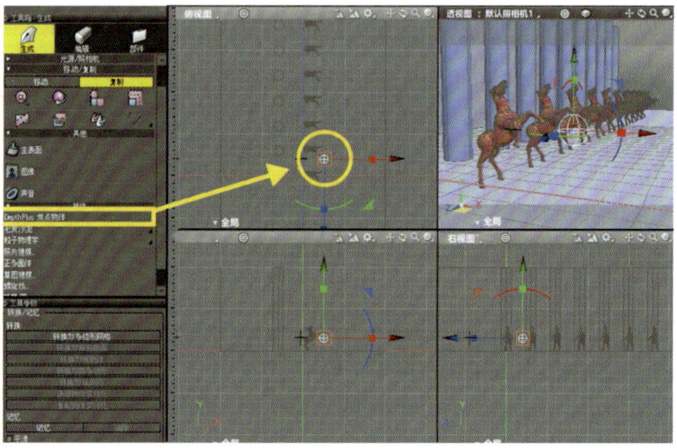

Point

将放置一个名为“DepthPlus焦点”的形状。
这是在使用DepthPlus进行后期特效处理时聚焦的焦点位置。

(2)

在“渲染设置”窗口中选择“效果”选项卡，然后在“效果器”中选择“DepthPlus”。

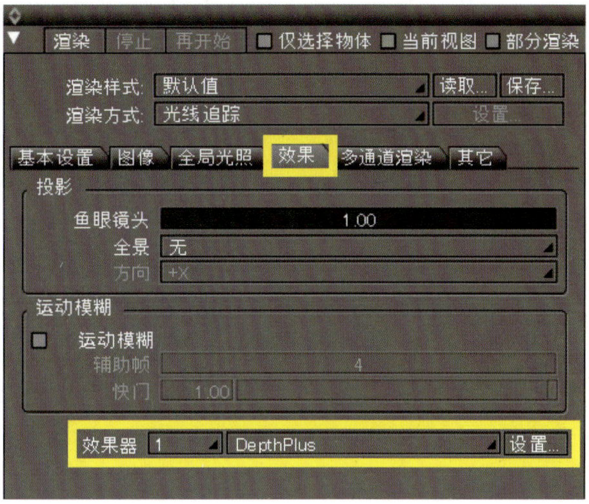

(3)

点击效果器右侧的“设置”按钮，弹出“参数设置”对话框。
通过减小“景深”选项卡中的“光圈F值”使场景变得逐渐模糊。
通过调整“焦点形状”的焦点来调整模糊度。

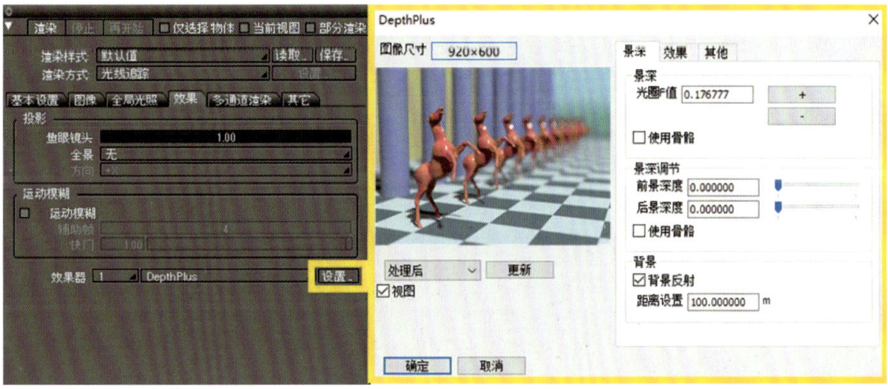

(4)

点击“确定”按钮关闭对话框并执行渲染，渲染完毕后将执行DepthPlus的处理。

SP

47 对渲染图像执行色彩校正

当需要调整整体色彩平衡，或者对难以接收光线的室内渲染增加曝光时，色彩校正非常有效。通过调整参数可大幅改善渲染图像的质量。在Standard版/Professional版中，色彩校正的结果可以立即反映在渲染结果中；在Basic版中需要在调整色彩校正的参数之后再次执行渲染。

(1)

打开主菜单的“显示”→“色彩校正”窗口，勾选“保持色彩饱和度”复选框。

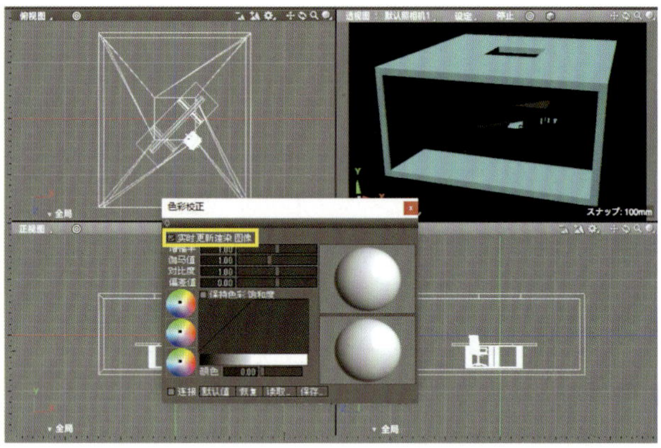

Point 1

在Basic版中不会显示“保持色彩饱和度”复选框。

(2)

在色彩校正中，“增幅率”对应整体亮度（曝光），各像素乘以RGB的值。“伽马值”是用于伽马校正的值。匹配Windows/macOS的显示器时指定为2.2。

从上往下的指定数值分别为：

增幅率1.0+伽马值1.0

增幅率1.0+伽马值2.2

增幅率1.3+伽马值2.2

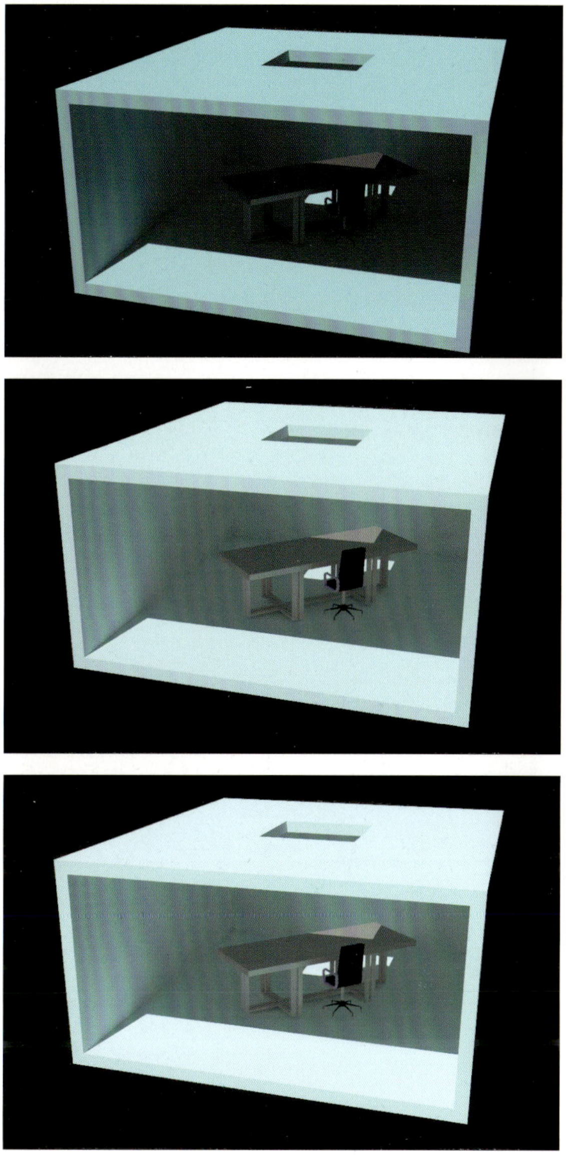

Point 2

除了“增幅率”和“伽马值”以外，还有各种用于色彩校正的参数。可以根据图像调整最佳设置。

48 渲染时漏光导致角落没有阴影（光线偏差）

在制作室内透视时，有可能会在墙壁或地板等三个面相交的角落显示光线。这是因为当路径追踪或光线追踪的光线（视线）在形状的表面上相交（反射或透射）时，会产生计算错误并造成光线泄漏。在这种情况下，可以通过调整“光线偏差”的数值进行改善。

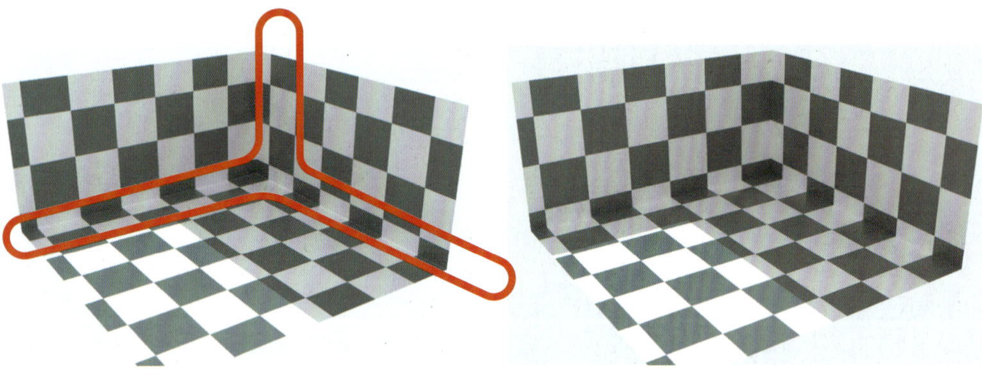

(1)

从菜单中选择“渲染”→“渲染设置”→“其他”选项卡。

“光线偏差”的默认值为“相对值”→“1.0”。

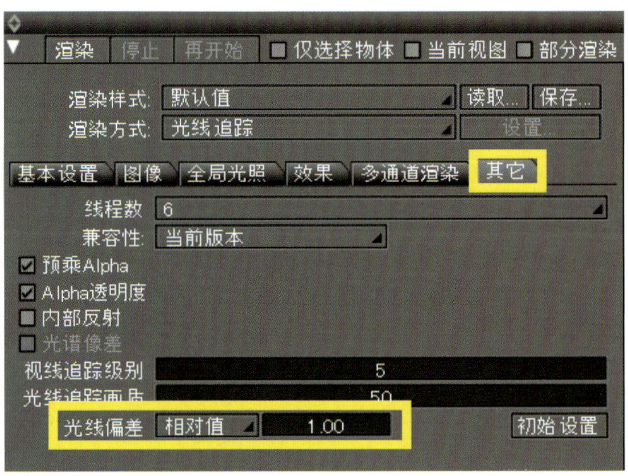

(2)

如果光线偏差为“绝对值”，则将其更改为“相对值”，或者减小该值可以改善漏光现象。

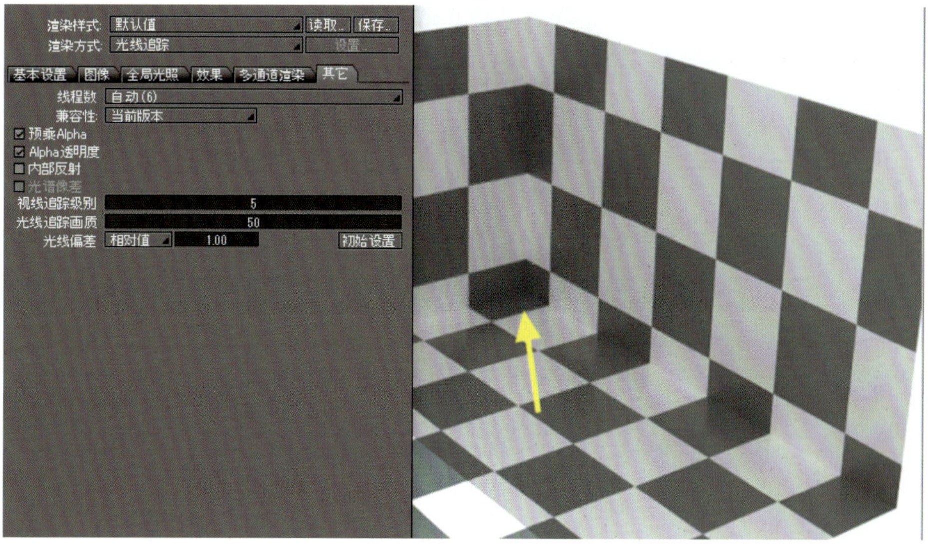

Point

如果更改光线偏差值不能改善漏光，则形状相交的区域可能有缝隙。
请参照Chapter 1“2 制作与其他形状对齐的形状(对象捕捉)”中介绍的“对象捕捉”功能，使形状无缝连接。

49 PBR材质的优点和效果（金属表现）

P

从Shade3D Professional Ver.20开始搭配了PBR材质功能。

PBR材质是基于物理定律的材质设置，与以往相比能够以更少的设置项目和最少的信息来获得更为逼真的效果。[PBR是基于物理渲染（Physically-based Rendering）的缩写]

另外，使用PBR材质的优点是使用了与其他工具相同的材质参数进行处理，以便在将数据导入其他工具时能得到相同的材质效果。

此处将使用在CG中最基础的PBR材质为例介绍金属表现。

Point 1

Shade3D的PBR材质是基于迪士尼公司的“Principled BRDF”（迪士尼原则的BRDF）实现的。

PBR材质通常用于现代实时游戏引擎与3DCG综合工具（DCC工具）的脱机渲染。

(1)

从集成面板中选择“表面材质”选项卡。
单击“创建”，然后从弹出菜单中选择“创建PBR材质”。

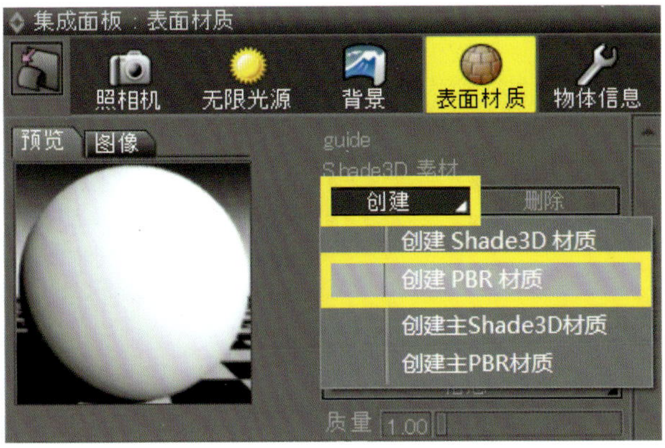

Point 2

“PBR材质”和“Shade3D材质”互不兼容。
进行切换时将清除所有的材质参数。

(2)

PBR材质的默认设置为“金属色”0.0，“粗糙度”0.0，“折射率”1.5，“透明度”0.0，“自发光”0.0。渲染效果如下。

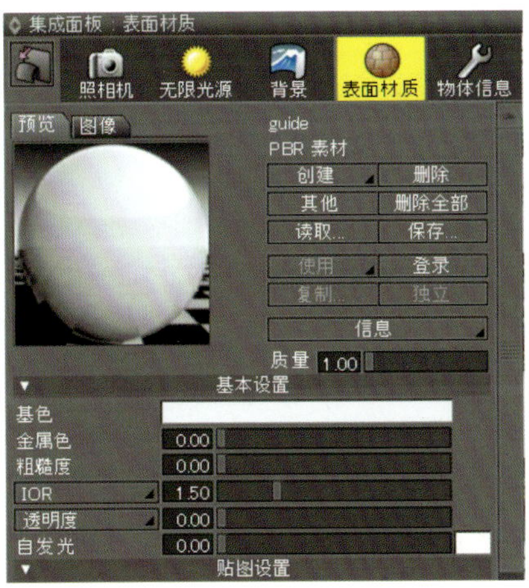

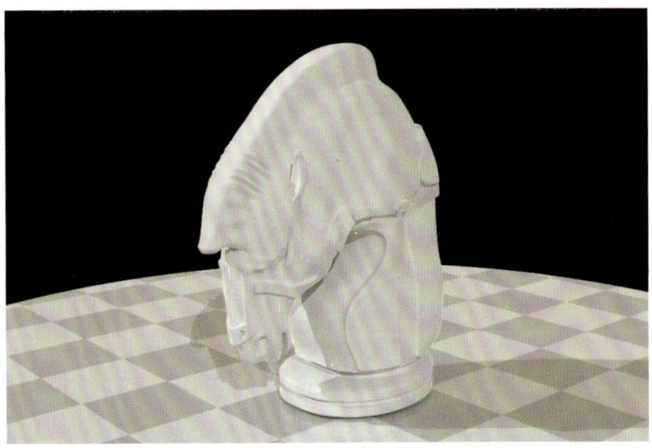

Point 3

指定背景图像以表现眩光。
将渲染方式指定为“路径追踪”和全局光照“路径追踪”。

(3)

进行金属表现时将“金属色”设置为1.0。
金属表现时设置为1.0，非金属表现时设置为0.0在物理上属于正确的设置。
渲染效果如下。

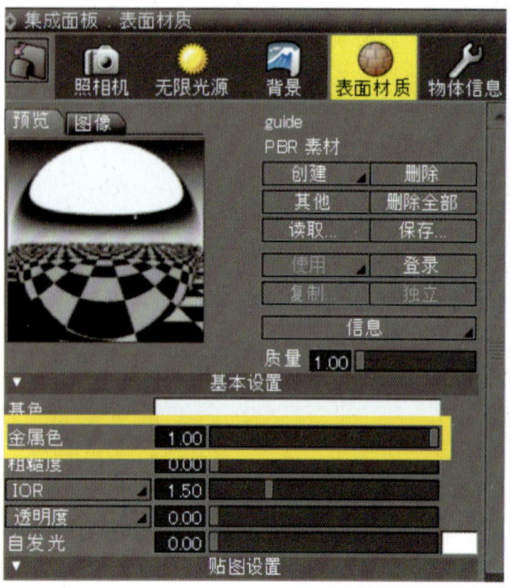

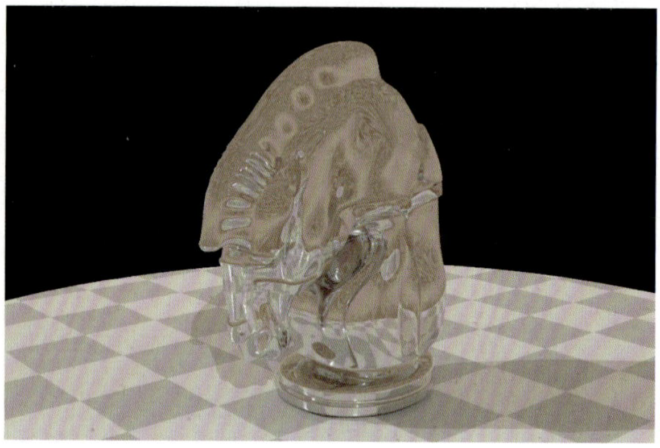

(4)

外观看起来还不够接近金属质感。

使用0.0~1.0的数值来指定默认基色RGB（230，230，230）时，设置为RGB（0.9，0.9，0.9）。

使用0.0~1.0之间的数值来指定默认基色RGB（128，128，128）时，设置为RGB（0.5，0.5，0.5）。

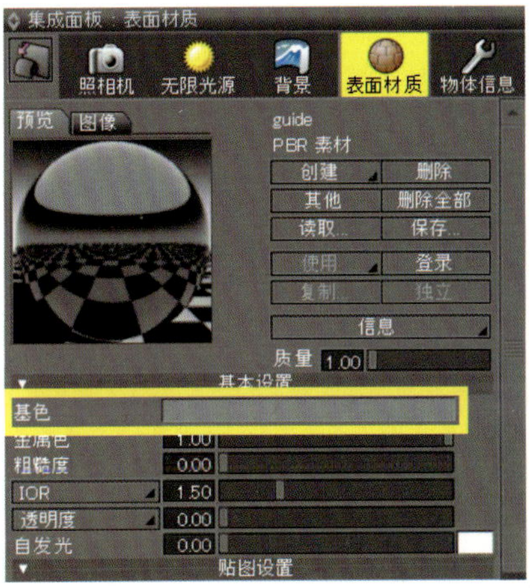

Chapter 3 渲染技巧

(5)

将“粗糙度”设置为0.2，使反射变得较为暗淡。渲染后外观增加了光泽度并接近金属。

(6)

最后将设置指定为“基色”灰色，“金属色”1.0，“粗糙度”0.2，“折射率（IOR）”1.5（默认值）。

Point 4

“折射率（IOR）”不仅影响透明度，还影响非金属的反射强度。
在金属的情况下，即使更改“折射率（IOR）”也不会改变反射效果。

50 使用PBR材质表现玻璃

使用PBR材质表现玻璃。

详情请参照Chapter 3“49 PBR材质的优点和效果(金属表现)”。

(1)

在“渲染设置”中将设置指定为：渲染方式“路径追踪”，全局光照“路径追踪”。

另外，为了表现反射/透明度，需要在集成面板的“背景”中指定HDRI图像。

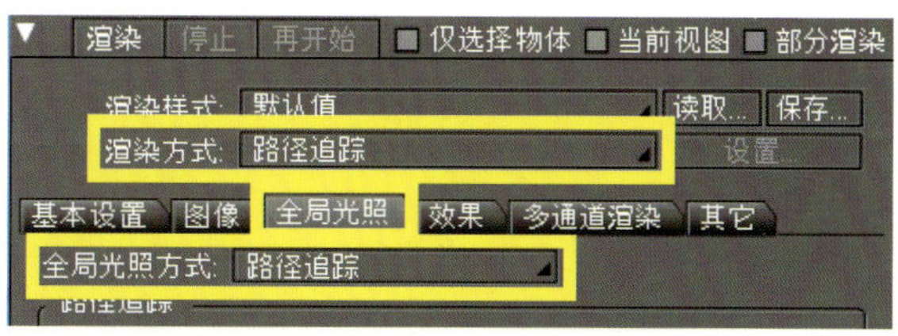

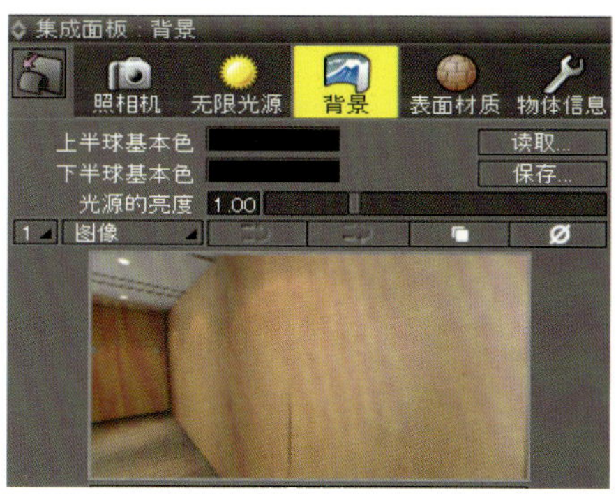

Point 1

在集成面板中指定“背景”可以点击“显示”菜单的“ShadeExplorer”，在弹出窗口中点击“预置”→“背景”并选择“Conference_room_passage_1.shdbgr”。

(2)

在集成面板中选择“表面材质”选项卡。单击“创建”，从弹出菜单中选择“创建PBR材质”。

(3)

玻璃的折射率（IOR）约为1.5，因此维持默认值，并将“透明度”设置为1.0。

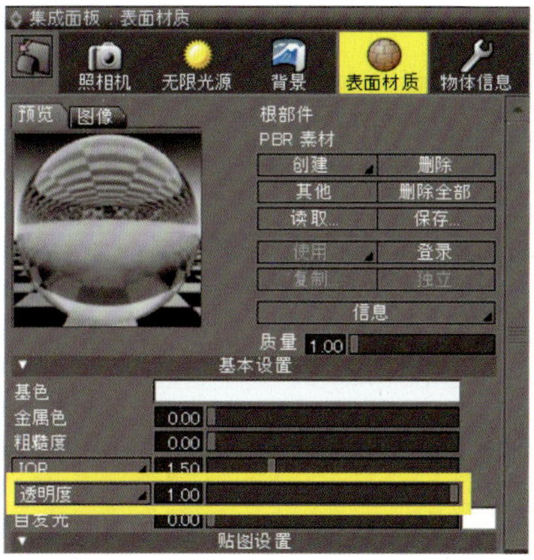

(4)

透明度将变得稍暗。

这是由于透明度取决于基色，如果要获得清晰的透明度，请尝试使基色尽可能接近白色[RGB（255，255，255）]。将基色指定为RGB（255，255，255）并再次渲染即可让阴影消失。

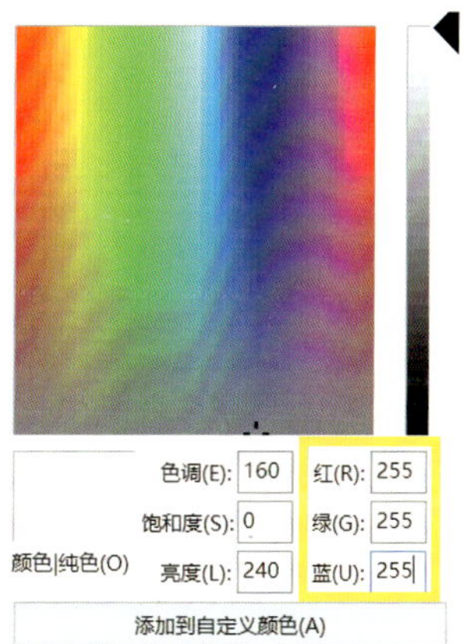

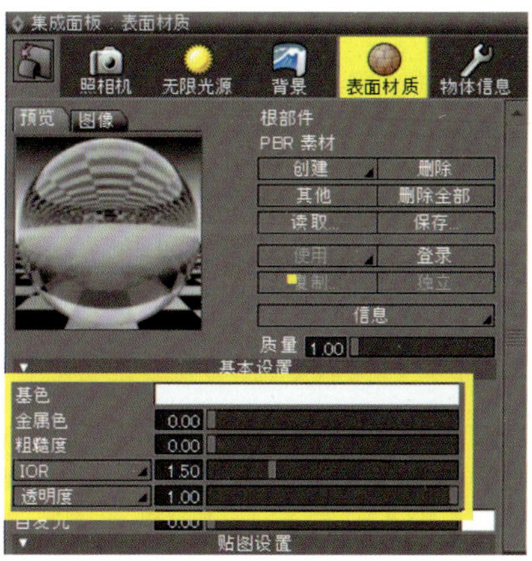

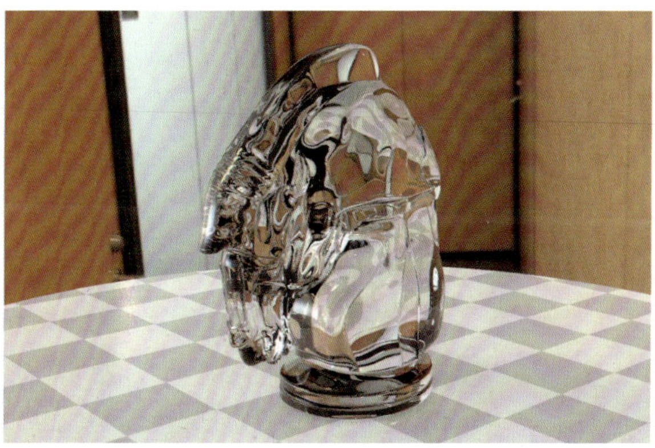

(5)

在“表面材质”窗口中，“PBR材质”的最终设置为“基色”白色，“金属色”0.0，“粗糙度”0.0，“折射率（IOR）”1.5（默认）和“透明度”1.0。
根据需要可以调整“粗糙度”使玻璃变得稍微浑浊，此处的设置为0.2。

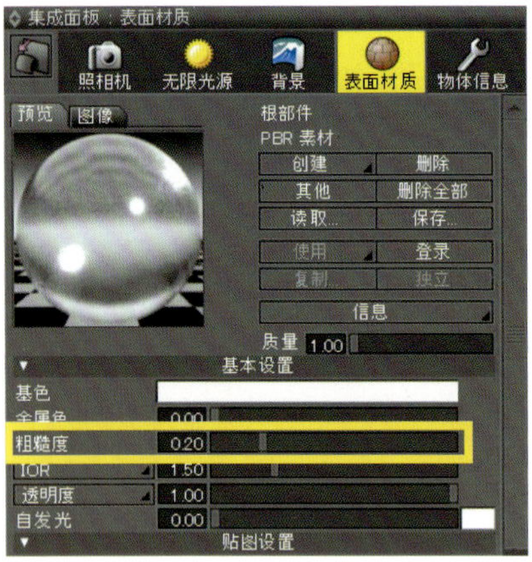

Point 2

如果透明或半透明物体重叠放置或者反射较多，则可能渲染成意外的透明或反射效果。
请从“渲染”菜单中打开“渲染设置”，然后在“其他”选项卡中调整“视线追踪级别”的数值。

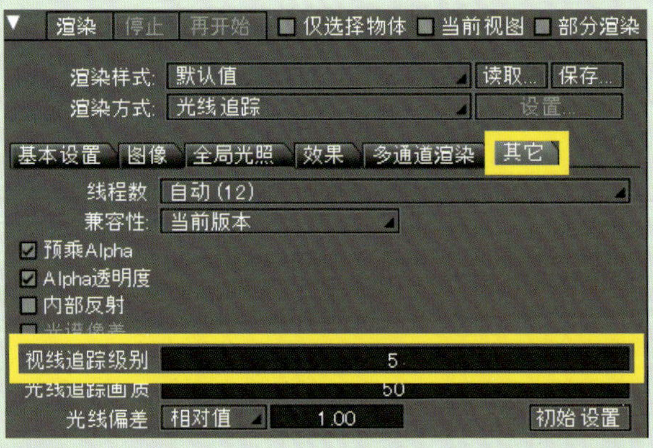

BSP

51 使用线性工作流程渲染场景

在Shade3D Ver.21中介绍如何调整线性工作流程。

Shade3D Ver.21中的线性工作流程是自动进行处理的，但是在更早版本中创建的场景文件需要手动更改设置。

通过设置以下所示的线性工作流程，可以得到更高精度的渲染结果。另外，在线性工作流程的工艺中，“输出”是渲染后的色彩空间指定，“输入”是渲染之前的色彩空间指定。

Shade3D Ver.19

Shade3D Ver.21

Point 1

对于新场景，线性工作流程将被设置为默认状态，所以无需更改设置。

Point 2

线性工作流程指的是对图像或颜色进行反伽马校正和线性化“输入”，在渲染场景后进行伽马校正并显示在屏幕上“输出”的一系列过程。

由此渲染出逼真的场景。

在Ver.19之前，“输入”时需要使用材质图像和漫反射颜色进行线性化，“输出”时需要在“渲染设置”的“图像”选项卡中将“输出Gamma”设置为2.2。

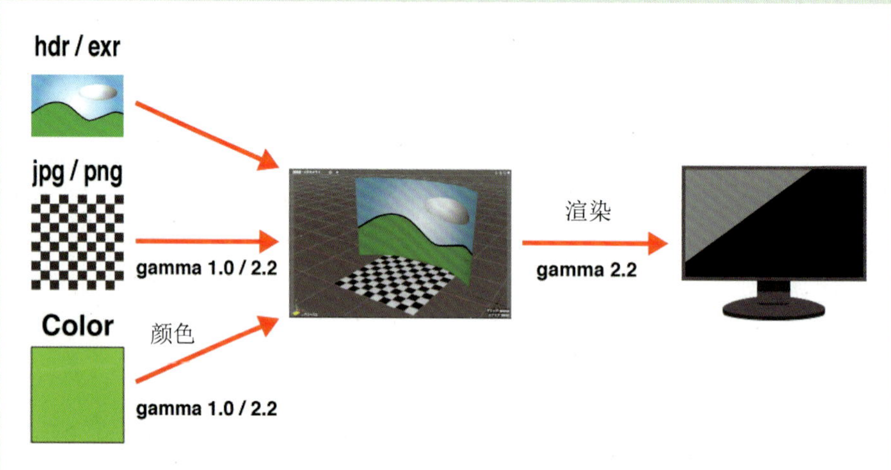

输出：渲染设置中的色彩管理

(1)

在渲染设置中选择“图像”选项卡。

其中添加了一个名为“颜色管理”的组。

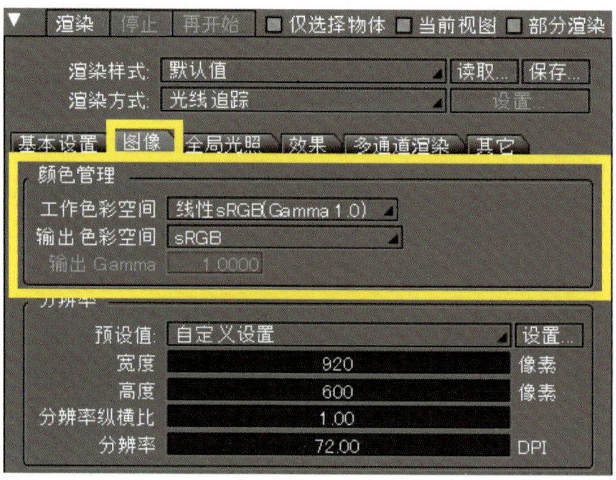

(2)

“工作色彩空间”可以选择色彩空间的渲染类型。

如果指定“线性sRGB（Gamma 1.0）”，则渲染过程将使用线性执行。

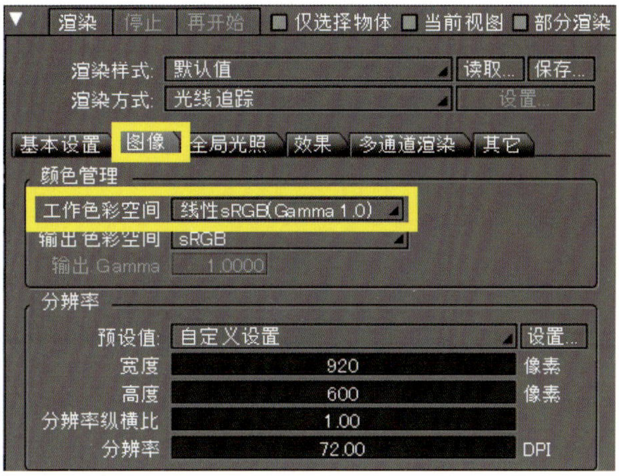

(3)

将渲染结果另存为图像文件时可以在“输出色彩空间”中选择伽马调整的类型。

通过指定“sRGB”，渲染结果将以色彩空间“sRGB”保存为图像文件。

“sRGB”是常规的色彩空间，在目前的监视器中被广泛使用，诸如JPEG和PNG之类的图像文件通常保存在该色彩空间中。它接近但不等同于伽马2.2。

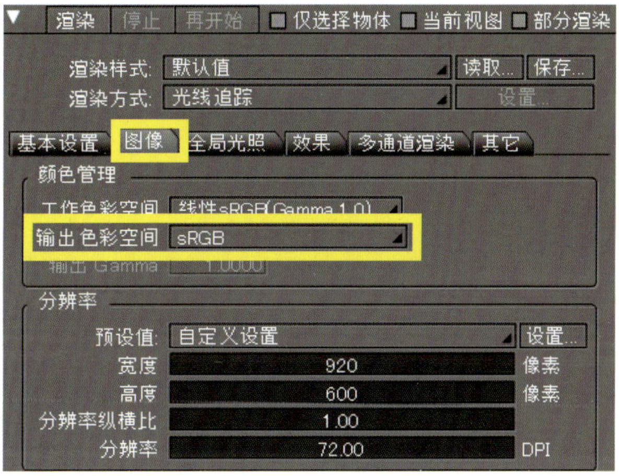

输出：将色彩校正的伽马值设置为1.0

从“显示”菜单中选择“色彩校正”以显示窗口。

将色彩校正窗口的伽马值设置为1.0。

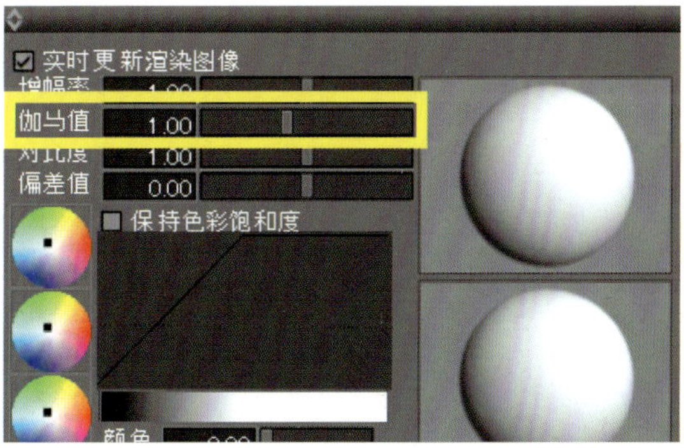

输入：单色

漫反射色（Ver.20中PBR的基色）的颜色或背景色、光源色等。
渲染时会自动转换为线性。
新版本与Ver.20之前的版本不同，无需指定任何内容。

输入：图像的伽马设置

(1)

在图像部件中选择主图像时，可以在集成面板的“物体信息”窗口中选择“色彩空间”。

(2)

指定“sRGB（Aoto Gamma）”时，通过将其用作背景或指定分配的材质（漫反射贴图，法线贴图，凹凸贴图等），在渲染时自动对图像进行反伽马校正。
图像的色彩空间默认设置为“sRGB（自动伽马）”，因此无需在新场景中指定任何内容。

图像的类型	反伽马校正
背景（HDRI）	—
背景（LDRI）	○
Shade3D材质：漫反射（HDRI）	—
Shade3D材质：漫反射（LDRI）	○
Shade3D材质：法线	—
Shade3D材质：凹凸	—
PBR：基色（HDRI）	—
PBR：基色（LDRI）	○
PBR：法线	—
PBR：凹凸	—

Point 3

HDRI指的是具有hdr或exr的动态范围格式的图像。
LDRI指的是jpeg和png等经过伽马校正的标准图像。
“Shade3D材质”是以往Shade3D的表面材质的常规指定。
“PBR材质”是在Ver.20中新添加的表面材质的PBR指定。

对于HDRI图像，如果无特殊指定则原始图像是线性的。
在这种情况下，无需转换即可对线性图像使用“sRGB（自动伽马）”。
如果使用的是jpeg或png等图像（LDRI），并将其作为漫反射或基色的“颜色”映射，则“sRGB（自动伽马）”将执行线性转换。
如果在映射中执行“法线”，将继续使用该材质。

无限光源的环境光

点击集成面板的“无限光源”选项卡，并将环境光设置为“0”。

此设置与线性工作流程无关，但是使用线性工作流程进行渲染时需要尽量避免使用环境光。在Ver.21中创建新场景时，无限光源中的环境光默认值为0。

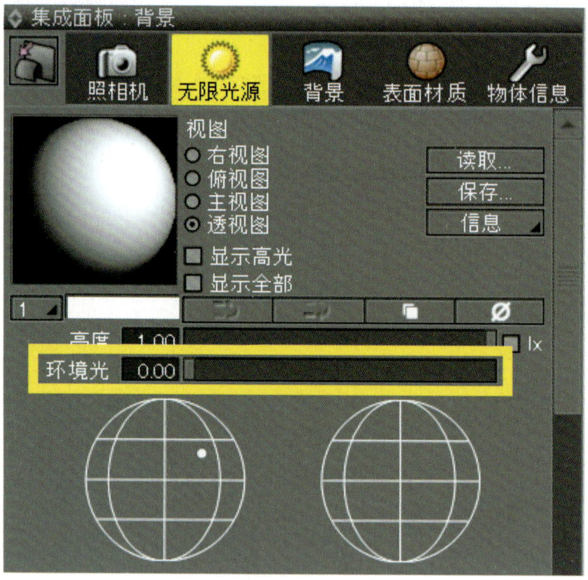

全局光照-路径追踪的反射系数

(1)

从渲染菜单的渲染设置中选择“全局光照”选项卡。

从“全局光照方式”下拉菜单中选择“路径追踪”或“光子映射”。

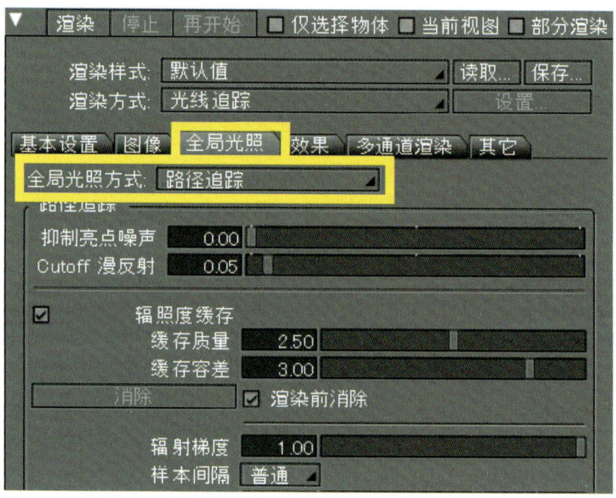

(2)

在Ver.20之前，执行高精度的渲染时必须在渲染设置的全局光照中将“反射系数”设置为2.0。

从Ver.20开始对规格进行了更改，可以使用Ver.19中“反射系数”的0.5倍的数值实现相同效果。

Ver.20中的“反射系数”的默认数值为0.9。

相当于Ver.20之前的“反射系数”的0.9×2 = 1.8，可以使用指定“反射系数”的数值得到更逼真的渲染效果。

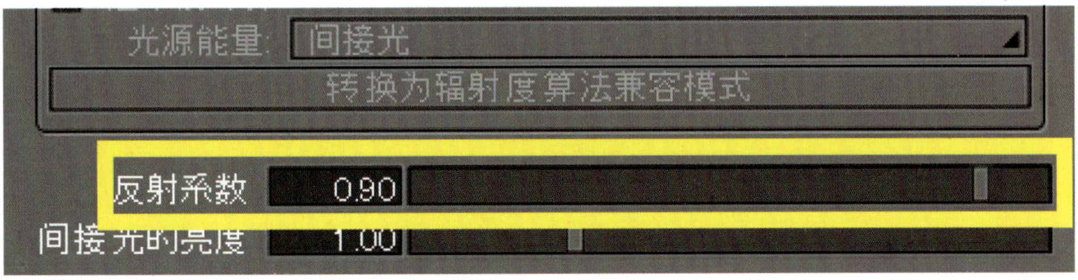

52 将Ver.21的线性工作流程更改为Ver.20之前的版本

BSP

Shade3D Ver.21支持的“线性工作流程”可以实现逼真的渲染，但是对于已经创建的场景数据和表现方法，有可能需要使用Ver.20之前的表现方法。

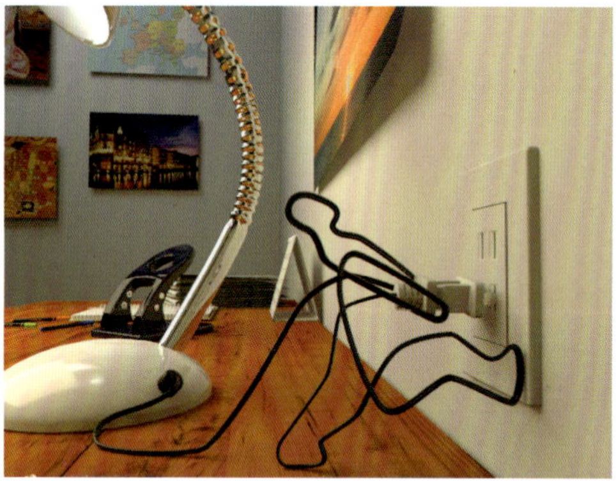

Shade3D Ver.19

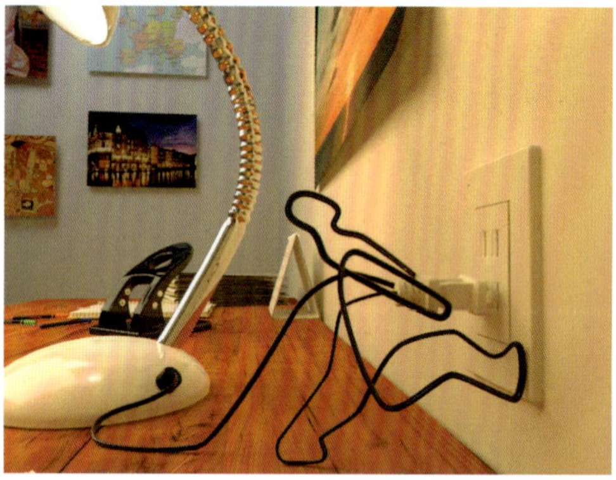

Shade3D Ver.21

(1)

在渲染设置的“图像”选项卡的“颜色管理”组中，将“工作色彩空间”设置为“Legacy Shade3D”。

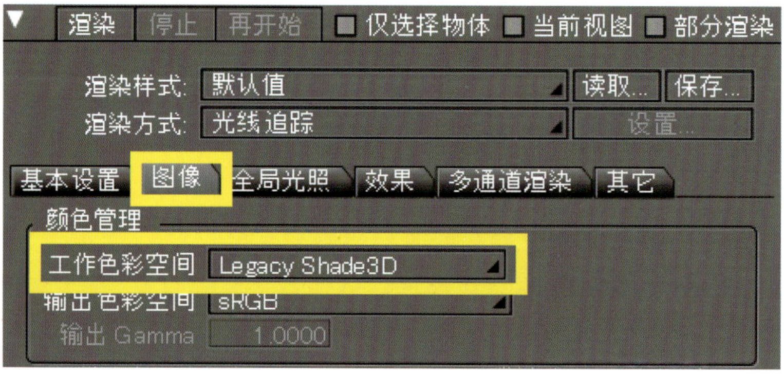

(2)

无需更改“输出色彩空间”。

它是与Ver.19之前的渲染结果相同的色彩空间。

另外，显示图像的物体信息窗口的色彩空间在“sRGB（自动伽马）”时与“线性sRGB（伽马1.0）”相同。

(3)

使用全局光照时，请在“渲染设置”窗口中打开“全局光照”选项卡，将“反射系数”乘以0.5，即可得到Ver.19之前的渲染效果。

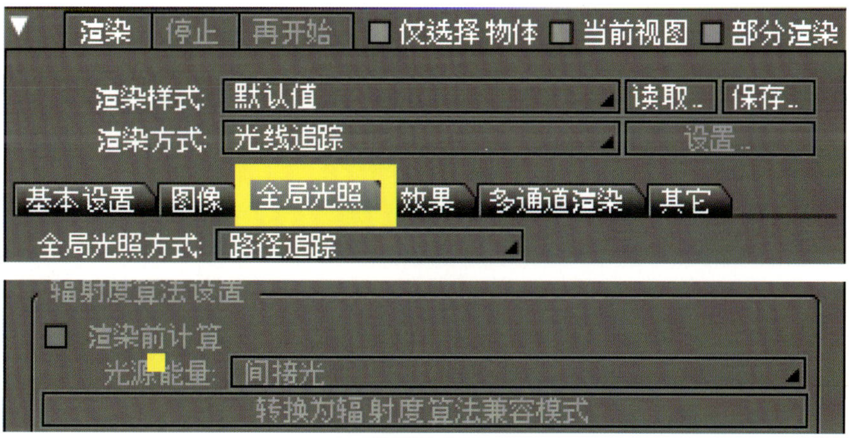

Point

如果“工作色彩空间”是“Legacy Shade3D”，则线性工作流程将被禁用。

在这种情况下，需要在颜色校正窗口或图像的物体信息窗口中调整伽马值。

BSP

53 渲染时隐藏形状并保持阴影

在渲染房屋内部时，出于构图原因有时可能希望删除墙壁。但是，如果删除墙壁本身的形状，则外部的光线也将进入室内。

通过设置保留墙壁产生的阴影，并且在照相机中隐藏墙壁本身，可以维持屋内阴影状态并且不显示墙壁的渲染结果。

(1)

在浏览器窗口中选择渲染过程中需要隐藏的形状。

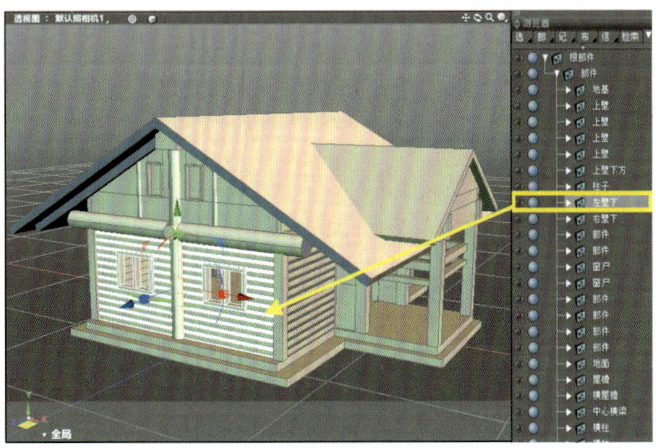

Point 1

如果将多边形网格组合为一个形状，需要将其分离。

分离面时，请在物体编辑模式+面选择模式下选择要分离的面。

点击工具箱中的“编辑”→“网格”→“编辑”→“分离/复制”，从弹出菜单中选择“分离”或“分离成新物体”。

(2)

点击集成面板的“表面材质”→“其他”。

在“其他表面材质属性”窗口中勾选“不在照相机上显示”。

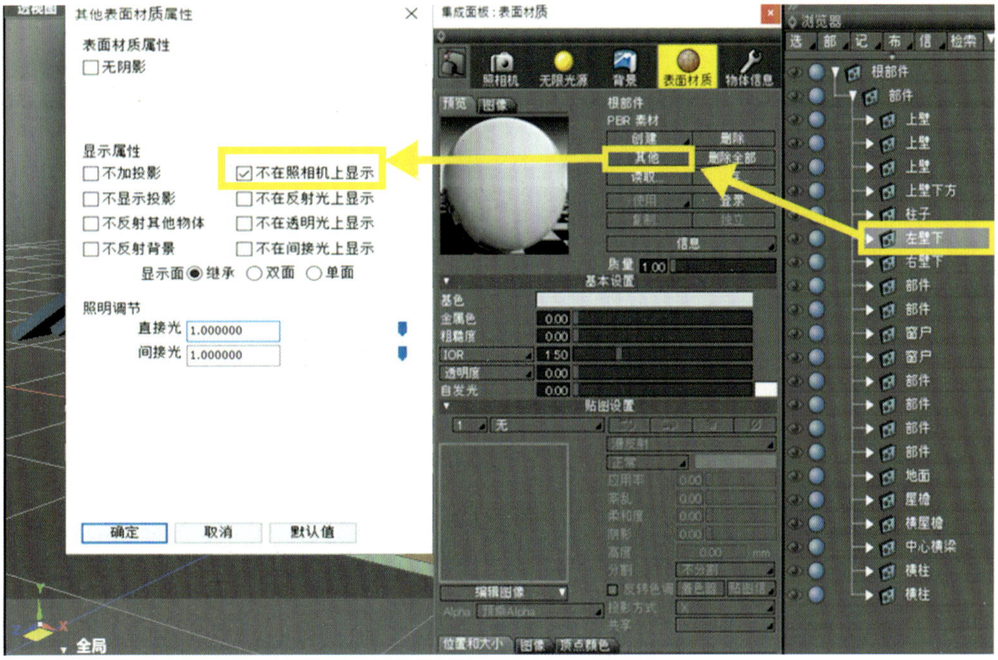

Point 2

如果将表面材质应用于主表面，它还会影响具有相同主表面的其他形状。

单击表面材质的“独立”按钮以取消分配主表面，将它作为照相机上未显示的表面材质。

(3)

渲染时维持阴影状态并在照相机中不渲染墙壁。

Point 3

“不在照相机上显示”的设置对于光源和形状均有效。
通过打开已设置为可见的面光源的“不在照相机上显示”设置，可以仅渲染高光。

54 光源类型及使用方法

光源中包括了无限光源、点光源、聚光灯、环境光、平行光源、面光源、线光源和配光光源。通过掌握每个光源的特性并适当运用它们可以得到逼真的效果。

无限光源

从同一个方向照射的光源。
在集成面板的无限光源窗口中操作。
可以指定光源的方向，环境光（应该认为暗的区域的亮度）以及光源的颜色。
当明亮度为0时，无限光源将无效。

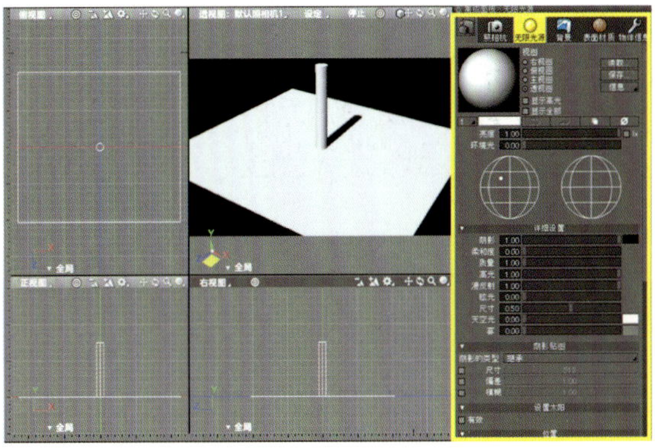

点光源

从场景中的一个点向各个方向照射的光源。从工具箱的“生成”→“光源/照相机”中选择“点光源”，然后将其拖动到图形窗口上，以放置一个点光源，可以指定该点光源从中心开始的影响范围。
在场景中可以通过拖动操纵器来更改点光源的位置。
在浏览器中选择点光源时，点光源的参数显示在物体信息窗口中，并且可以更改颜色和亮度。

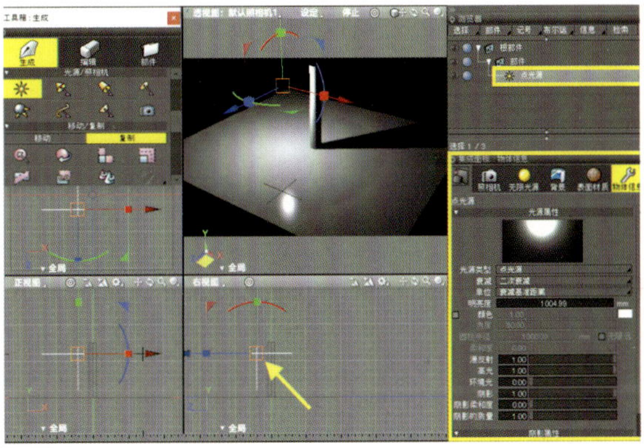

聚光灯

从指定方向的某个点以圆锥角范围照亮场景的光源。
从工具箱的“生成”→“光源/照相机”中选择“聚光灯”，在图形窗口中拖动使聚光灯从中心沿指定的方向放置。
在场景中拖动操纵器可以更改聚光灯的位置，并且可以通过旋转来更改聚光灯的方向。
可以在物体信息窗口中更改聚光灯的颜色，亮度和角度。

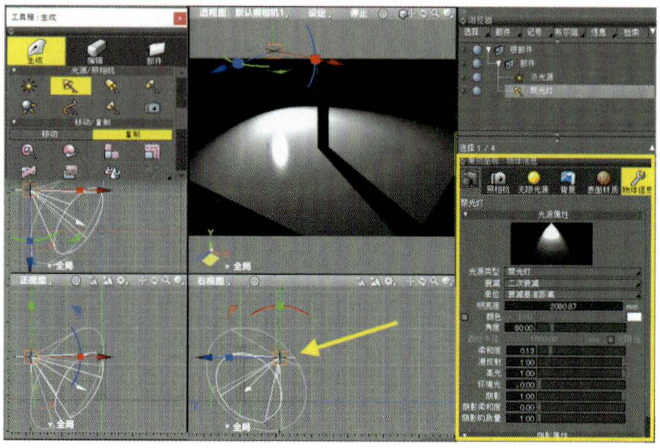

Point 1

可以在物体信息窗口中提高柔软度的数值模糊聚光灯的外框。

环境光

通常在阴影区域/光源未照射的区域将变成全黑。将这些区域照亮的就是环境光。
从工具箱的“生成”→“光源/照相机”中选择“环境光”，然后在图形窗口中拖动以放置环境光。
当“衰减”为“无”时，环境光的位置没有任何意义，无论在场景中的任意位置都相同。
在浏览器中选择环境光并在物体信息窗口中提高“环境光”的数值，以提高未暴露在光线下部分的亮度。

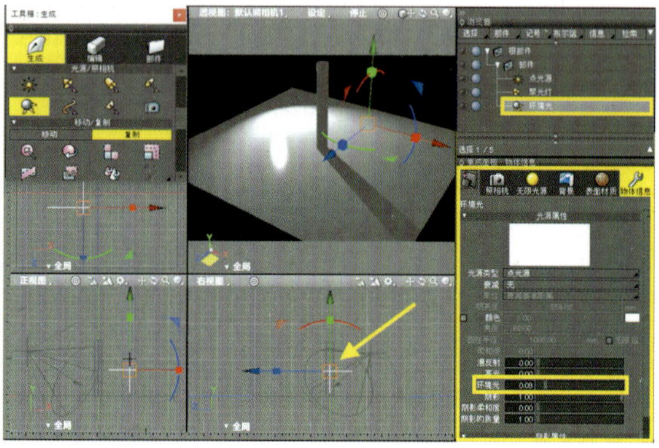

平行光源

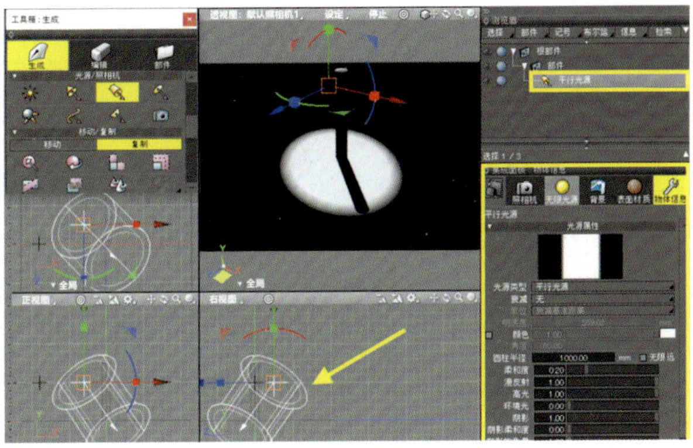

从一个方向照亮的光源。
与“无限光源”不同，它有一个光源起点。从工具箱的“生成”→“光源/照相机”中选择“平行光源”，然后在图形窗口中拖动起点和终点以放置一个圆柱。
可以通过指定“圆柱半径”来调整圆柱的范围。
勾选“无限远”复选框，则圆柱体的范围为无限大。

面光源

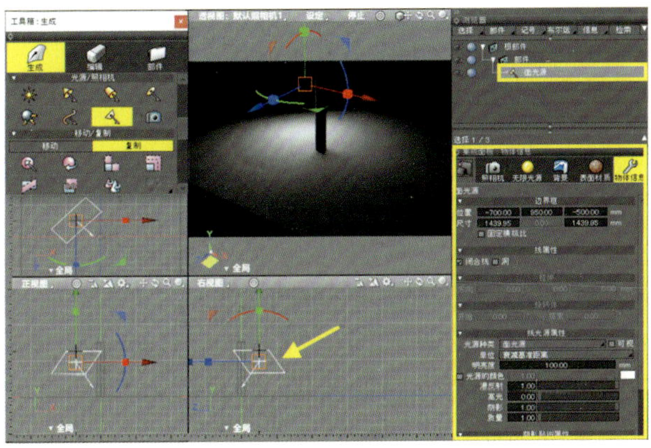

它是从矩形和闭合线形照射的光源。从工具箱的“生成”→“光源/照相机”中选择“面光源”，然后在图形窗口中拖动起点和终点以放置一个矩形。
此时，在图形窗口中会出现一个垂直于面的箭头，该箭头的方向是光源的方向。
可以在浏览器中选择面光源，并在物体信息窗口中调整“亮度”。
勾选“可视”复选框可以使用“光源的颜色”中设置的颜色让面可视化。
当明亮度为0时，线条形状为闭合线形状态。

Point 2

如果选择闭合线形时在物体信息窗口中将“光源种类”选择为“面光源”，“明亮度”选择为0或以上，则闭合线形状将成为面光源。即使形状不是矩形也可以成为光源。

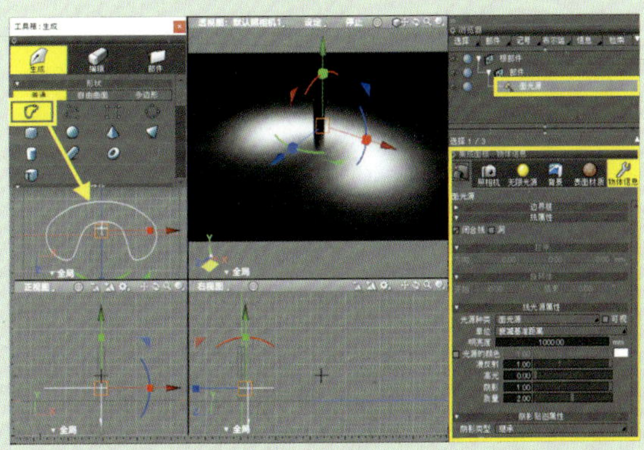

线光源

将线形作为光源。

从工具箱的“生成”→“光源/照相机”中选择“线光源”，在图形窗口中拖动创建开放线形将显示曲线的手柄。通过单击鼠标放置控制点。

可以在浏览器中选择线光源，并在物体信息窗口中调整“明亮度”。

当明亮度为0时为开放线形。

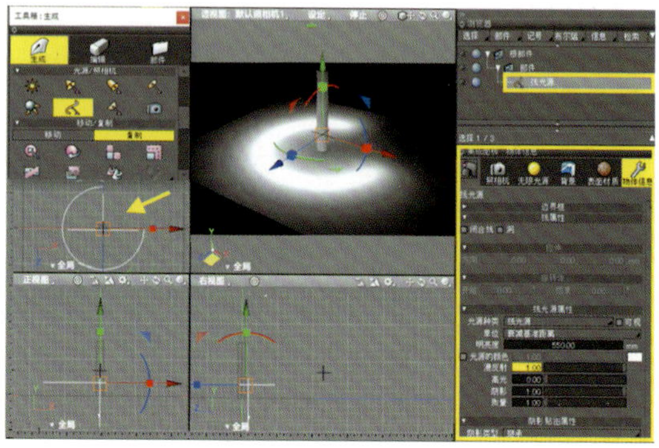

Point 3

在物体信息窗口中选择闭合线形时，将“光源种类”设置为“线光源”，将“明亮度”设置为0或以上时，开放线形将变为线光源。

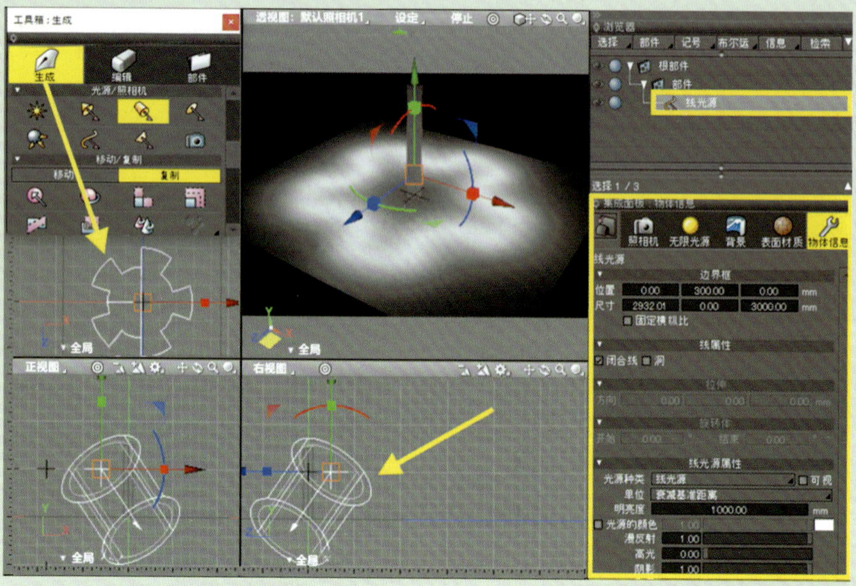

55 将线形变为面光源

面光源可以是任意形状的“闭合线形”。

例如可以使用星形，六边形和部分不平坦的形状作为光源。

(1)

通过在工具箱中选择“生成”→“普通”→“闭合线形”来创建闭合线形。

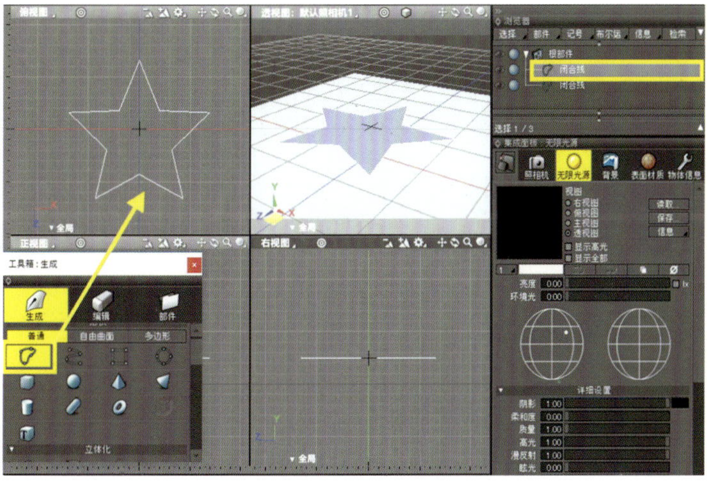

(2)

在浏览器中选择闭合线形，然后单击集成面板的物体信息窗口。
指定“线光源属性”的“明亮度”。

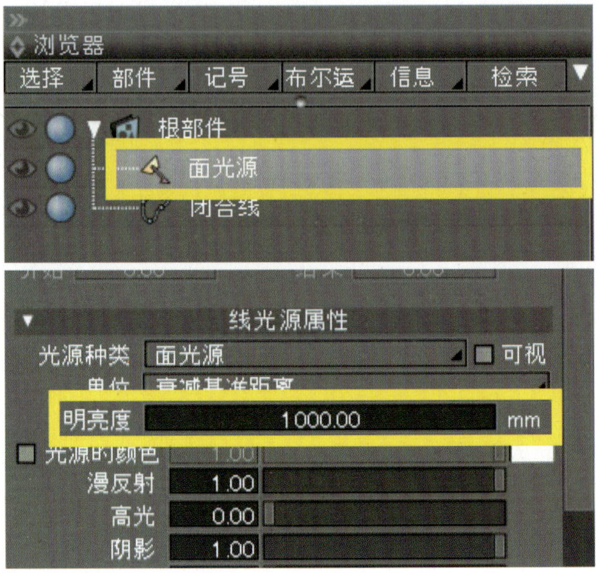

(3)

在图形窗口中，面光源的法线方向将显示一个箭头。
渲染时将反映具有面积的任意形状的面光源。

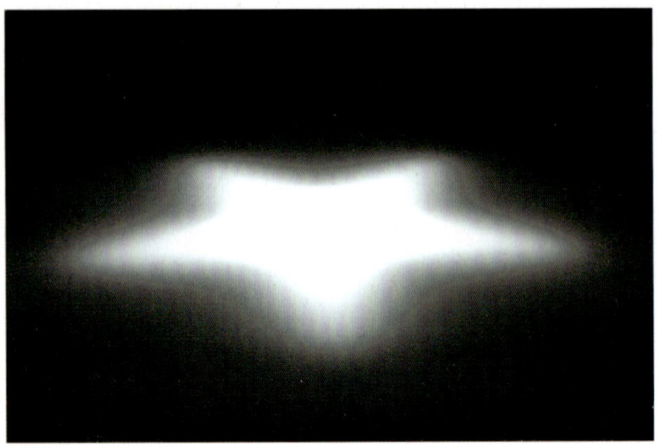

SP

56 在拥有光源的空间中生成雾状表现（体积光照）

在光的照射范围内使用“体积光照”可以产生轻微的雾状效果。可以表现通过窗户射入室内的光照路径等逼真的效果。

(1)

在需要设置体积光照的空间中，从工具箱“生成”→“光源/照相机”中放置一个“聚光灯”。

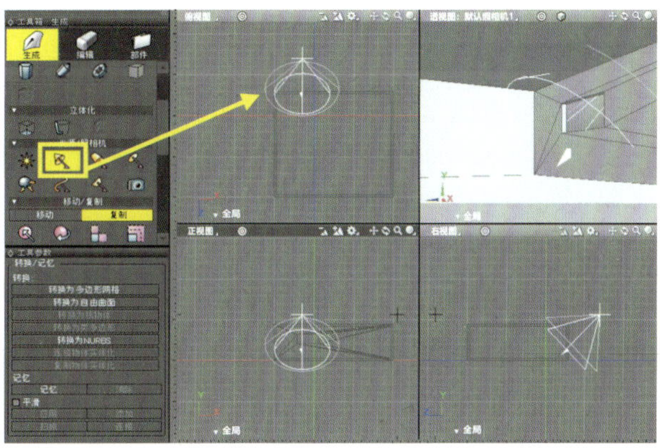

Point 1

这里使用的是聚光灯，也可以通过点光源/聚光灯/面光源/线光源/平行光源/配光等设置体积光照。

(2)

在浏览器中选择光源，然后在集成面板的物体信息窗口中勾选“体积光照”复选框。渲染时光照路径将变得模糊。

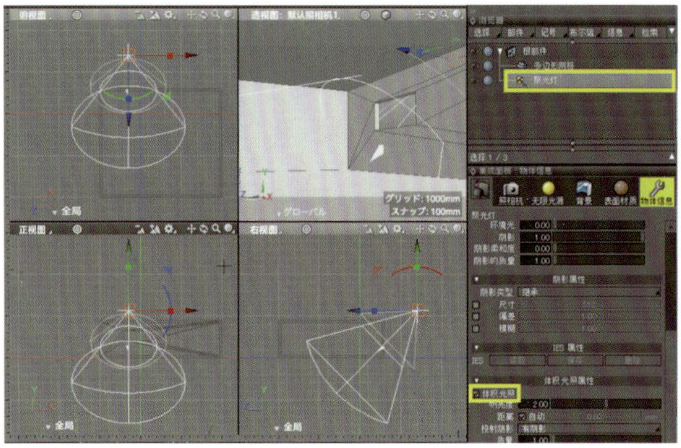

Point 2

请注意，降低“明亮度”会降低体积光照的效果。

Point 3

与此相反，通过将投射阴影选择为“反转”，对阻挡光照的部分描绘光照轨迹，可以表现光轨等效果。

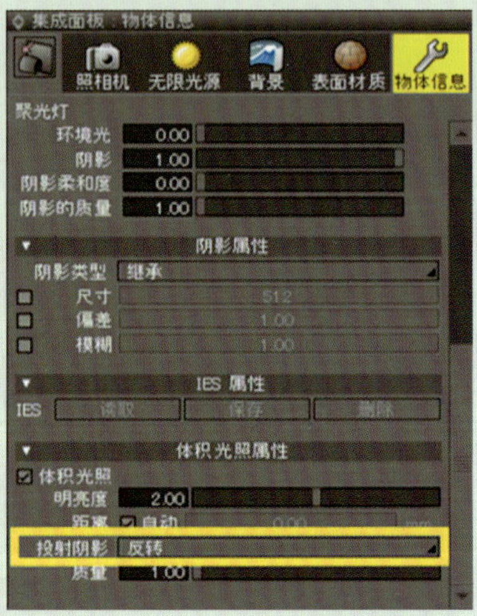

57 面光源可视化

在渲染时面光源本身将不会显示在渲染中，通过设置可视化，可以在渲染结果中显示光源。在表现室内透视图、发光板或面板时，可以有效利用此功能。

(1)

在浏览器中选择“闭合线形”，然后从集成面板的“物体信息”选项卡的光源属性中设置面光源。

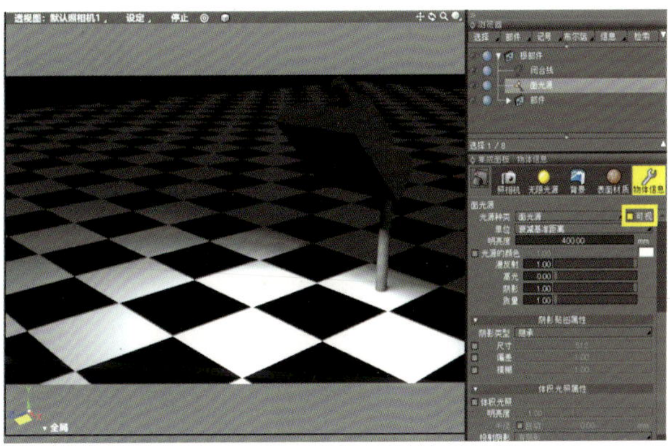

(2)

如果在“集成面板”的“物体信息”窗口的“光源属性”中勾选“可见”复选框，在渲染过程中将显示面光源。

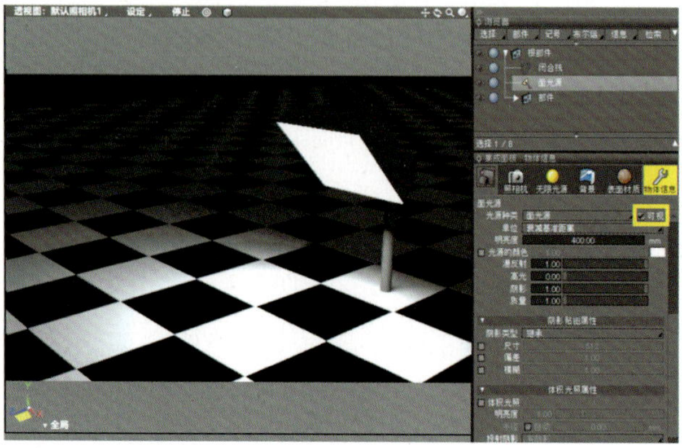

Point

通过以线形创建立方体的各个面并对各个面设置面光源和可视化，可以将立方体作为光源可视化。请酌情使用此功能。

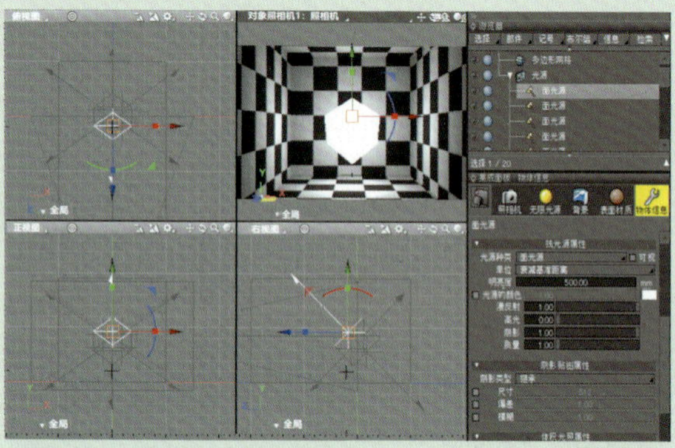

B S P

58 动画渲染步骤和关节种类

Shade3D允许对形状添加动作并使用照相机在3D空间中移动生成动画。

此处我们将介绍如何通过动画渲染输出视频文件。

(1)

让形状执行动作时需要使用关节。可以从工具箱中选择“部件”→“关节”，并对形状进行动作设置。

检查以下关节的种类和效果。

直线移动　　2点间的直线移动。
旋转　　以指定轴为中心旋转。
缩放　　沿指定轴方向缩放。
等比缩放　　沿指定中心等比缩放。
球关节　　沿指定中心移动/旋转。
骨骼　　沿指定中心移动/旋转。面向fbx等其他软件格式。
光源　　调整光源的明亮度。
路径　　沿线形移动。
变形　　创建变形关节。
切换　　在多个形状之间切换。

Point 1

关节不仅可以用于创建动画，还可以利用旋转关节和直线移动关节临时更改配置。

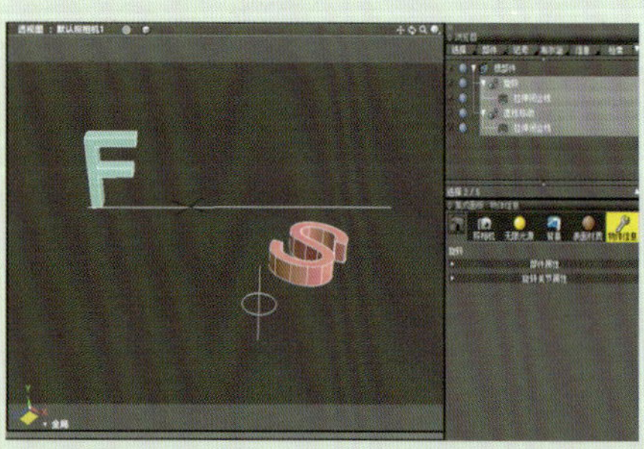

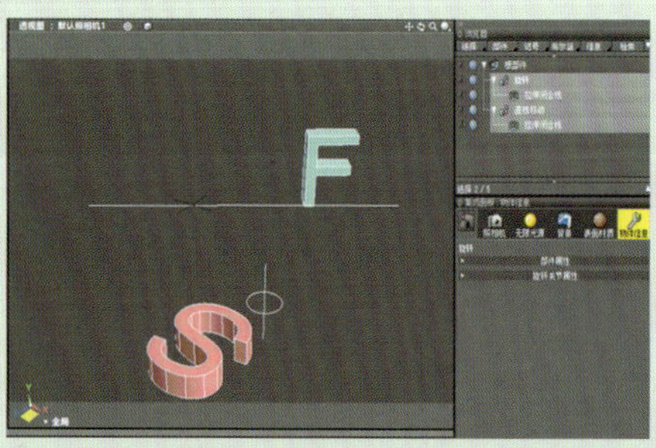

Point 2

可以使用照相机对象和关节，使用照相机在3D空间中移动生成动画。
详情请参照Chapter 4“71 沿指定线形移动相机（浏览助手）”。

(2)

将动画窗口中的动作分配给在浏览器中选择的关节。
在“显示”菜单中选择“动画”打开动画窗口。

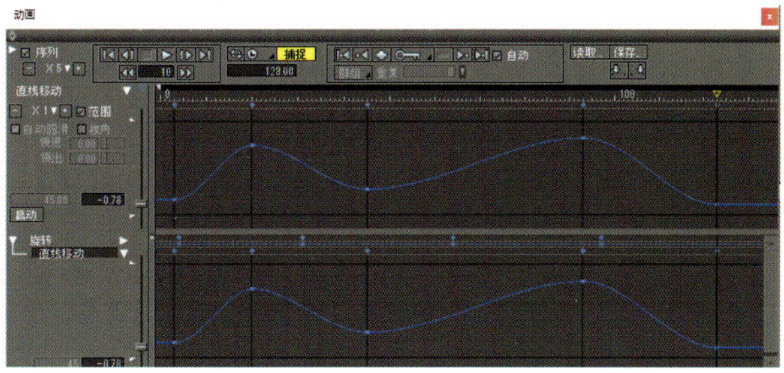

Point 3

详情请参照Chapter 3“59 什么是动作关键帧”。

(3)

执行动画渲染并输出视频文件。

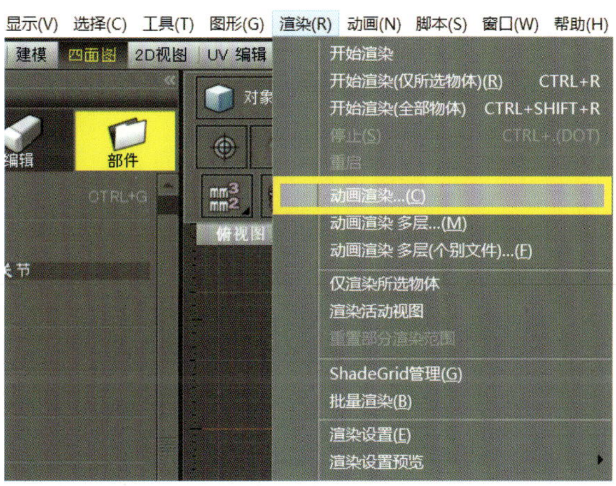

Point 4

Shade3D输出的视频在Windows中为avi格式，在macOS中为mov格式。
另外，通过选择PNG或JPEG等静止图像格式，可以输出为连续图像。

59 什么是动作关键帧

动画的动作指令可以在动画窗口中执行。

将动作分配于各个关节，并且序列位置（框架位置）随着时间而变化。

(1)

在“显示”菜单中选择“动画”打开动画窗口。

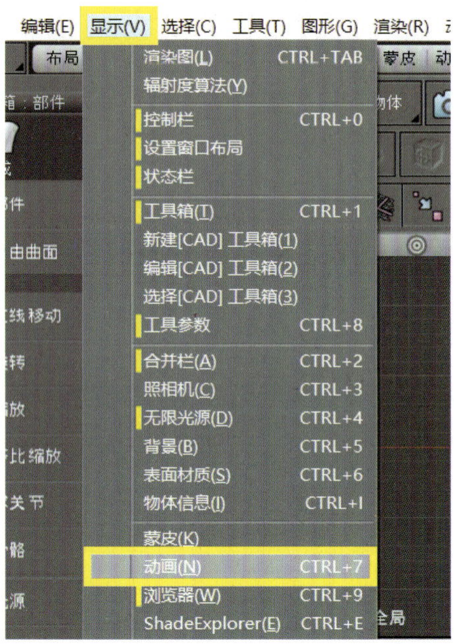

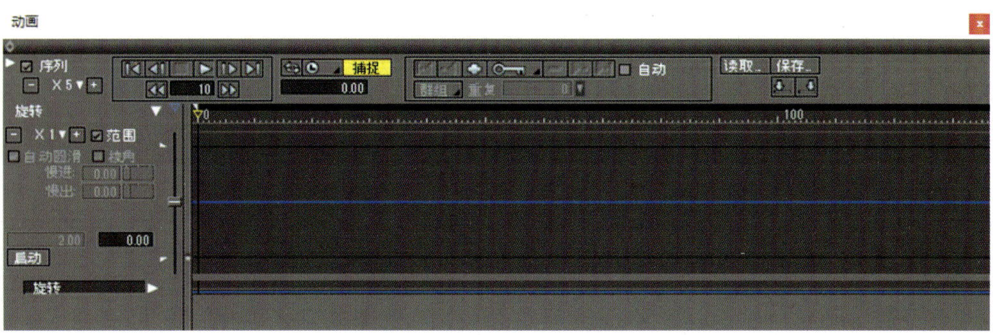

(2)

对于动画的动作，序列位置的动作称为“关键帧”。
根据序列位置在关键帧中注册动作，可以在关键帧之间完善动作表现。

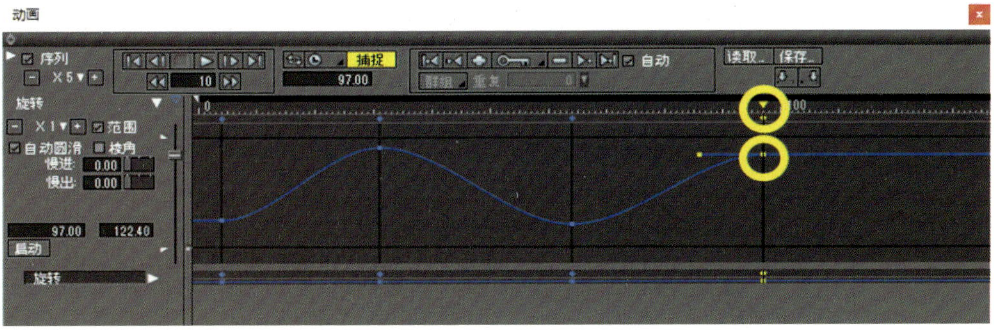

(3)

以下注册了四个关键帧。同样，关键帧之间的移动被平滑地过度。

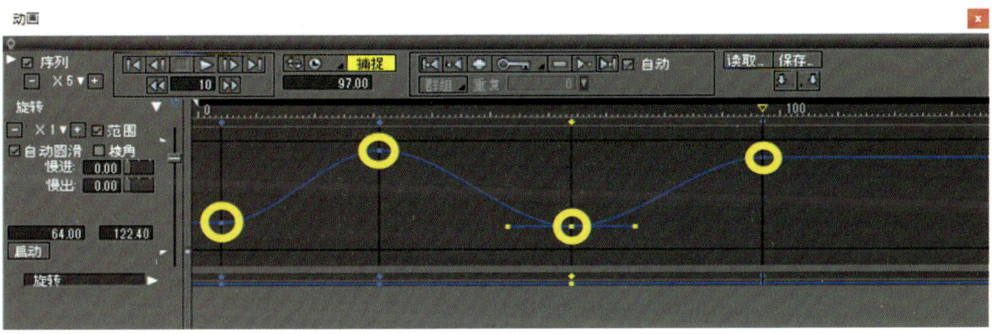

Point

关键帧中记录的姿势和动作不仅可以用于动画，还可以用于普通的静止图像。通过将“▼（序列）”调整到任意的姿势或动作的位置并进行渲染，可以使用一个形状来设置各种动作表现。

60 减少全局光照路径追踪的噪点

使用全局光照路径追踪进行渲染时，尤其是在室内场景中使用默认的设置会产生噪点。这是由于各个像素的样本数不足。通过更改“辐照度缓存”的设置，可以同时改善渲染时间和渲染质量。

(1)

在“渲染设置”窗口中选择“全局照明”选项卡，然后勾选“辐照度缓存”。

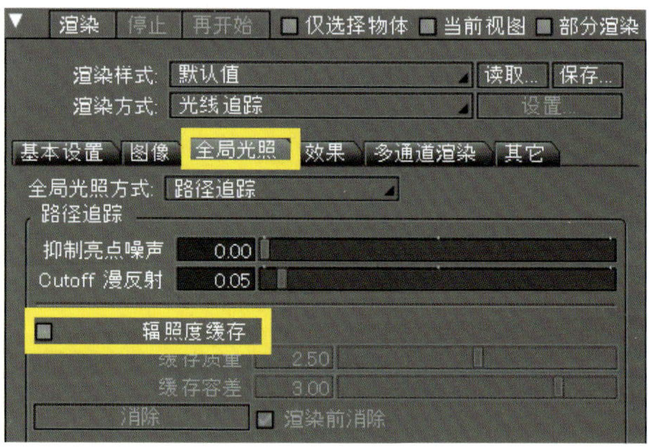

Point 1

设置“辐照度缓存”必须先将“全局光照”设置为“路径追踪”。

(2)

通过提高“缓存质量”的数值增加间接照明计算的样本数量，可以有效减少噪点。

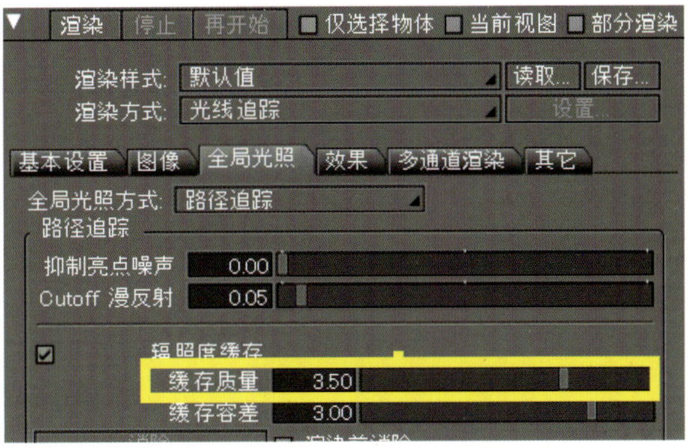

Point 2

“辐照度缓存”可以通过“缓存容差”“采样间隔”等来调整品质。
请根据噪点情况更改数值。

Point 3

还可以在渲染设置的“其他”选项卡中调整“光线追踪画质”来减少噪点。
提高“光线追踪画质”的数值将影响渲染时间，所以请根据需要使用最小值进行调整。

Chapter

4

实践与应用技巧

61 在浏览器中为指定的形状名称分配序列号

BSP

如果同时存在多个部件，多边形网格和球体等默认名称的形状，则难以在浏览器中进行区分。

在这种情况下，通过使用浏览器的“检索”功能分配序列号，可以更易于进行区分。

(1)

在浏览器中选择“根部件”，然后点击“检索”按钮。

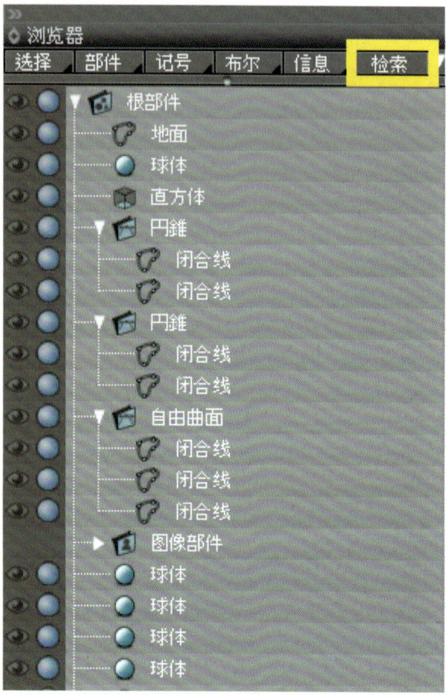

(2)

在查找窗口的“查找名称”中指定形状名称，然后按“查找”按钮。

查找窗口将列出包含指定查找名称的形状。

此处列出的是在浏览器所选部件中的形状。

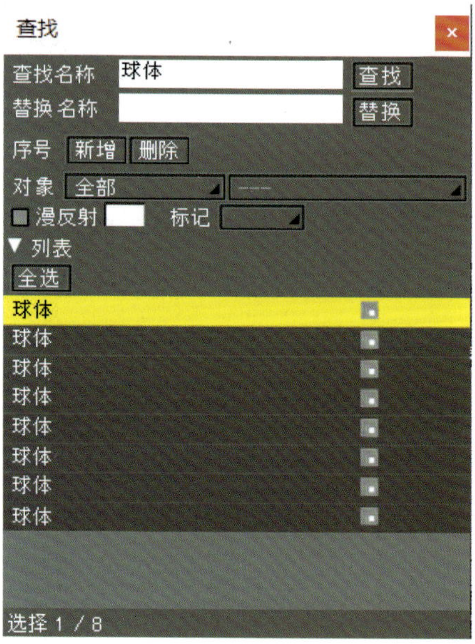

(3)

点击列表中的“全选”按钮，然后单击“序号”的“新增”按钮，在形状名称后面将从1开始添加序列号。

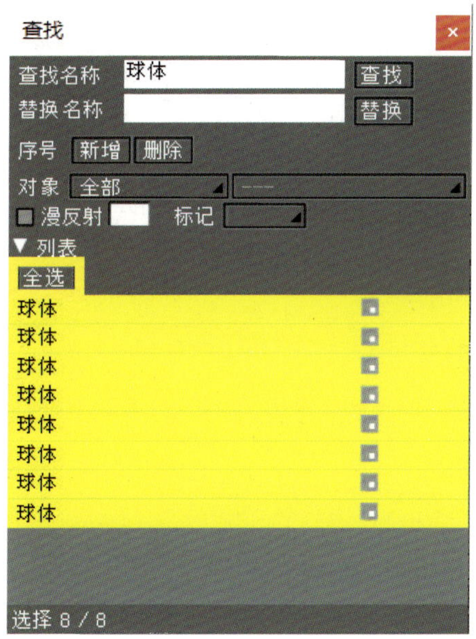

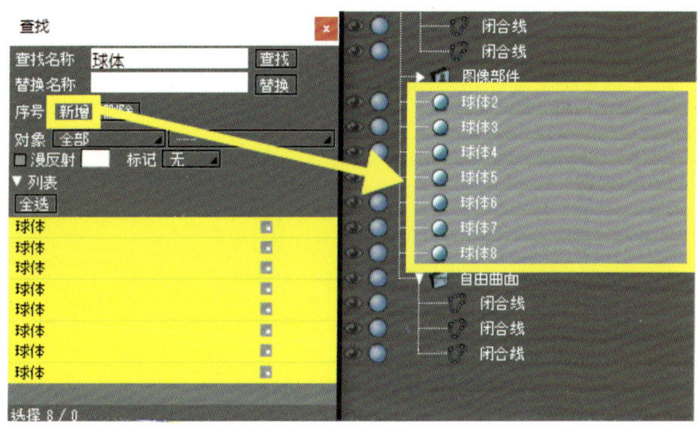

Point

除了使用浏览器的“检索”功能添加序列号之外，还可以搜索诸如多边形网格和NURBS之类的形状。

另外，还可以使用“检索”功能对浏览器中显示的形状分配“标记（颜色）”，以便于视觉识别。

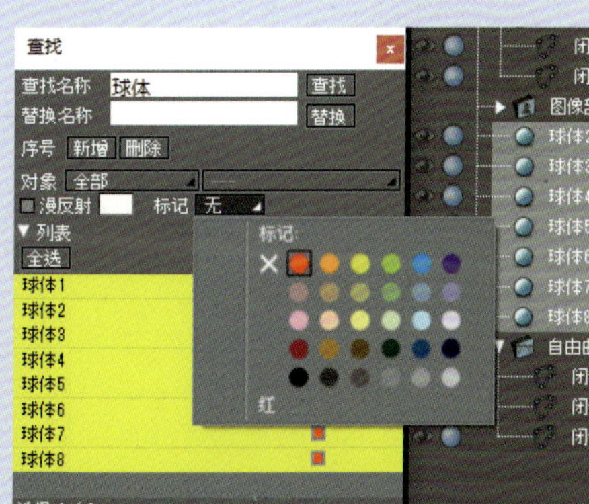

BSP

62 在数值输入框中输入公式

在各个窗口的数字输入框中输入计算公式。

例如通过在数值输入框中输入“30×2”来输入数值“60”。

指定数值时如果需要计算公式，则可以直接输入以节省工序。

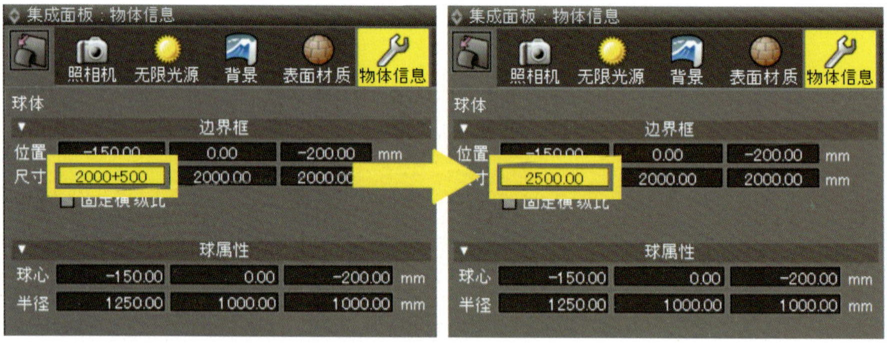

(1)

从主菜单中选择“编辑”→“环境设置”以显示“环境设置”窗口，然后在“一般”选项卡中勾选“在数值输入文本框中使用数学表达式”复选框。

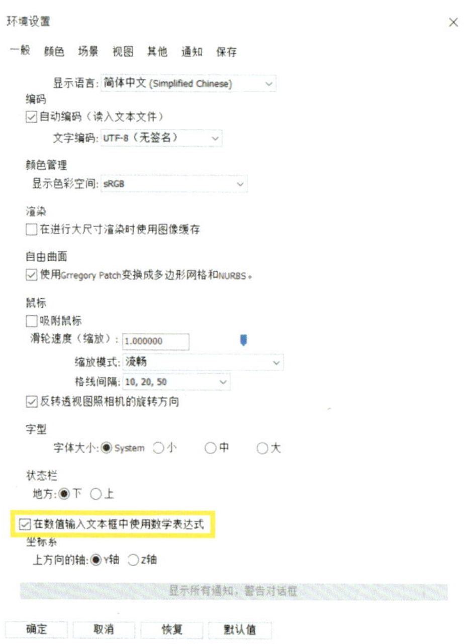

Point 1

默认设置为开启状态。

(2)

单击数字输入框，输入指定公式，然后按Enter键以显示计算结果。

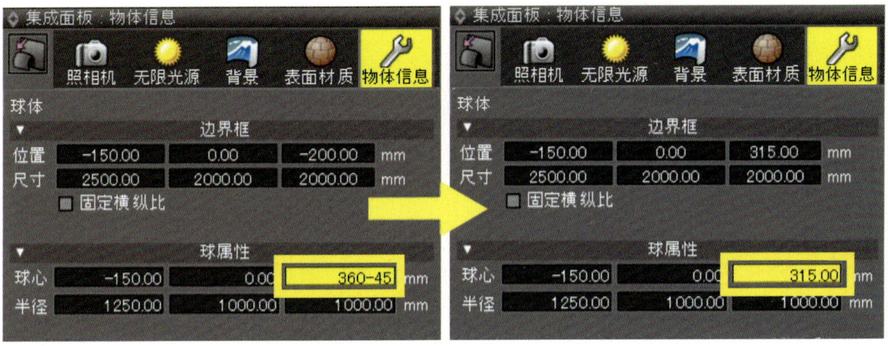

Point 2

还可以在公式中使用括号、四则运算、三角函数（sin/cos/tan）、圆周率（π）和对数（log）等。

63 对齐形状

可以比较多个选择形状的大小和位置并进行精确对齐。

可以以指定形状为中心对齐多个形状，也可以根据线形排列形状。

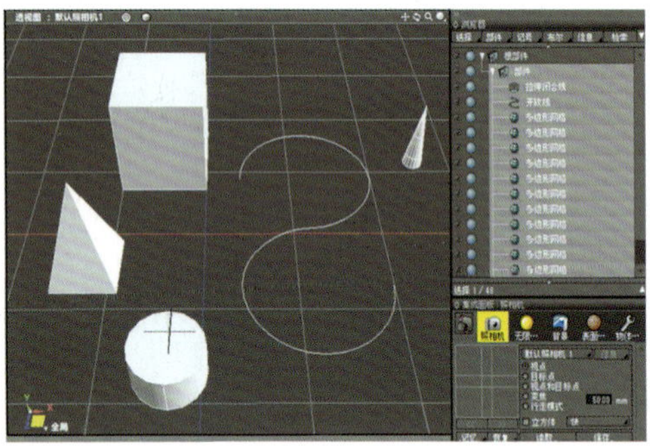

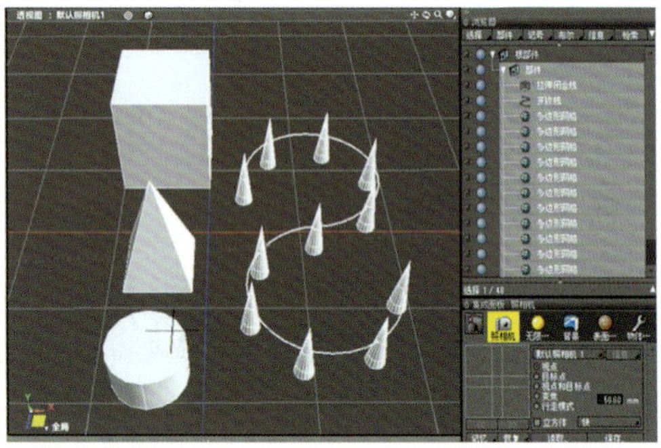

(1)

从主菜单中选择“显示”→“对齐”。

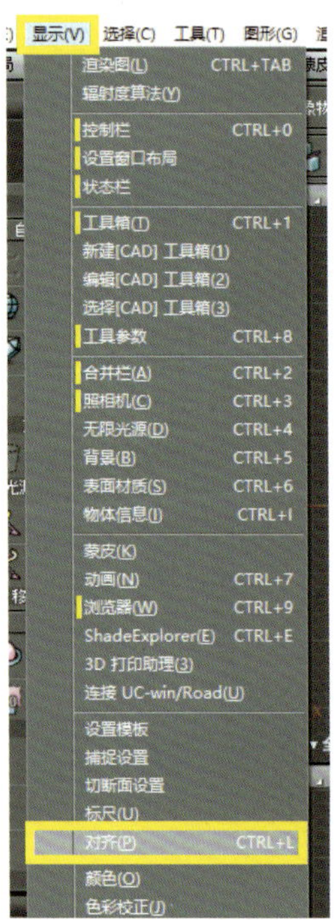

(2)

在“对齐”窗口左上方的“基准面”弹出菜单中可以选择“俯视图”“正视图”或“右视图”。

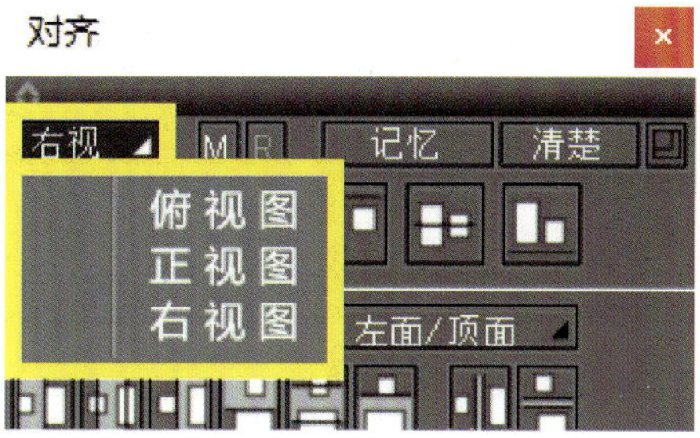

(3)

根据指定形状进行对齐时，在浏览器中选择基准形状，然后在对齐窗口中选择“记忆”按钮。

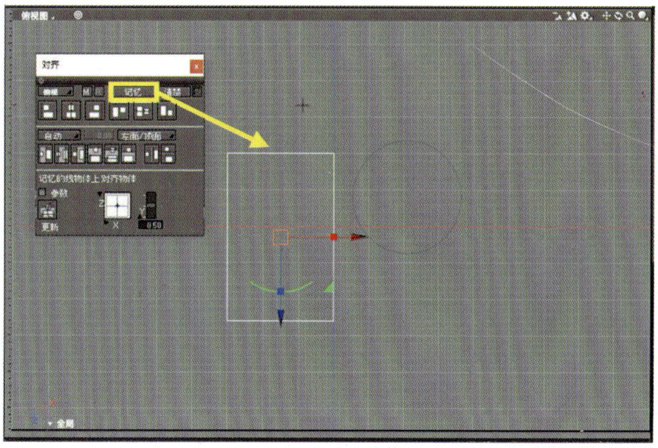

(4)

选择要对齐的形状，然后点击“对齐”按钮。

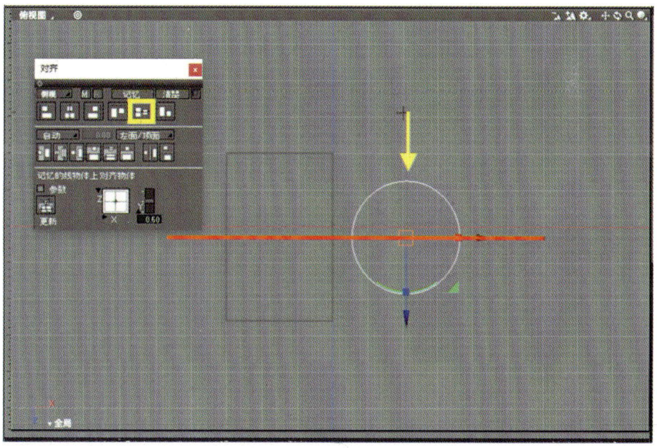

Point

一个部件中包含的多个形状将被视为同一个形状。当进行形状对齐时，必须选择两个或以上的形状或部件。选择形状时可以单击Shift键+对象形状以选择多个形状。

(5)

如果要沿着指定的线形排列形状，在浏览器中选择基准线形，然后在形状对齐窗口中单击“记忆”按钮。

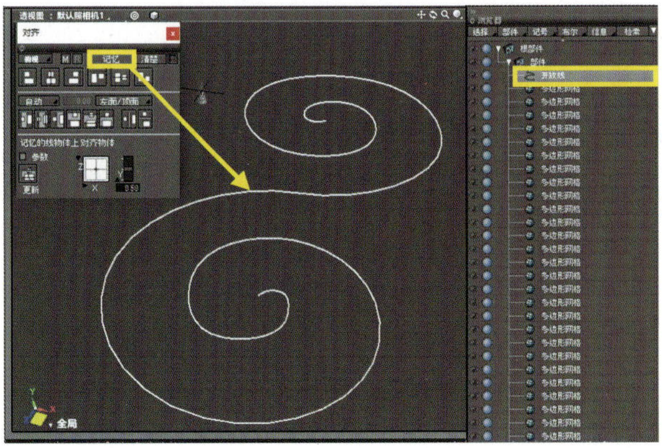

(6)

选择需要沿线形排列的多个形状，然后单击“以记忆的线形对齐形状”的“更新”按钮。

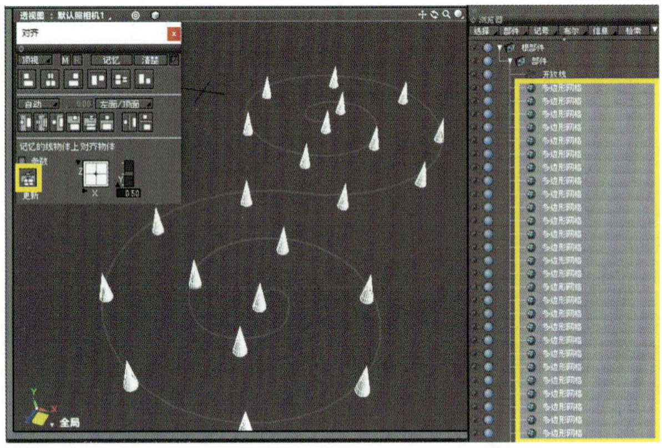

(7)

形状沿线形排列。
利用此功能创建绿化带的等距排列场景时非常方便。

64 沿线形排列指定形状（路径复制器）

路径复制器可以沿线形复制并排列形状。

通过设置放置间隔，可以轻松创建例如链条，电缆和围栏等形状。

由于可以使复制/放置的形状沿线形放置，因此可以有效地移动和重新排列复制的形状。

并且，通过将多个形状设置为连接形状可以有效减少内存负载加快处理速度。

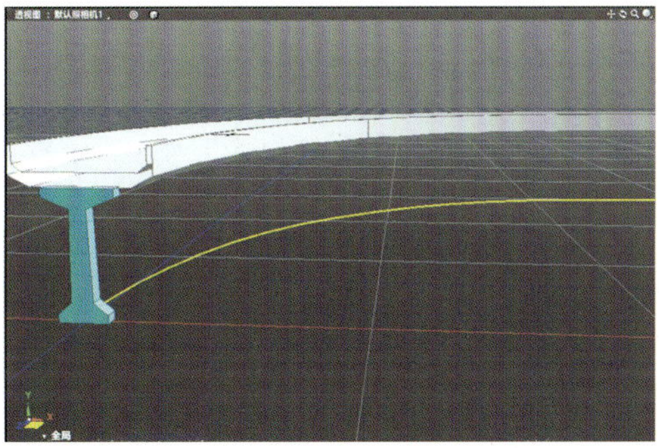

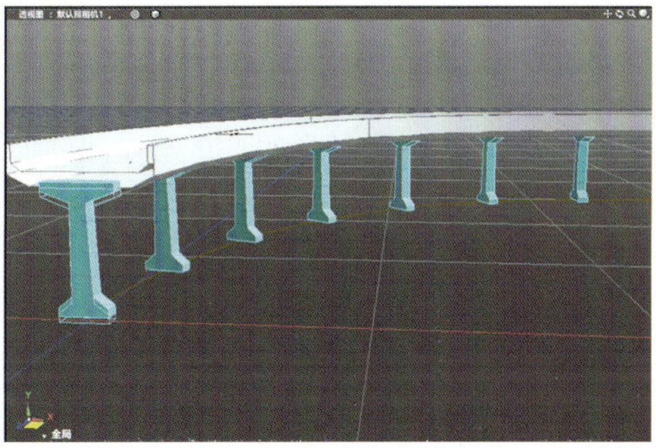

(1)

沿原点位置的坐标（0，0，0）放置形状。此时，排列形状使其前进方向为+X。

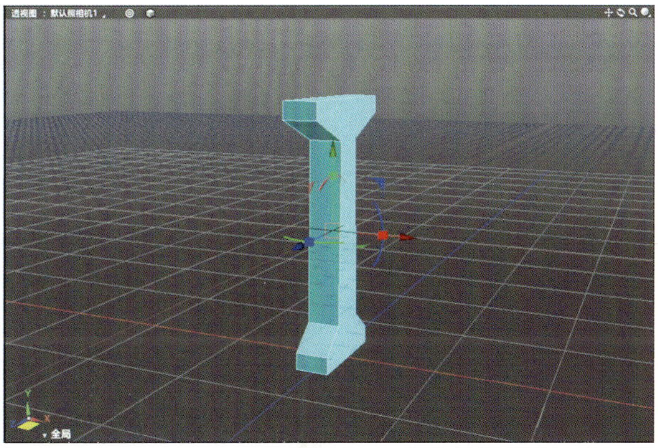

(2)

在工具箱中选择“生成”→“形状”→“普通”→“开放线”，在视图中拖动以创建放置形状的线形。

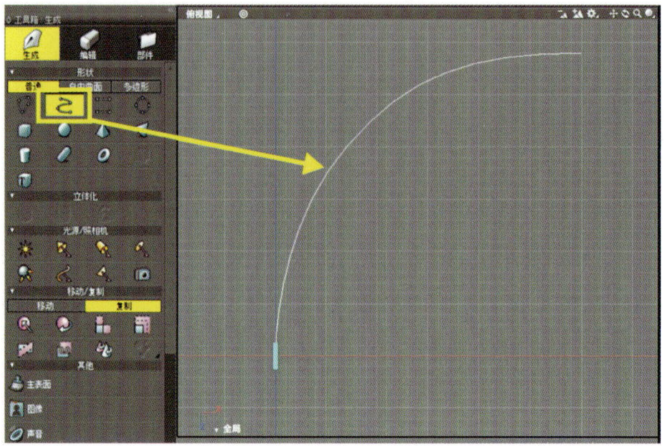

(3)

在浏览器中选择线形，然后在工具箱中选择“部件”→“关节”→“路径复制器”。
选择线形的名称后面将添加“移动路径”，并在其下方放置“路径复制器”。

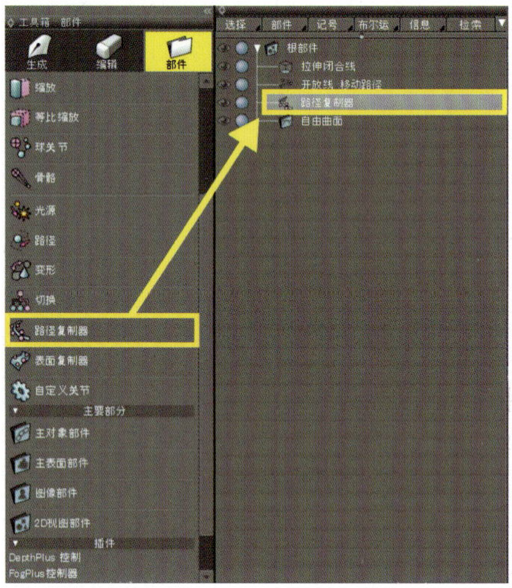

(4)

在浏览器中选择放置在原点处的形状并将其拖动到“路径复制器”中。
在图形窗口中，将沿线形显示边界框。

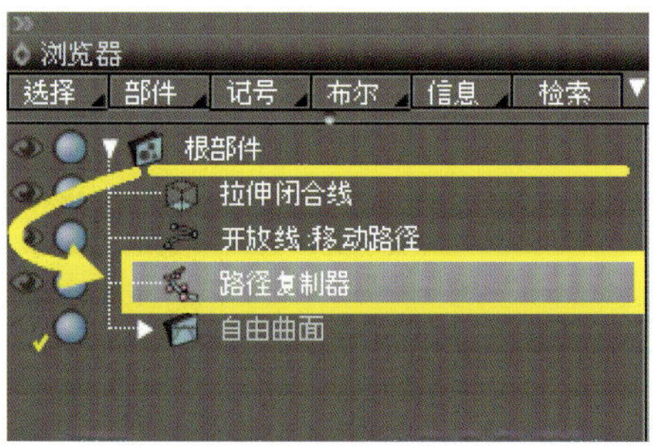

Point 1

当执行预渲染或将“路径复制器属性”的“预览”设置为“正常显示”时，形状将沿线形被复制。

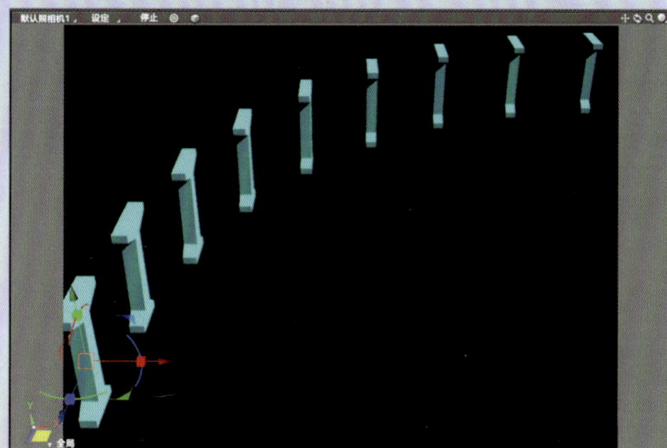

(5)

在此阶段，形状还未朝向前进的方向。在浏览器中选择“路径复制器”并点击集成面板的“物体信息”选项卡。

在“路径复制器属性”中勾选“控制方向”复选框，然后将“上方向”设置为“Y”。此时该形状将沿着线形对齐并且方向一致。

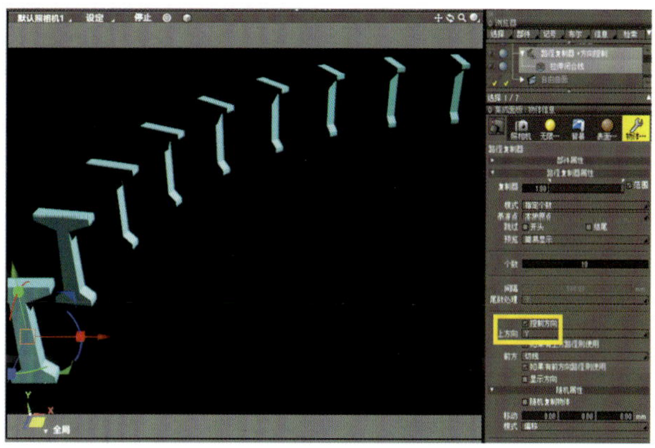

(6)

通过在“路径复制器”的物体信息选项卡中更改“路径复制器属性”的“复制器”数值来调整形状的间隔。

取消“范围”复选框可以指定1.0或以上的数值。

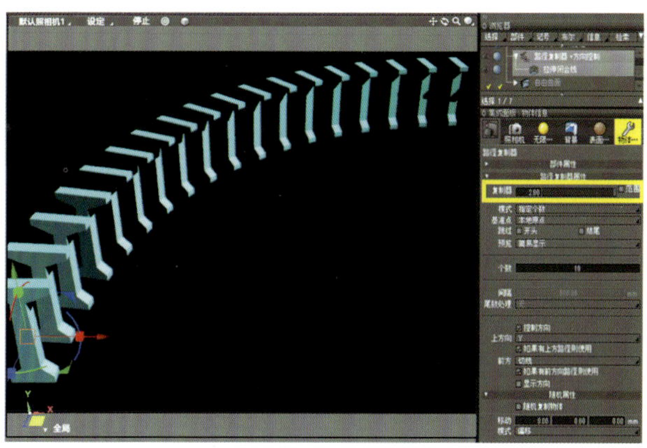

(7)

在浏览器中选择“路径复制器”，然后点击工具参数中的“复制物体实体化”按钮将形状实体化。

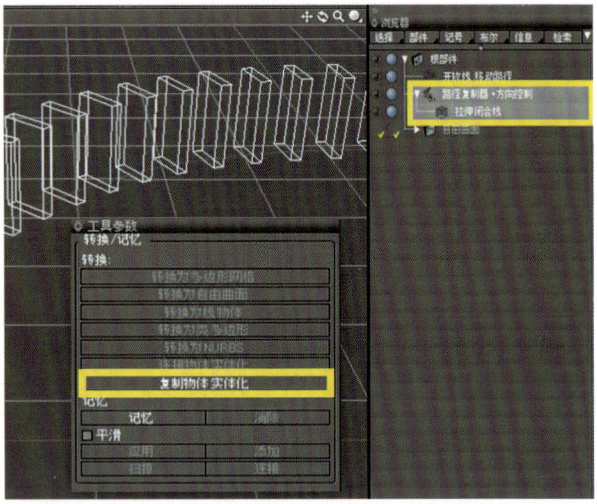

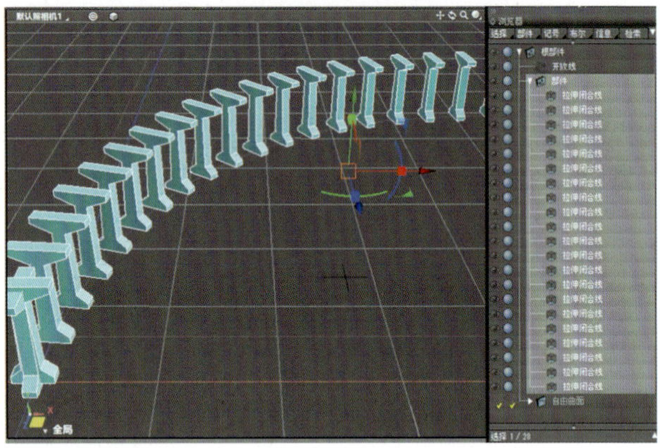

Point 2

实体化可以根据情况决定是否执行。如果需要更改放置的数量或状态，请在整体图像调整完毕后再执行实体化。

65 在面上排列指定形状（表面复制器）

表面复制器可以沿顶点、边和面复制并放置形状。

通过调整重复形状和放置形状的放置间隔，可以有效地移动和重新放置形状。

并且，通过将多个形状设置为连接形状可以有效减少内存负载加快处理速度。

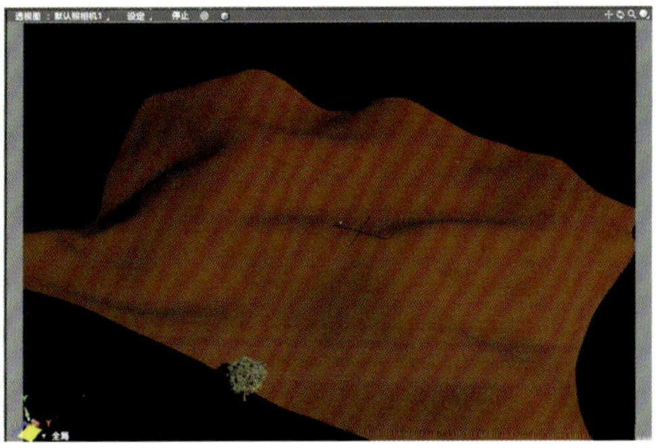

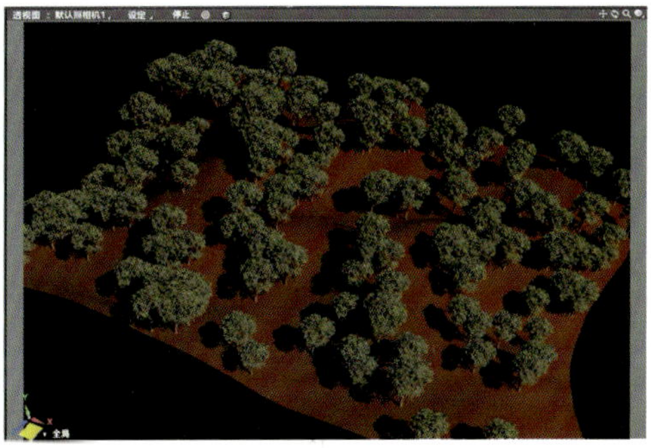

(1)

创建一个放置在原点位置（0，0，0）的面上的形状。此时，Y方向的0处于地面位置。

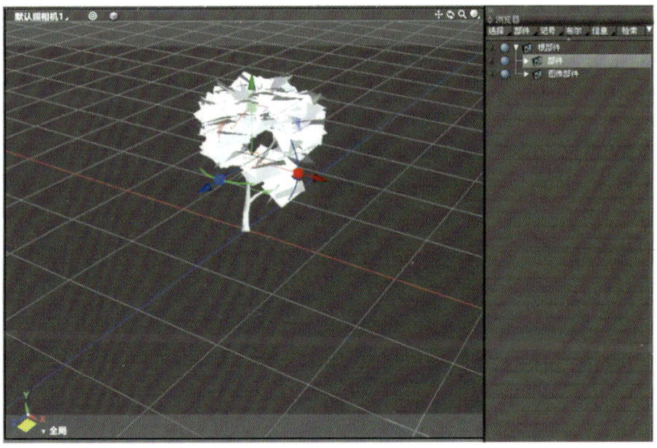

(2)

创建面并将形状并排放置。
此时形状的种类是自由曲面或多边形网格。

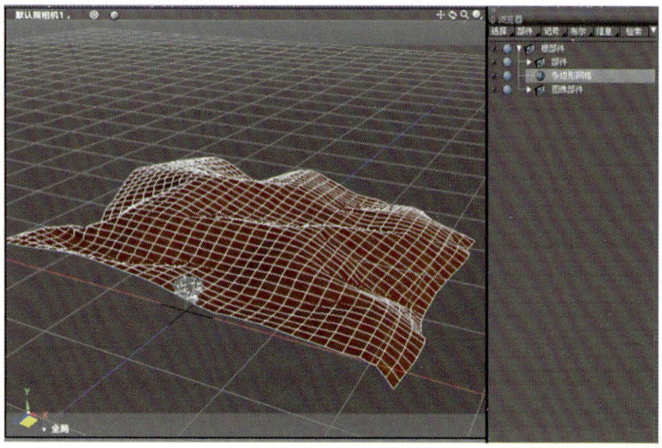

(3)

在浏览器中选择要排列形状的面（自由曲面和多边形网格），从工具箱中选择“部件”→“关节”→“表面复制器”。
选择形状的名称后面将添加“指定表面”，并在其下方创建“表面复制器”。

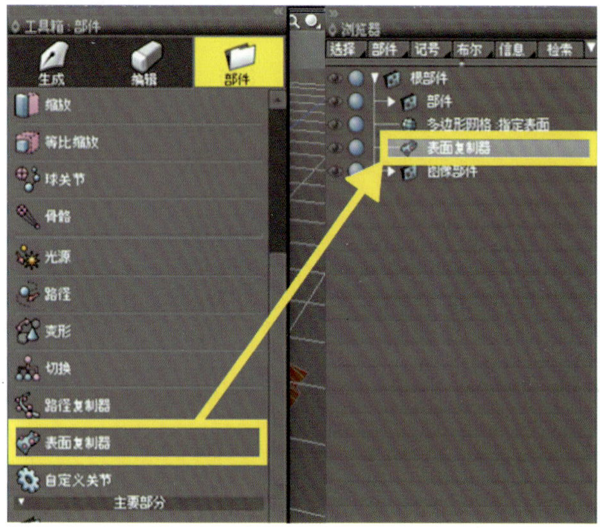

(4)

在浏览器中选择要放置在原点上的形状，然后将其拖动到“表面复制器”中。

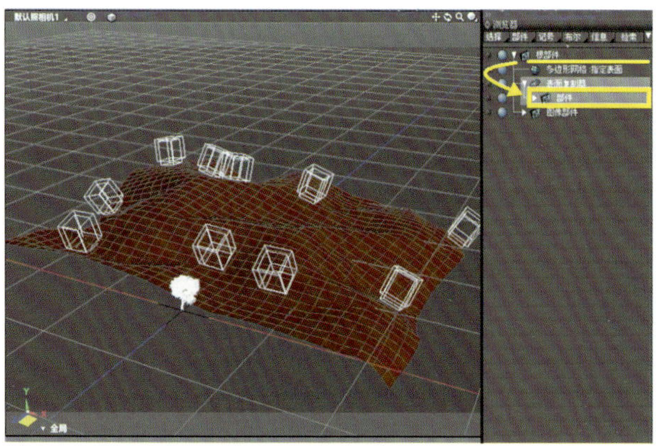

(5)

在浏览器中选择“表面复制器”，然后在集成面板的“物体信息”选项卡中调整表面复制器的参数。“表面复制器属性”的默认设置为“分布”→“表面”，“个数”→“10”。
意味着将10个形状随机放置在表面上。

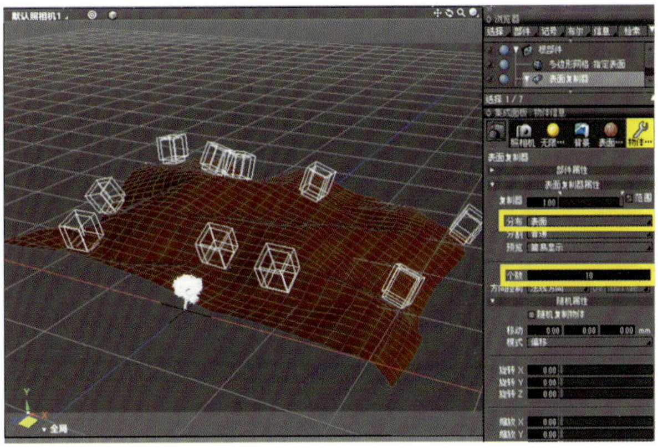

Point 1

在图形窗口中，放置在表面上的形状将显示为线框。
可以通过执行预渲染或将“表面复制器属性”的“预览”设置为“正常显示”来检查表面复制器的效果。

(6)

如果在“物体信息”窗口的“表面复制器属性”的“分布”中选择“顶点”，在对自由曲面的面执行渲染时根据划分的各个顶点放置形状。
在自由曲面时，如果将“分割”设置为“细”，则排列间隔会变得紧密。

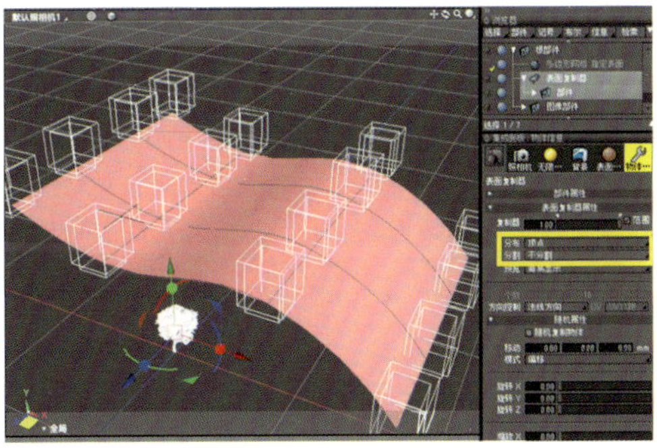

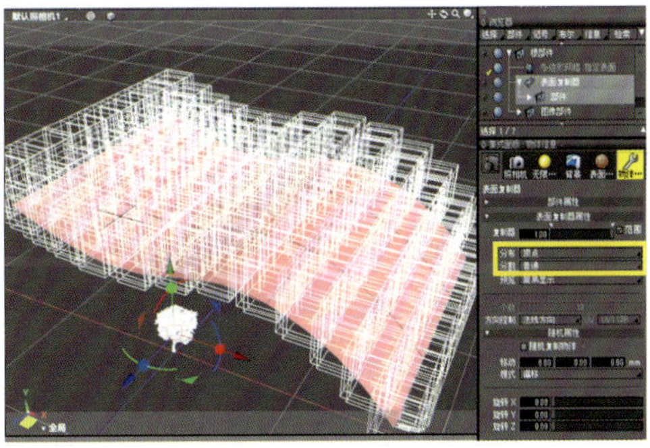

Point 2

当“分布”设置为“边”时，形状将被放置在每个边的中心位置。
当“分布”设置为“面的中心”时，形状将被放置在各个面的中心。
当“分布”设置为“表面”时，形状以“个数”的数量随机排列在表面上。
“表面”是相对于面的随机放置的指令。
“表面（均匀）”是无论表面积如何都保持平均放置密度的指令。

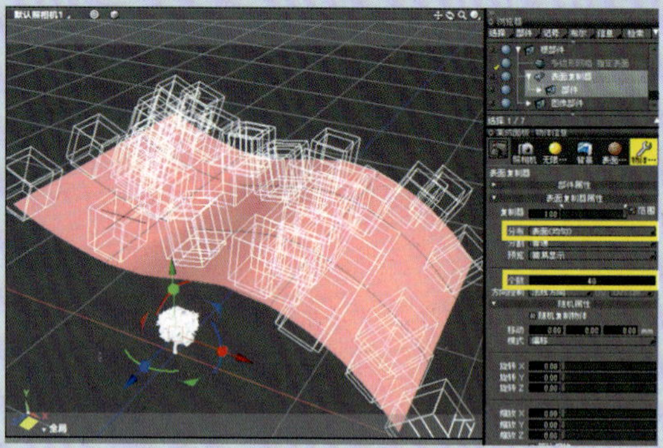

(7)

在浏览器中选择“表面复制器”，然后在工具参数中点击“复制物体实体化”按钮将形状实体化。

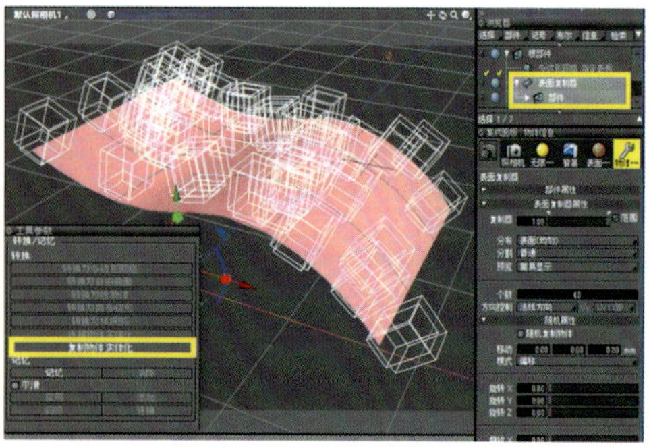

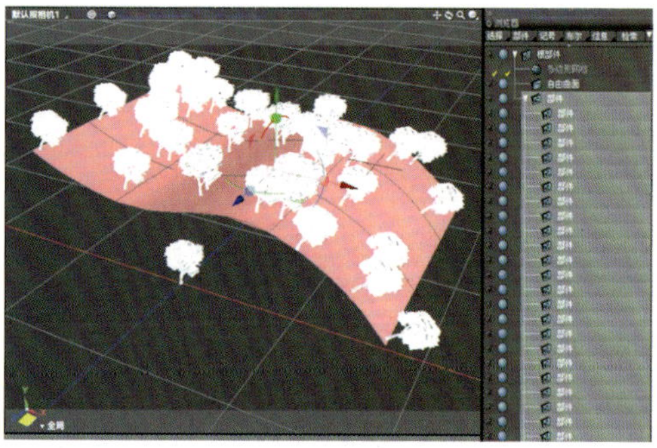

Point 3

实体化可以根据情况决定是否执行。如果需要更改放置的数量或状态，请在整体图像调整完毕后再执行实体化。

66 随机排列多个形状

路径复制器可以沿线形复制和排列形状。

通过设置放置间隔，可以轻松创建例如链条、电缆和围栏等形状。

(1)

创建随机排列的多个形状并将其放置在原点。
移动此形状，使其中心位于原点。

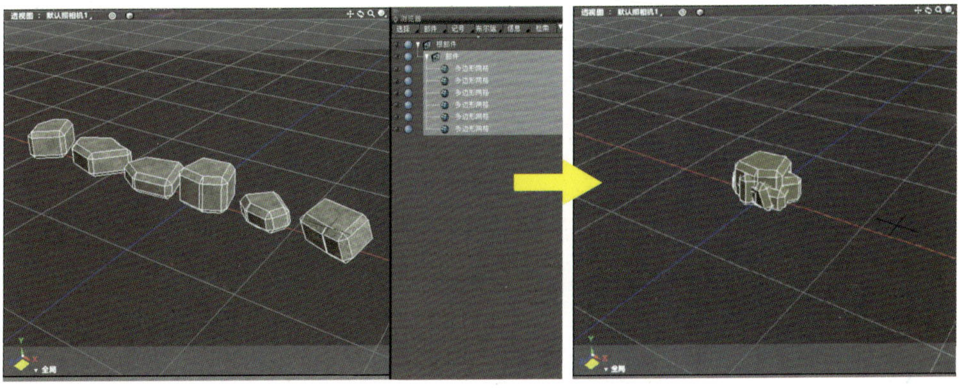

(2)

创建放置形状的轨道线形，然后从“工具参数”→“部件”→“关节”→“路径复制器”中点击路径复制器。

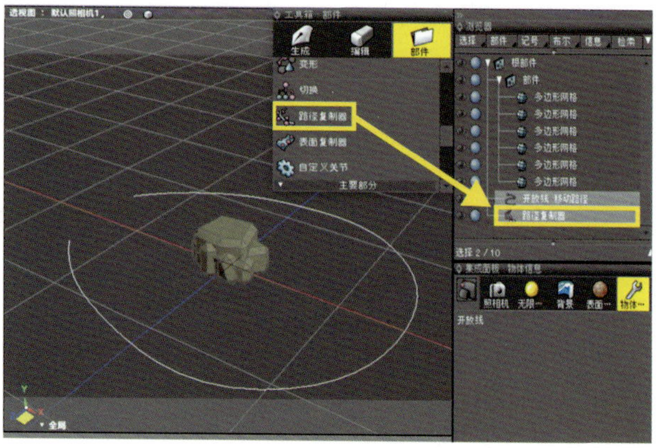

(3)

在浏览器中选择放置在原点处的多个形状，并将其拖到“路径复制器”中。

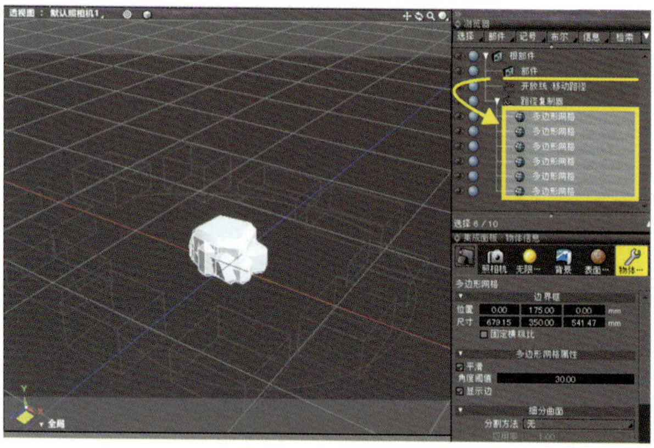

(4)

在浏览器中选择“路径复制器”，然后在集成面板的“物体信息”选项卡中设置以下参数。

使用“路径复制器属性”中的“复制器”滑块调整复制形状的间距。

勾选“控制方向”复选框使形状方向与前进方向一致。

如果勾选“随机属性”中的“随机复制物体”复选框，则形状将随机排列。

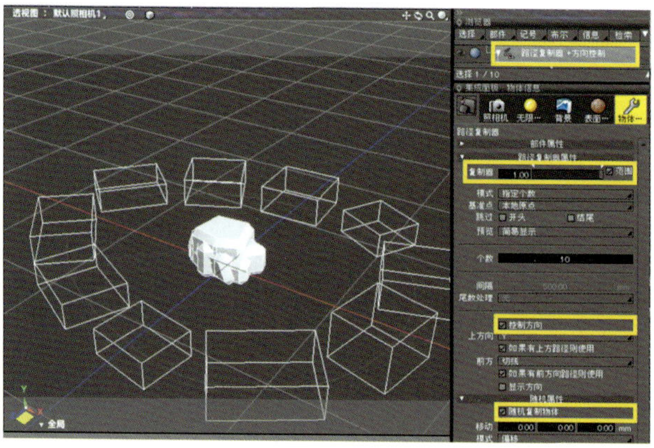

(5)

通过预渲染可以确认形状沿着线形随机排列。
如果取消“随机复制物体”复选框，则按照“路径复制器”中添加形状的顺序排列。

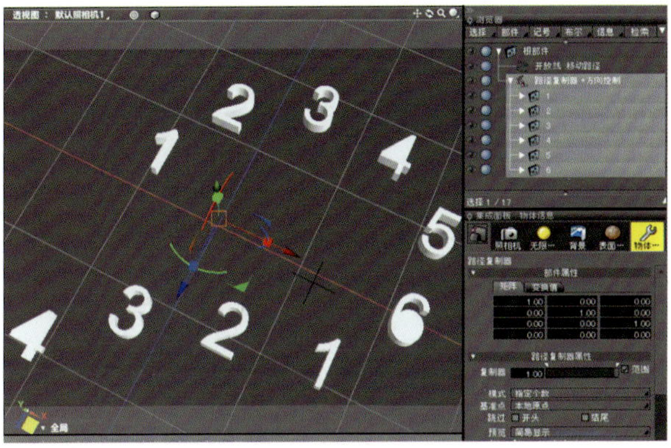

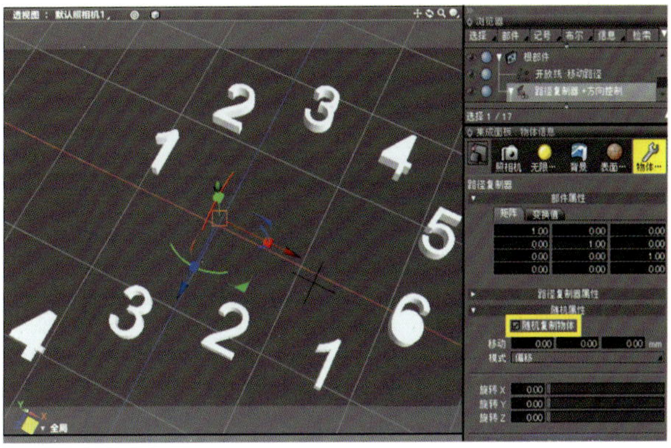

67 轻松创建立体3D文本

使用TrueType和OpenType字体可以轻松地创建3D字符。

不仅可以处理系统中使用的大多数字体，在导入视图之前还可以实时地编辑文字。

(1)

从工具箱的“生成”→“形状”中选择“文本”。

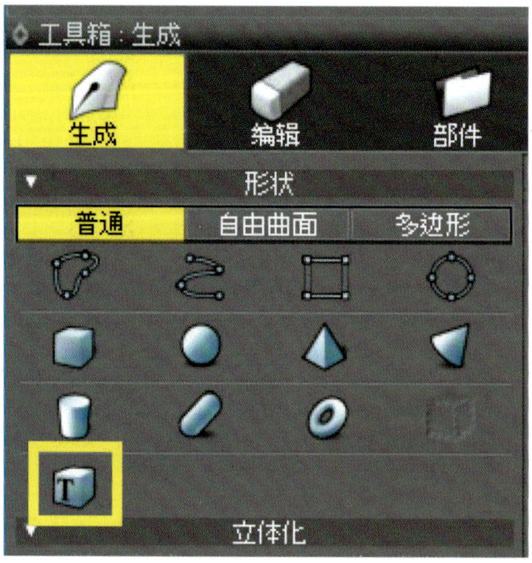

(2)

在工具参数中将显示“创建文本”窗口。通过输入字符并单击“字体”按钮来设置字体和样式等。

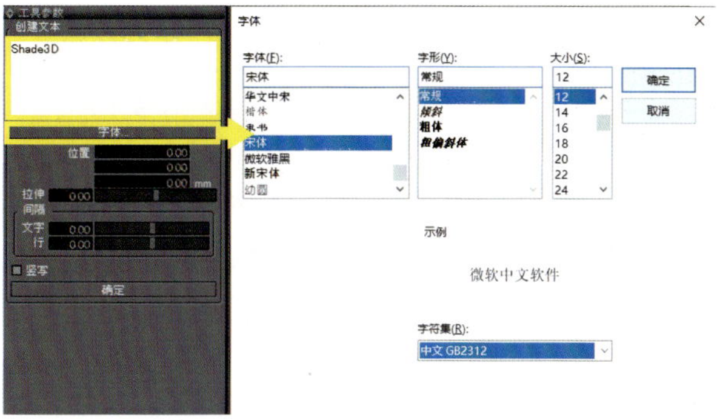

(3)

可以在工具参数中调整“扫掠(拉伸)”和“间隔”等字符相关设置。

此外，还可以随意调整或更改字符，直到单击“确定”按钮之前。

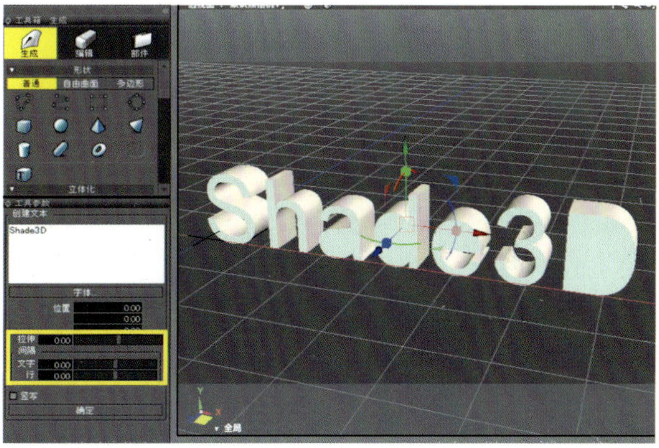

(4)

单击“确认”按钮，在视图中将创建3D字符。例如“a”等文字中会带洞。这是因为对于洞的闭合线形或拉伸对象，在集成面板的“物体信息”→“线属性”的“洞”复选框处于勾选状态。

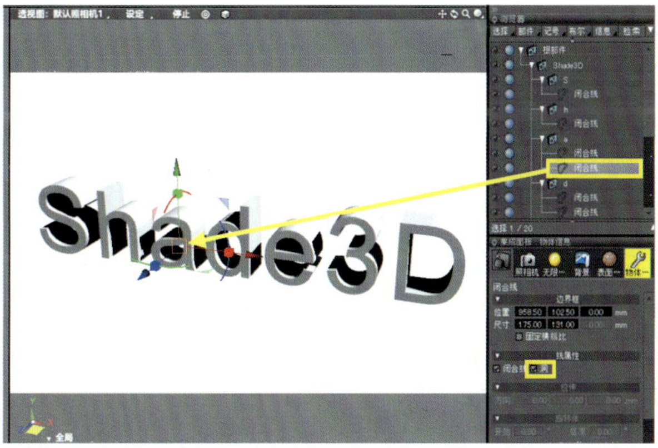

Point 1

如果不需要执行3D打印，则可以省略“5”之后的操作。

(5)

“线形属性”的“洞”设置会反映在渲染中，但是当输出至3D打印或其他软件时，洞会处于堵塞状态。

这种情况下，需要在物体上打洞。选择带洞的物体，然后在集成面板的“物体信息”选项卡的“线属性”中取消“洞”复选框。

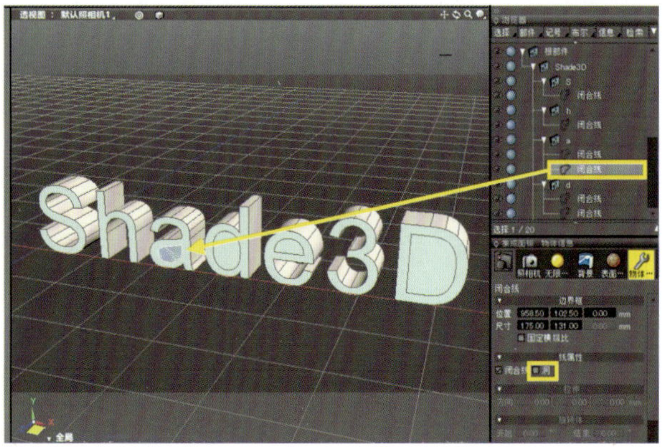

(6)

从工具箱的“编辑”→“共同”中选择“布尔运算”。

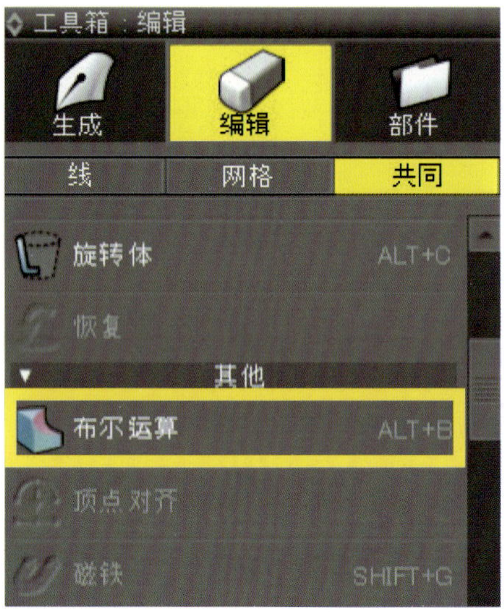

(7)

选择“a”文字的主形状，然后从“工具参数”的“操作选择”中选择“使用所选形状镂空”。

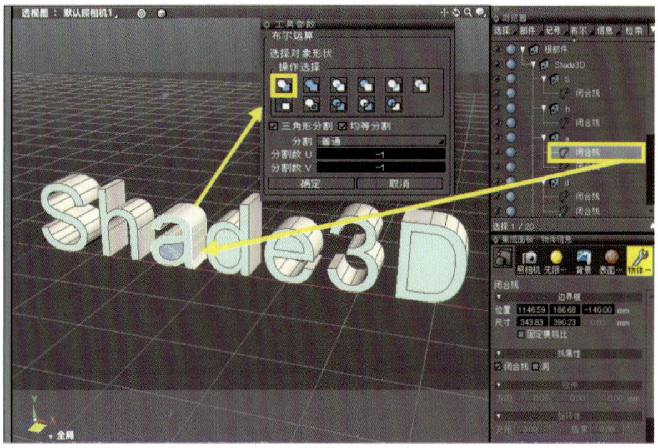

(8)

点击“确定”按钮，将创建带有洞的字母“a”。

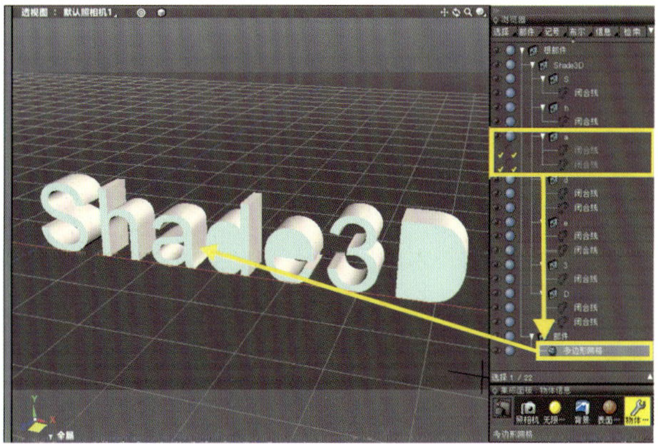

Point 2

对于多边形网格的文字，可以通过对“边”执行倒角或圆角的表现。
选择多边形网格的“边”，在工具箱中选择“编辑”→“网格”→“编辑”→“斜角”，然后在“工具参数”中调整“大小”和“距离”，可以对文字执行倒角或圆角。

68 创建全景图像

可以渲染全景图像作为Shade3D的背景。

将用于全景图像而制作的图像保存为OpenEXR/HDR格式，可以作为HDRI的背景材质。

(1)

将照相机放置在全景渲染的中心。
此时，+Z轴的方向为全景的中心。

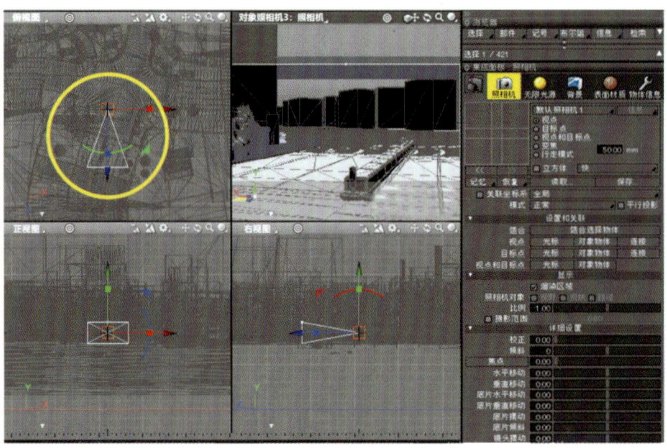

(2)

从“渲染”菜单中打开“渲染设置”的“效果”选项卡。
在“效果”选项卡的“全景”菜单中选择“球投影”。

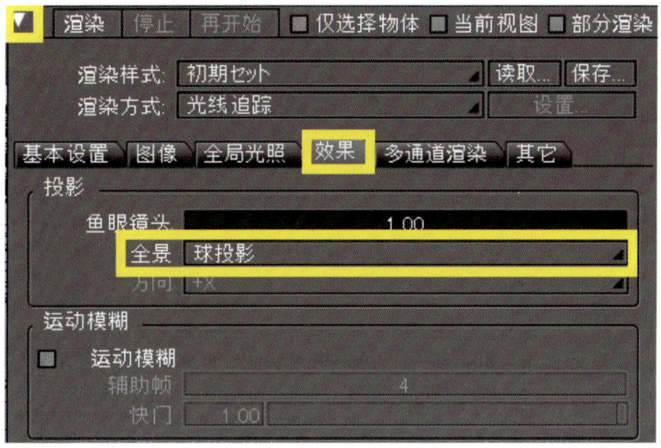

(3)

以2:1的比例渲染图像，即可渲染为全景图像。

Point

PNG和JPEG等图像格式的RGB固定范围为0.0~1.0，无法保存超过1.0的值。
另一方面，OpenEXR/HDR格式不限制0.0~1.0的固定RGB范围，而是一种可以容纳超过1.0的图像格式。对于使用Shade3D渲染的图像，如果在渲染设置中将像素深度设置为64位或以上，则该值将超过1.0，并且使用OpenEXR/HDR格式保存可以保留这些数值。

使用HDRI作为背景材质时，会生成高光以抵抗镜面反射，以及使用将背景作为光源的“IBL（Image Based Lighting）”从而获得具有高照度的光源效果，由此实现更加真实的表现效果。

09 创建场景VR图像

此处将介绍智能手机中的VR(虚拟现实)显示以及与VR-HMD(头戴式显示器)兼容的全景VR的渲染过程。另外，也可以输出立体VR静态图像和动画。

(1)

在集成面板的照相机选项卡的“设置立体视觉”中进行以下设置。

勾选“立体照相机”复选框，从“立体照相机”弹出菜单中选择“上和下(左优先)”从“零视差屏幕”弹出菜单中选择“自动计算”，取消“照相机间距”的“自动计算”复选框，并指定为60mm。

这是实际的场景尺寸，请根据需要对场景进行调整。

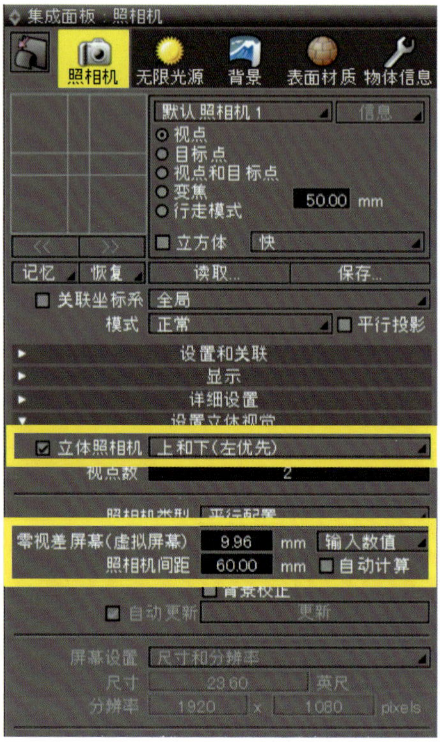

(2)

从“渲染”菜单中打开“渲染设置”→“效果”选项卡，然后从“全景”菜单中选择“球投影”。

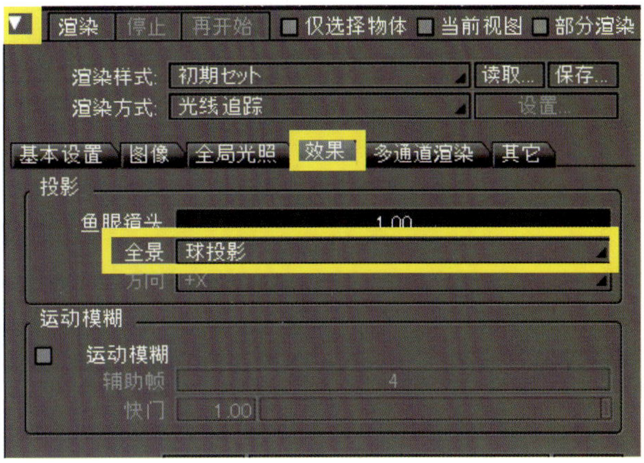

(3)

在“渲染设置”→“图像”选项卡中以2:1的图像尺寸执行渲染即可渲染为全景VR。

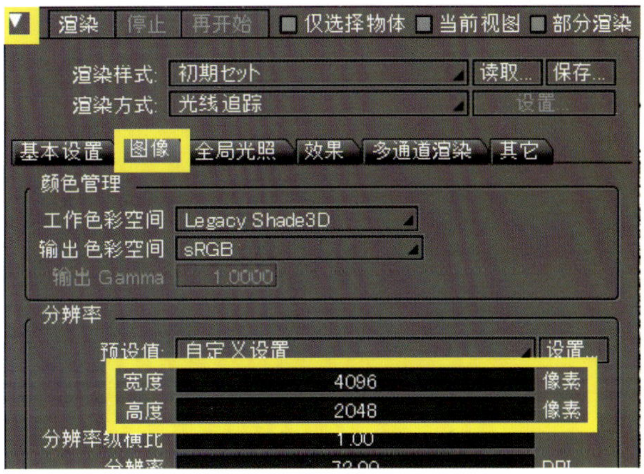

Point 1

4K的图像渲染功能仅在Standard版/Professional版中提供。

(4)

渲染完成后，将显示上下两张图像。保存渲染的图像。图像将变成长宽大小相同的正方形。

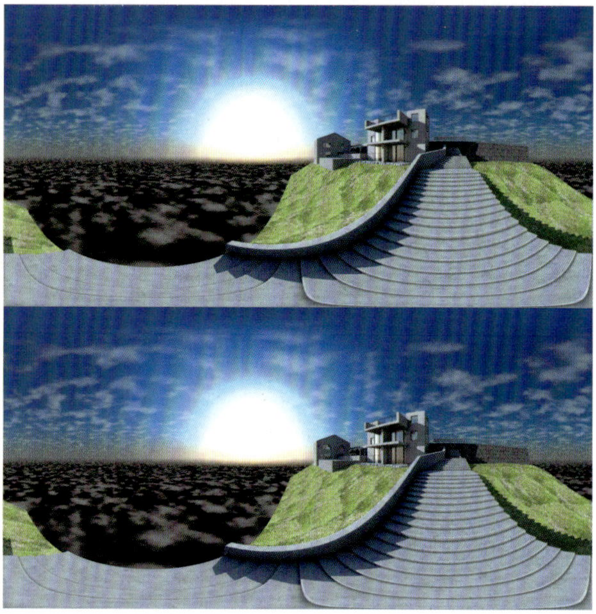

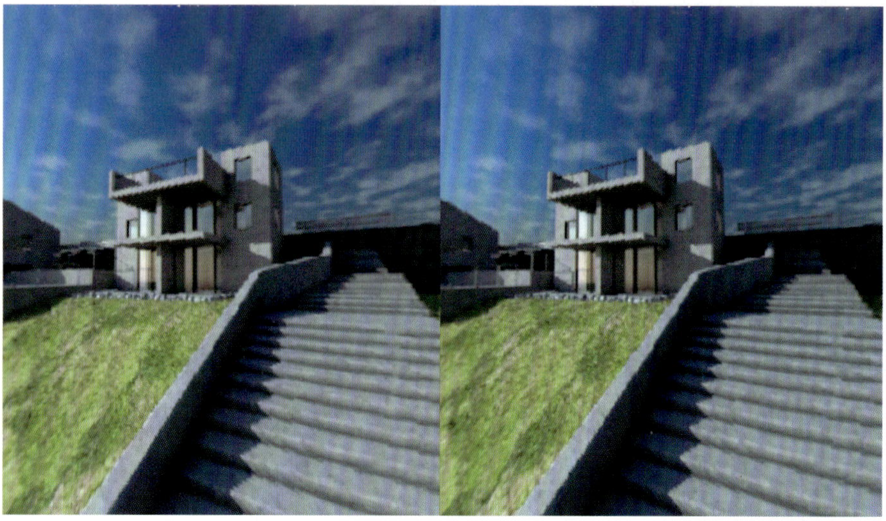

Point 2

保存的图像无需指定特殊格式。
将其保存为设备指定的格式即可。

B S P

70 根据时间调整太阳的位置朝向（物理天空）

使用物理天空模拟太阳的位置朝向，可以根据地球的位置（经纬度）和时间自动计算太阳的照射方向并对其进行动画处理。

由于可以轻松检查相邻建筑物的日照，因此可以广泛用于建筑设计和室内设计领域的模拟。

(1)

在集成面板的“无限光源”→“设置太阳”中勾选“有效”复选框，并在“位置”中指定经度和纬度。

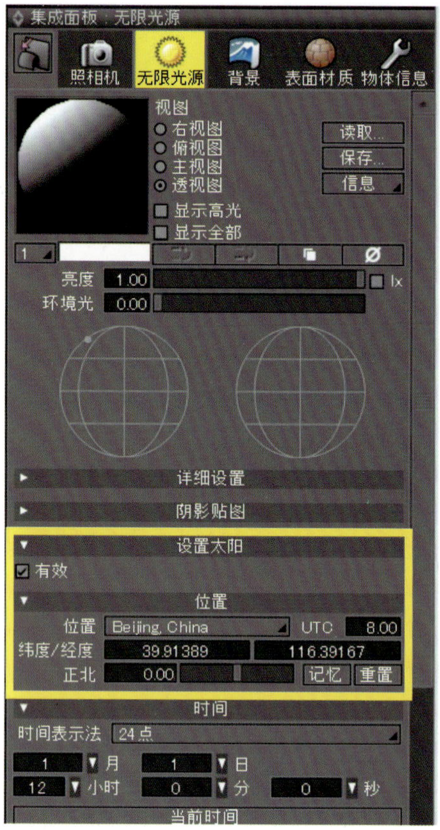

Point 1

渲染时将以-Z为北方向计算太阳的位置朝向。

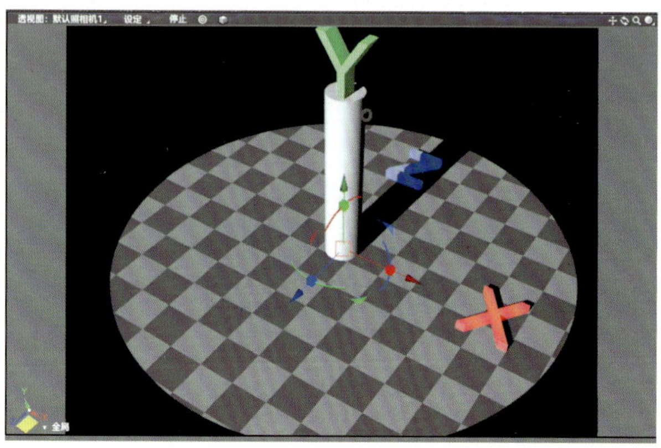

(2)

在“时间”中指定开始时间和结束时间，并在“终止时间”中勾选“指定动画的结束时间”复选框。

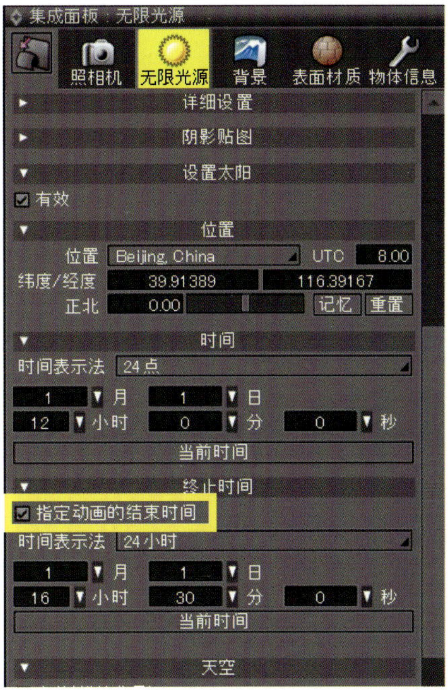

(3)

开始时间是1月1日的12：00，终止时间是1月1日的16：30。

如果为该场景设置了动画，开始帧是设置的开始时间，终止帧是设置的终止时间，并且无限光源的方向随时间变化。

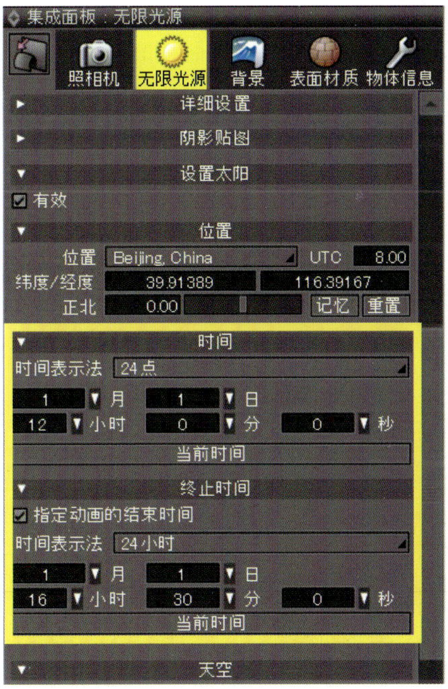

Point 2

通过勾选“天空”的“有效（描绘背景）”复选框，背景天空的颜色会随着时间变化。

71 沿指定线形移动相机（浏览助手）

BSP

可以生成景观图内外的动画，形状的指定视角以及不同角度的动画等。

(1)

使用“闭合线形”创建照相机的“视点”和“目标点”的轨迹。动画的开始和结束与闭合线形的开始位置和结束位置相对应。在右图中，浅蓝色线形是“视点”，橙色线形是“目标点”。

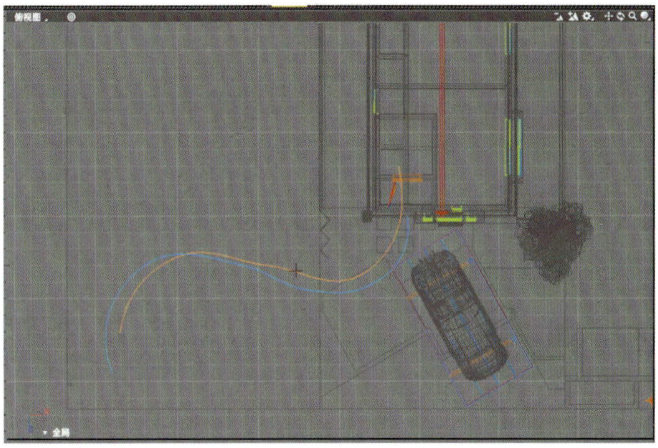

(2)

从主菜单中选择“显示”→“浏览助手”，打开“浏览助手”窗口。

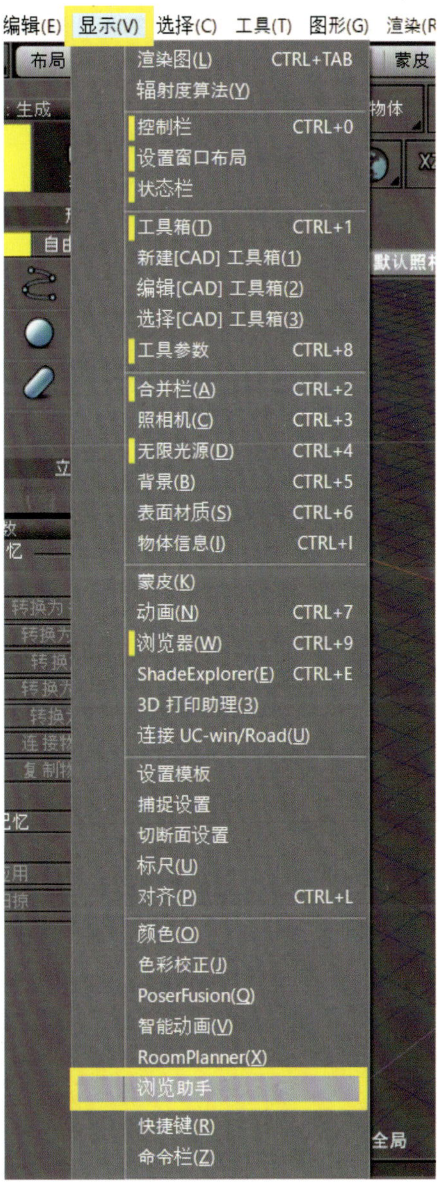

(3)

在浏览器中选择作为视点位置的闭合线形，然后单击“根据相机位置和目标点位置创建”→“相机位置”→“指定选择形状”按钮。在浏览器中选择作为目标点位置的闭合线形，然后单击“根据相机位置和目标点位置创建”→“目标点位置”→“指定选择形状”按钮。

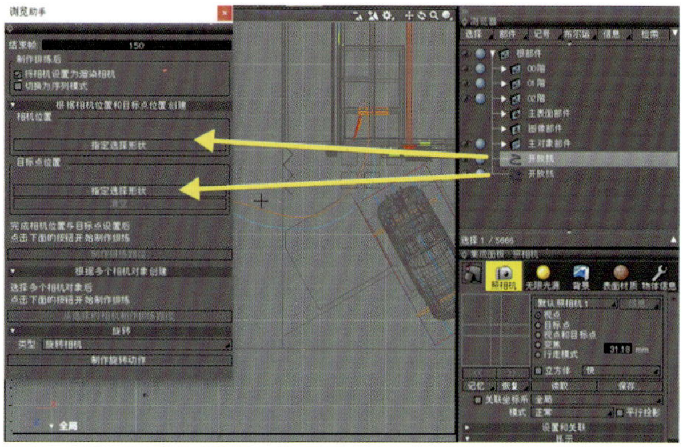

(4)

单击“根据相机位置和目标点位置创建”→“制作排练路径”按钮。在浏览器中将添加一个名为“Walkthrough Assistant”的自定义关节，并执行照相机的创建与分配。

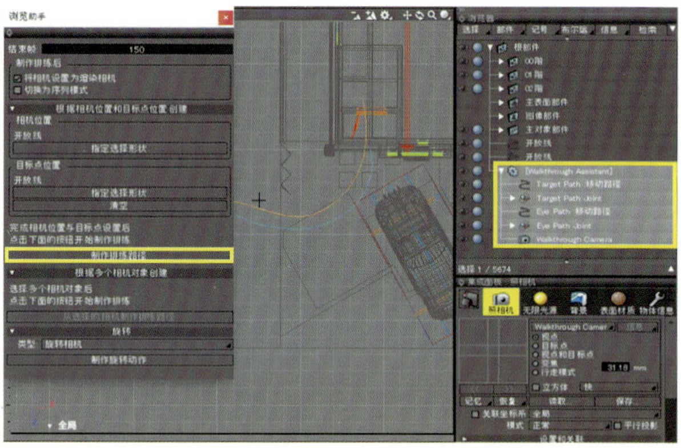

(5)

在动画窗口中点击播放按钮并检查动画。

动画

72 将线框形状化以轻松创建骨架

SP

在光线追踪或路径追踪渲染中，多边形网格的线框无法反映在渲染中。

将面转换为线形后，使用“扫掠（延展）圆”插件将线形转化为管状可以实现线框的实体化。

(1)

在浏览器中选择多边形网格，在不执行任何功能的状态下（按Enter键退出模式时），在工具参数的“转换/记忆”中单击“转换为线物体”按钮。多边形网格的面将显示为“闭合线形”。

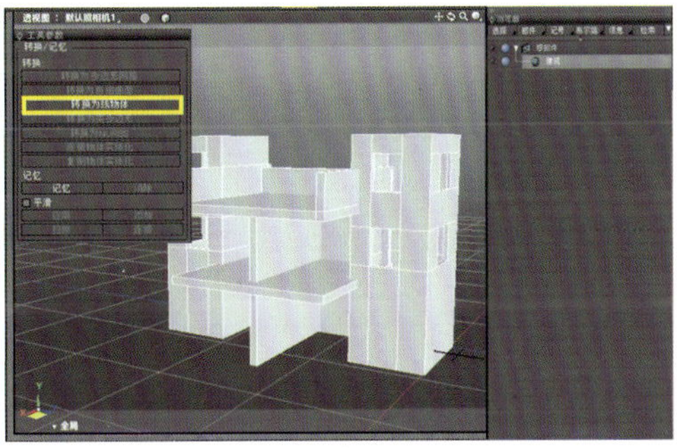

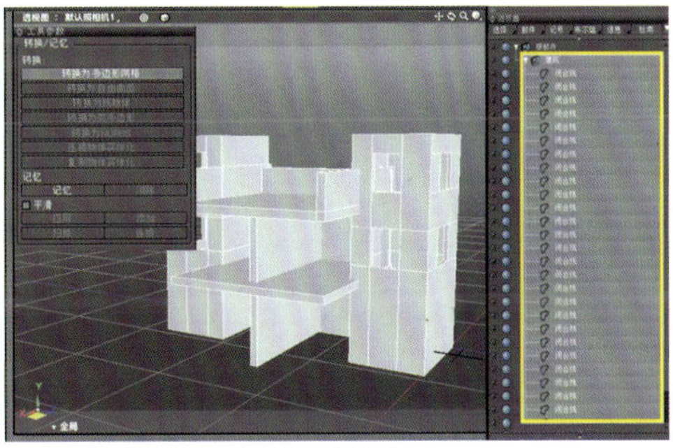

Point

如果是自由曲面，请从工具参数的“转换/记忆”执行“转换为多边形网络”，然后再执行“转换为线物体”。如果已经是线形，请继续执行下一步。

Chapter 4 实践与应用技巧

(2)

选择包含“闭合线形”的部件，然后在工具箱中选择“生成”→“插件”→“扫掠(延展) 圆”。
单击“扫掠(延展) 圆”对话框中的“确定”按钮，在对话框中输入半径，然后点击“确定”按钮。

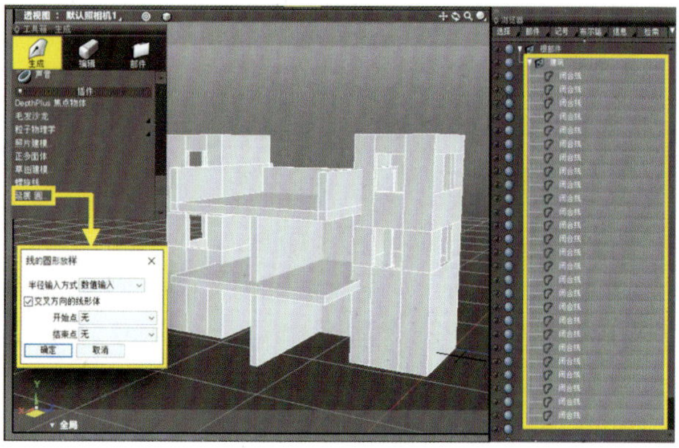

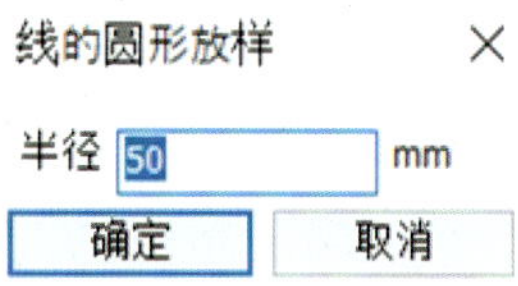

(3)

自由曲面将转换为管状线框。
由于保留了原始形状（“闭合线形”的面），单击浏览器中的渲染图标将其隐藏或删除。

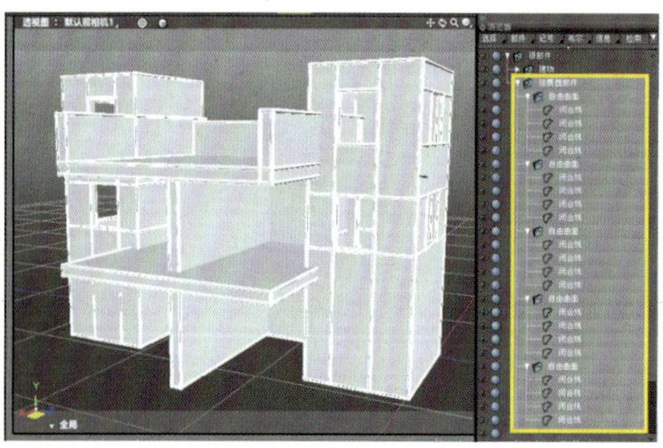

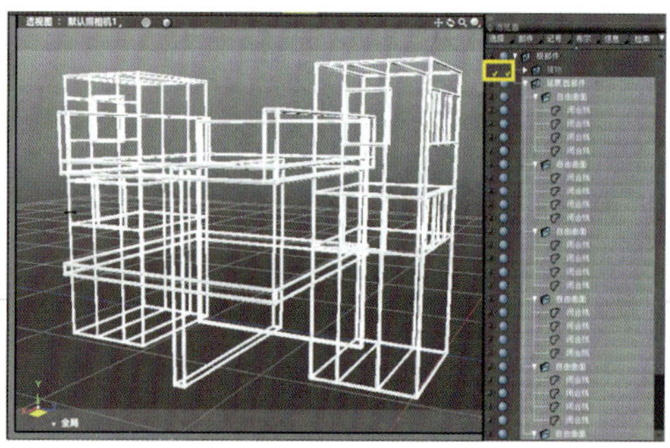

(4)

渲染时将转换为线框。

如果不需要执行阴影处理，请在表面材质的“其他”中勾选“无阴影”和“不显示投影”并进行渲染。

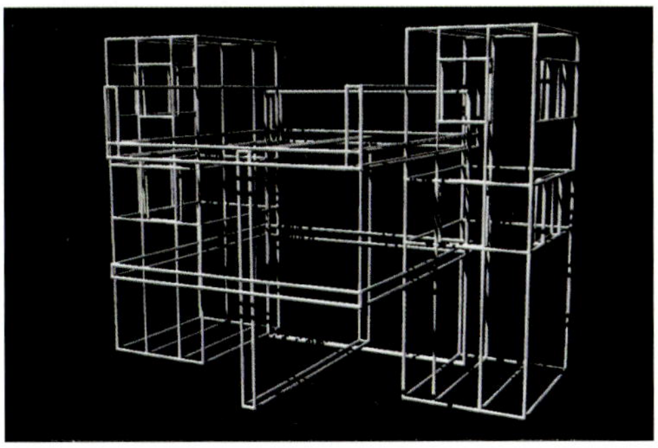

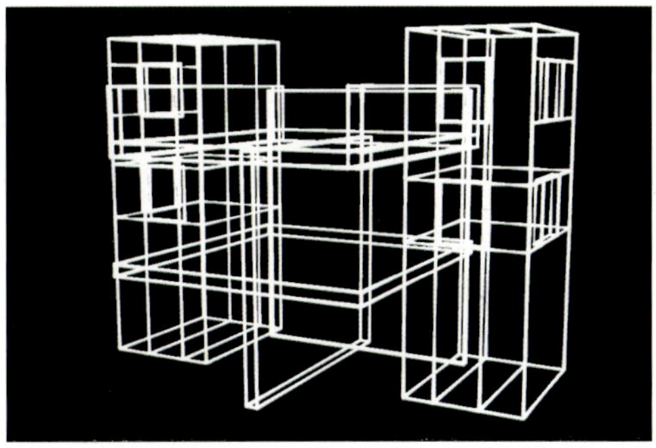

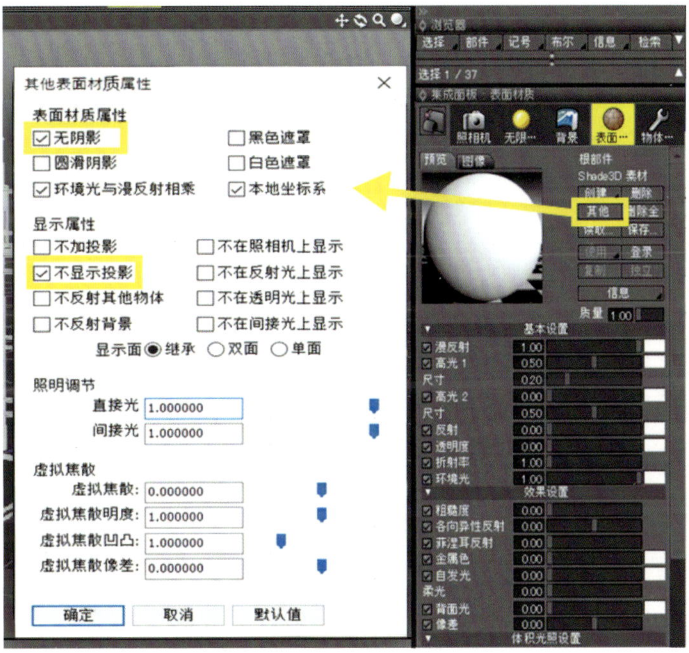

73 缩减多边形网格的面（多边形缩减）

BSP

使用STL输出的3D打印机形状和使用其他3DCG工具创建的精密数据可能具有大量的顶点/面。

如果顶点/面的数据庞大，可以使用“多边形缩减”来减少面的数量。

(1)

在浏览器中选择多边形网格的顶点/面，从工具箱中选择“编辑”→“网格”→“编辑”→“多边形缩减”。

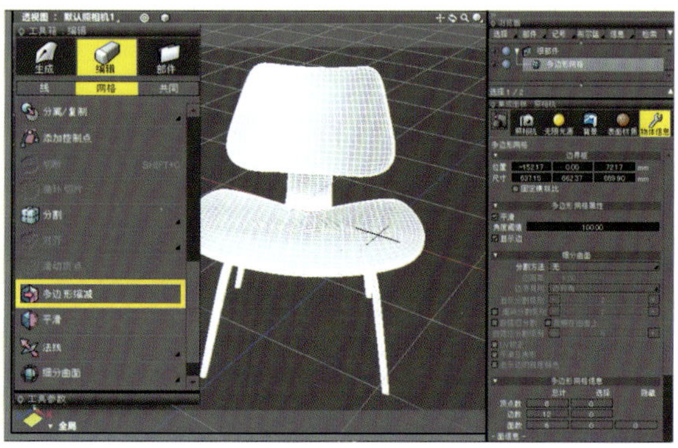

(2)

拖动工具参数中的“减少率”滑块调整面数。
点击“确定”按钮。

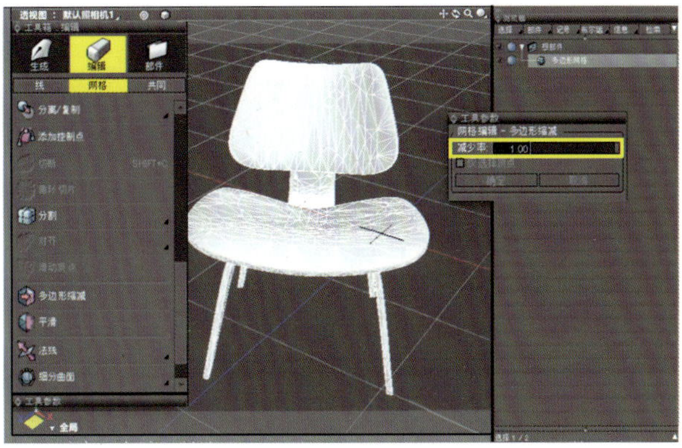

(3)

多边形网格的顶点/边/面的数量可以在集成面板的“物体信息”选项卡中确认。

如果使用多边形缩减将形状减少太多，细微的凹凸细节将会消失，或者某些地方的UV会塌陷。另外，多角形将被分成三角形，因此建议事先确认缩减范围的数值。

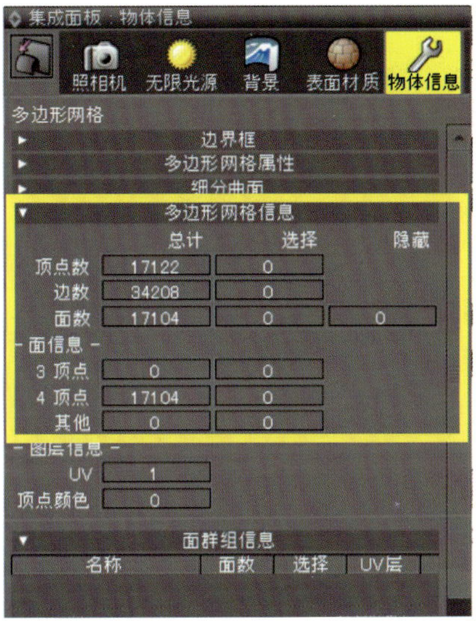

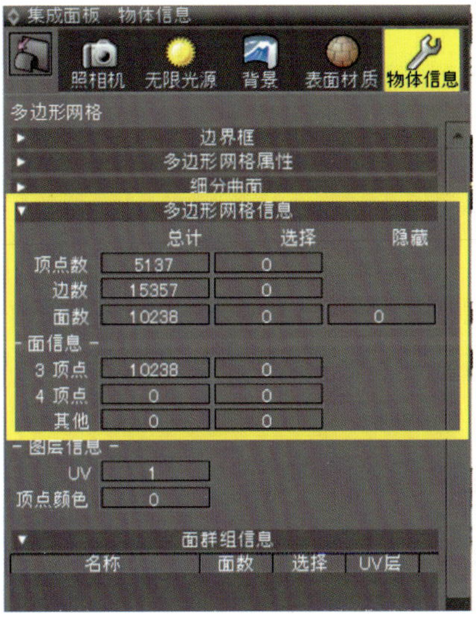

BSP

74 显示水平/垂直辅助线并让形状沿辅助线变形（测量工具）

“测量工具”的功能是创建辅助线。可以使用“测量工具”和“对象捕捉”创建用于建模的辅助线。在需要沿着辅助线放置形状或者将顶点移动到斜对面线形的辅助线上时，使用辅助线可以减少工作步骤。以下我们将介绍如何利用辅助线使倾斜的长方体在保持直角不变的同时进行编辑。

(1)

从浏览器中选择目标形状，然后从控制栏中选择“测量工具”。工具参数将切换到“测量工具”的设置页面。

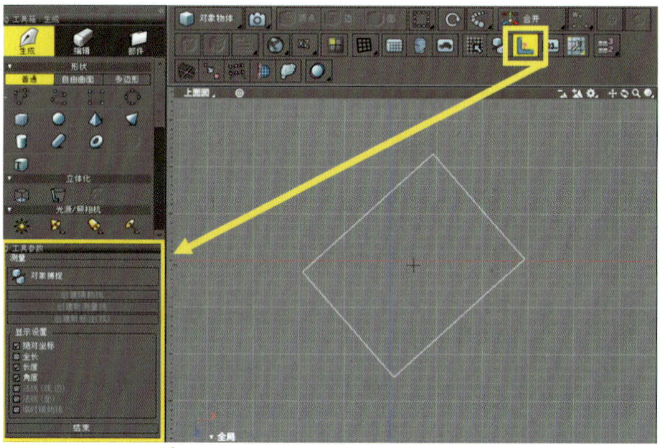

(2)

单击工具参数中的“对象捕捉”按钮以显示“捕捉设置”窗口。

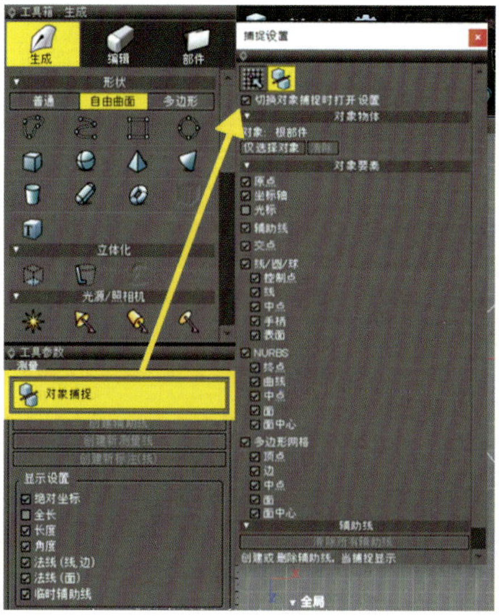

(3)

在工具参数中勾选“临时辅助线”复选框。这是在放置测量工具的直线时直线的延长辅助线。

(4)

单击图形窗口中长方体的两个角点。将显示连接两个单击点的起点和终点的直线，以及在终点处形成十字的直线。如果点击工具参数中的“创建辅助线”按钮，连接两个点的延长线将被创建为辅助线。

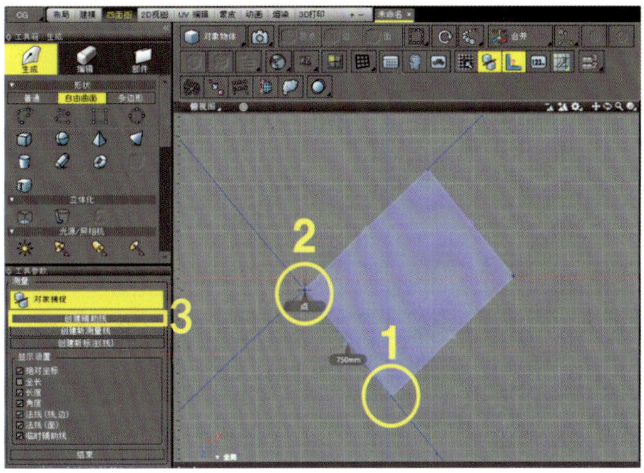

(5)

通过单击“创建新测量线”按钮可以创建新的辅助线。

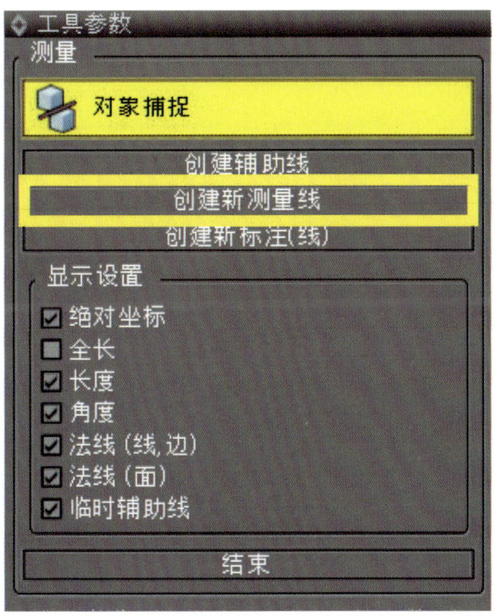

(6)

在图形窗口中单击长方体的其余两个角点，然后在工具参数中点击“创建辅助线”按钮。

单击工具参数中的“结束”按钮以完成辅助线的放置。

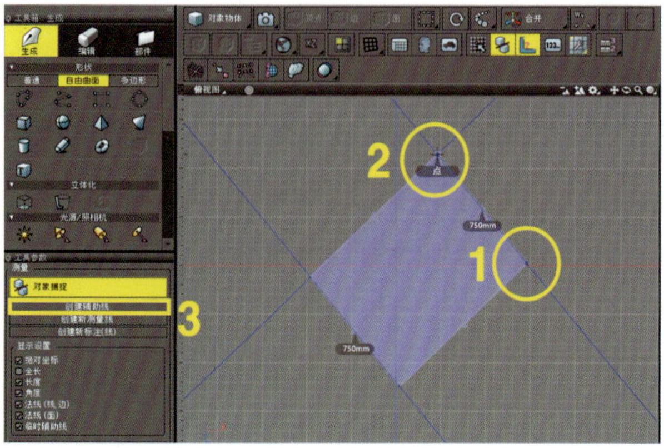

(7)

沿辅助线变形。

在“捕捉设置”窗口中，开启“对象捕捉”，然后勾选“辅助线”复选框。

在物体编辑模式中选择并拖动需要移动的顶点使其沿辅助线变形。

还可以沿创建的辅助线放置和移动新形状。

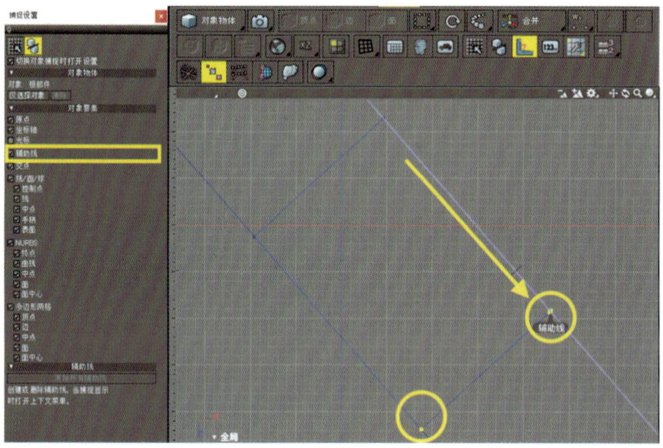

Point

如果需要清除辅助线，可以在“捕捉设置”窗口中点击“辅助线”→“清除所有辅助线”按钮。

75 使用立方体贴图（水平交叉）创建逼真的空间

可以将目标周围(x+, x–, y+, y–, z+, z–)6个方向拥有照明效果的材质作为背景。
由于可以生成背景反射的自然效果，因此可以创建高度逼真的渲染图像。

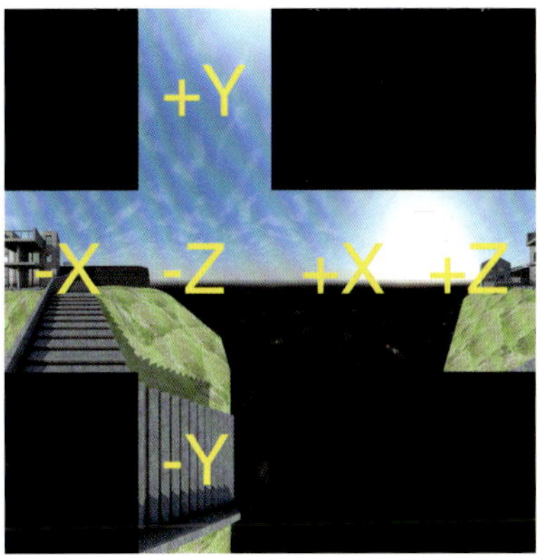

(1)

创建水平交叉图像，请准备作为背景的场景数据，然后在渲染设置的“效果”选项卡中将“全景”设置为“水平交叉”。

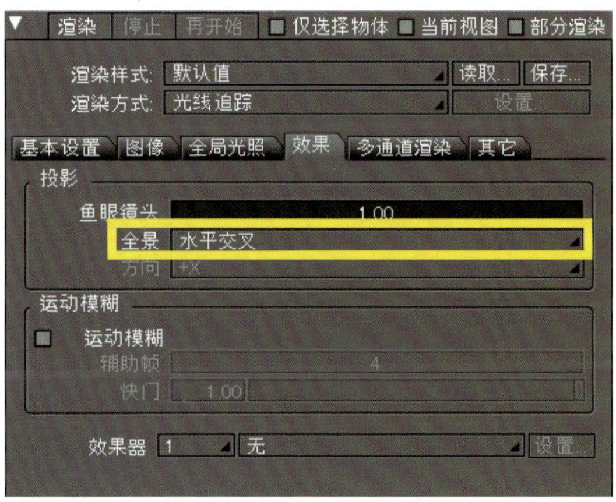

(2)

在“图像”选项卡的“分辨率”中将“宽度”和“高度”指定为4:3的比例并进行渲染。此处我们设置为4096×3072像素（以90°视角查看时为1K的分辨率）并进行渲染。

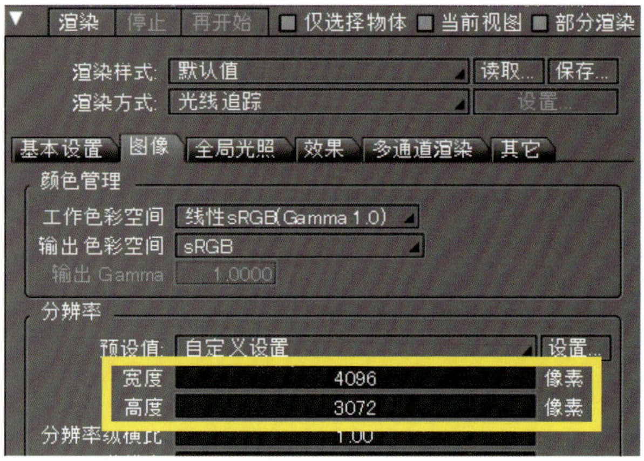

Point

由于展开的各个面都应为正方形，所以将比例指定为4:3。
此外，如果水平交叉不使用高分辨率的图像，画质将变得粗糙。

(3)

将渲染出6个面的立方体贴图。根据需要将渲染结果另存为图像。

(4)

在“背景”选项卡中，将水平交叉的图像指定为背景，然后在“投影”中选择“水平交叉”。将以水平交叉图像作为背景渲染场景。

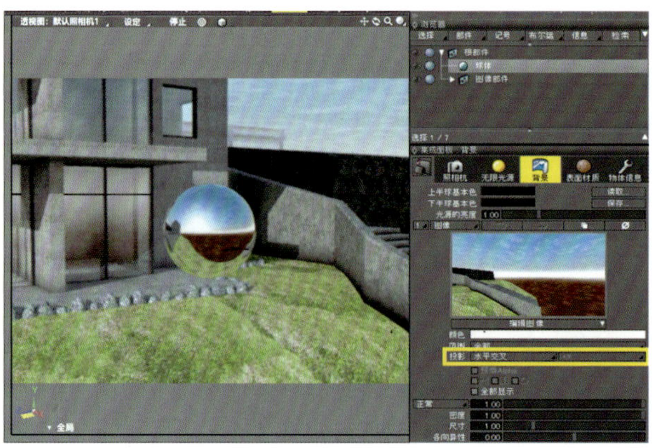

BSP

76 在形状表面设置凹凸表现

分别使用表面材质贴图的“法线”“凹凸”和“位移”3种方法来表现形状表面凹凸不平的效果。以下将分别介绍这些功能，此外通过组合不同的方法还能得到多样化的效果。

※“位移”功能仅在Standard版/Professional版中提供。

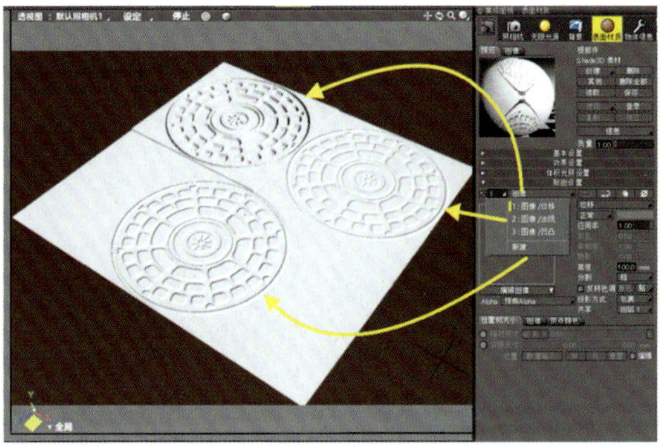

(1)

点击集成面板的“表面材质”→“贴图设置”，并设置图像或固体材质。

可以使用图像或固体材质来表现凹凸效果。

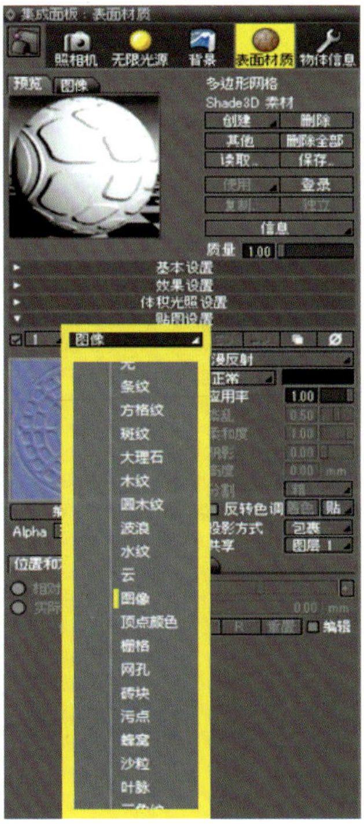

(2)

将类型属性设置为“法线”“凹凸”或“位移”的任意一种。

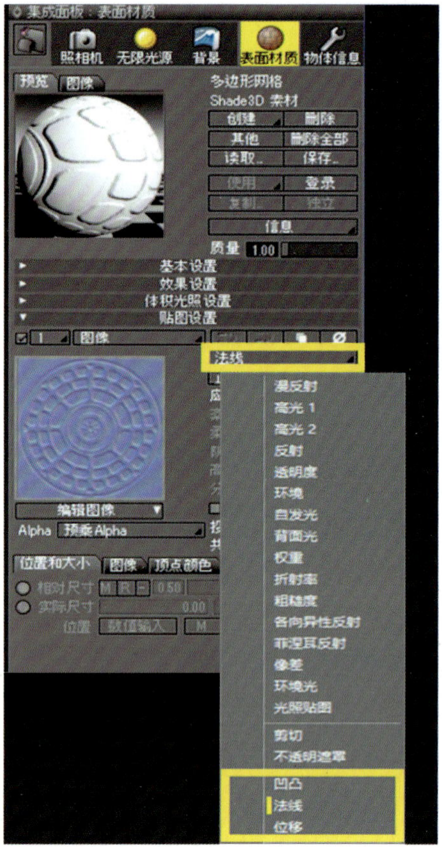

法线贴图

当每个材质的正上方设置为+Z时，由XYZ的箭头表示方向。将XYZ箭头应用于颜色的RGB，并将其存储为材质的1个像素。RGB（0.5,0.5,1.0）是箭头朝正上方的设置。这将导致材质图像的整体颜色附带蓝色。

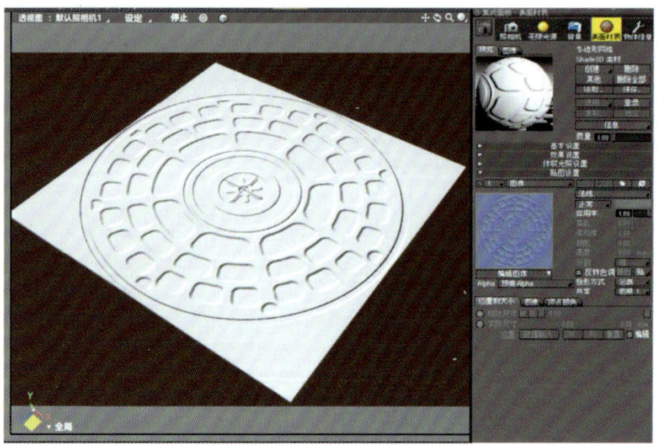

Point 1

表面看起来变得凹凸不平，但形状本身没有变形。
在表面材质的贴图设置中使用“应用率”调整材质的密度。

凹凸贴图

使用黑色到白色的渐变来表现材质的凹凸不平。
表面看起来变得凹凸不平，但形状本身没有变形。

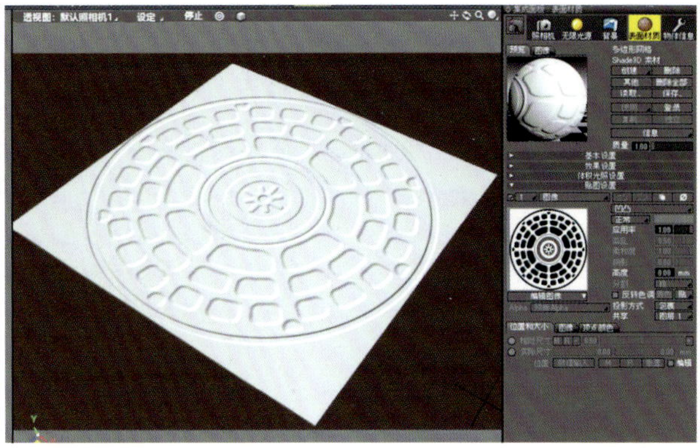

Point 2

在表面材质的贴图设置中使用“应用率”调整材质的密度。
通过指定“高度”，在渲染时会考虑凹凸表现的视差（也被称为视差凹凸贴图）。

位移

与凹凸贴图相同，使用黑色到白色的渐变来表现材质的凹凸不平。
在渲染时，让形状本身变形来表现凹凸不平。

Point 3

在表面材质的贴图设置中使用“应用率”调整材质的密度。
通过“高度”指定凹凸不平的高度。
通过“分割”指定面的分割精度。

77 在透视图中切换建模灯光类型

在Shade3D中搭配了用于建模的模型灯，可以不受照相机位置的影响，从固定方向照亮透视图中的形状以显示阴影。

模型灯不影响渲染，可以用来确认建模。

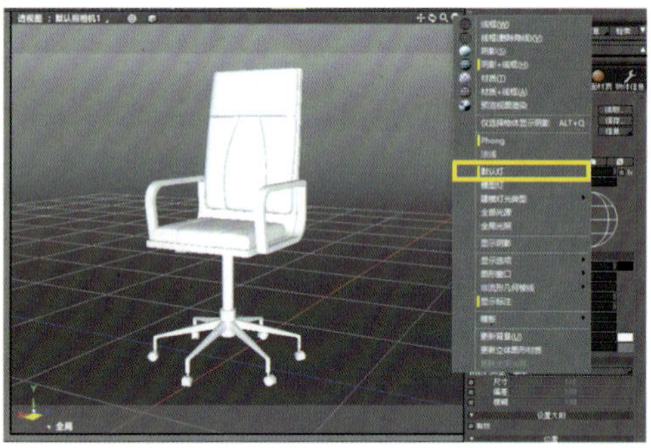

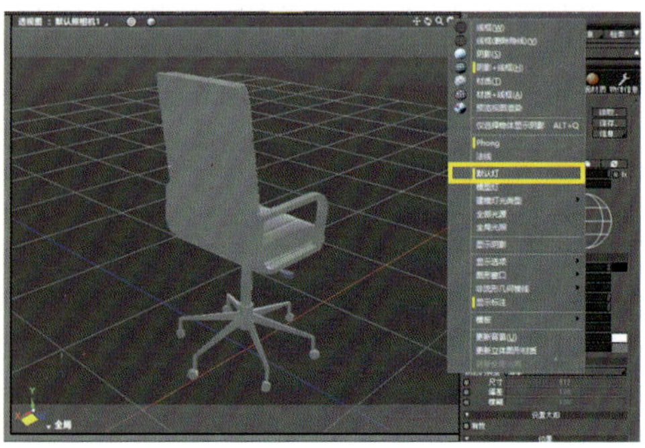

(1)

在透视图的显示控制栏的“设置”弹出菜单中点击“模型灯”。

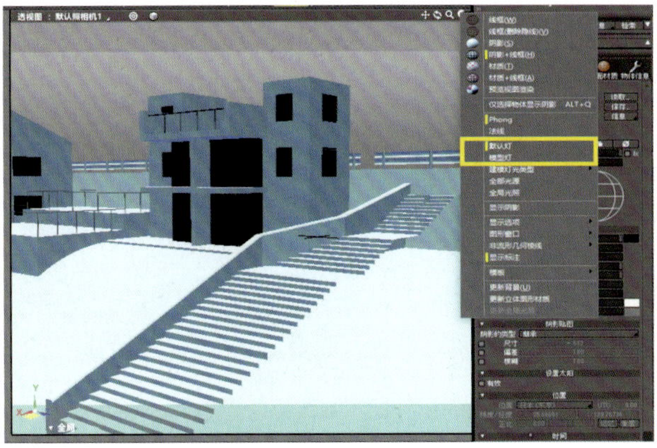

Point 1

除了线框和预渲染外，也可以在阴影模式下启用模型灯。

(2)

开启“模型灯”，可以在“建模灯光类型”弹出菜单中选择6种不同类型的光源。

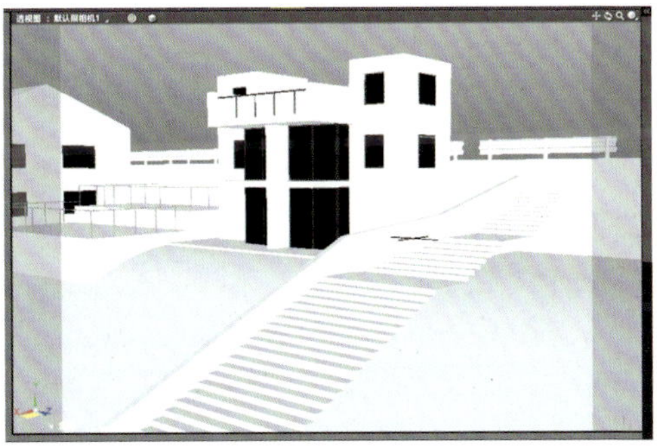

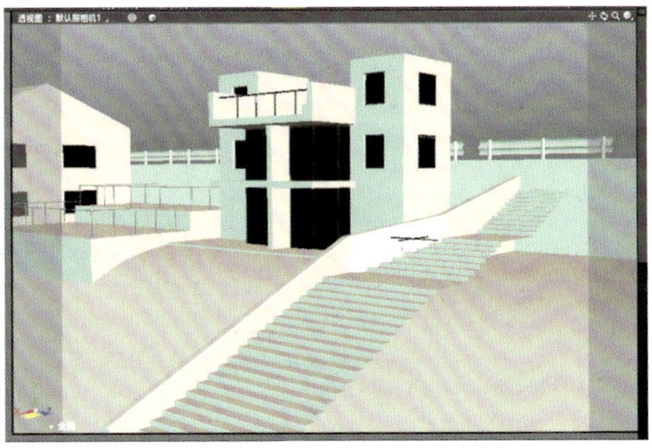

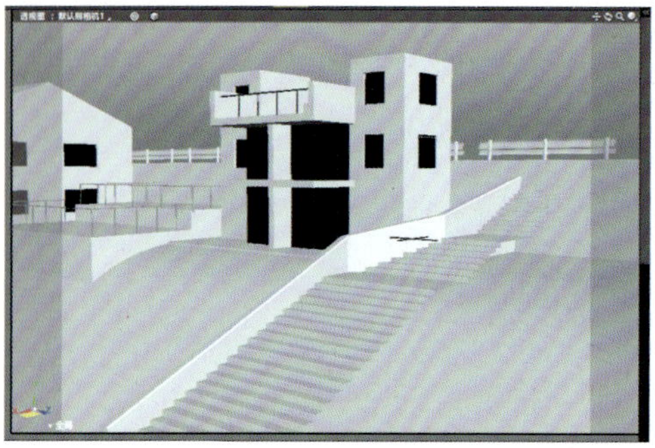

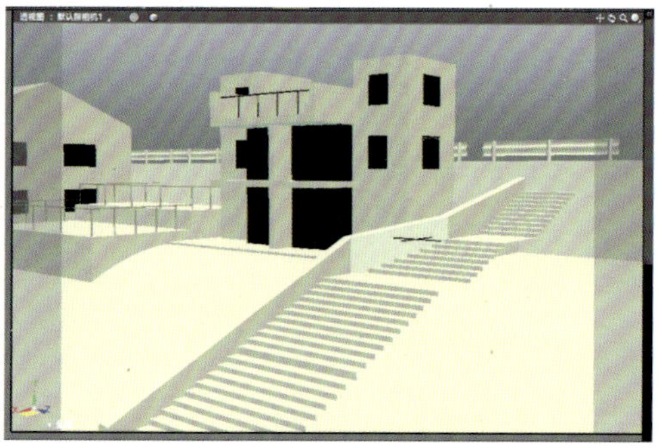

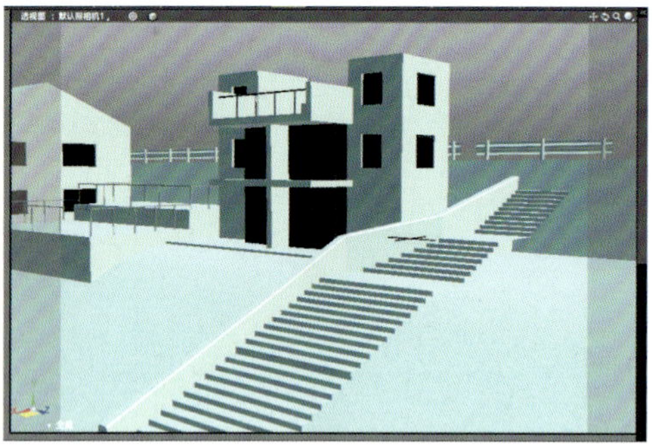

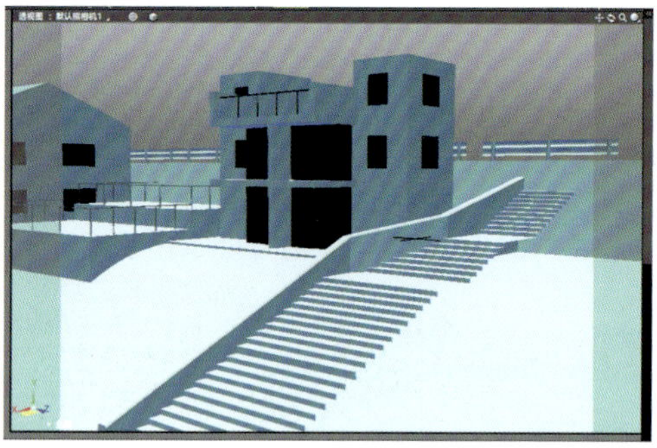

Point 2

如果需要返回常规的“无限光源”“点光源”“聚光灯”的显示，请从显示控制栏的“设置”弹出菜单中选择“默认灯”。

Point 3

除了线框和预渲染外，也可以在阴影模式下启用模型灯。

78 提高照明表现的逼真度

当使用全局光照（路径追踪，光子映射）进行渲染时，通过在“背景”窗口中指定动态范围（exr/hdr等）的图像（HDRI: High Dynamic Range Image），背景本身会反映为光源，可以表现接近自然光的逼真照明。

(1)

从ShadeExplorer的“预置”→“背景”中双击“Park_of_pine_1.shdbgr”将其加载到背景窗口中。

Point 1

“Park_of_pine_1.shdbgr”是背景窗口的设置文件。
HDR图像已加载并显示在图像中。

(2)

用于背景的hdr/exr文件本身没有数值亮度单位。
因此在渲染时可能会发生背景太暗或太亮的情况，需要调整背景的光源亮度。
请在集成面板的“背景”选项卡中调整“光源的亮度”。

(3)

根据需要在集成面板中调整无限光源的“亮度”或聚光灯和点光源等的光源亮度。

(4)

从“渲染”菜单中选择“渲染设置”，然后在“全局光照”中选择“路径追踪”并执行渲染。如果不使用全局光照，则不会反映IBL效果。

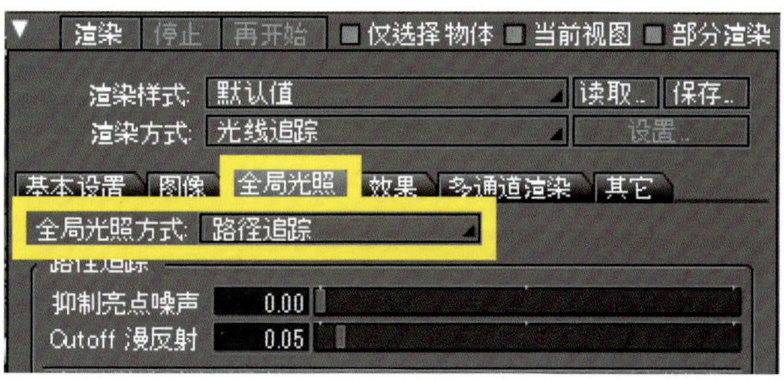

Point 2

无法对“辐射度算法”“光子映射”使用。

(5)

可以表现反映了IBL效果的逼真照明。

由于将360°全景图像应用于背景，而背景应用于3D空间本身，因此如果在照相机窗口中更改视角，也会随视角改变背景的显示。

BSP

79 在背景中显示物体阴影（阴影捕捉）

由于在背景选项卡中设置的背景的描绘是独立于场景中的物体，因此无法反映物体的阴影。在这种情况下，可以使用阴影捕捉功能生成模拟阴影。

(1)

将形状放置于平面的地面上，然后单击浏览器右上方的“▼”，将显示一个复选框。
双击“阴影捕捉”图标以将其激活。

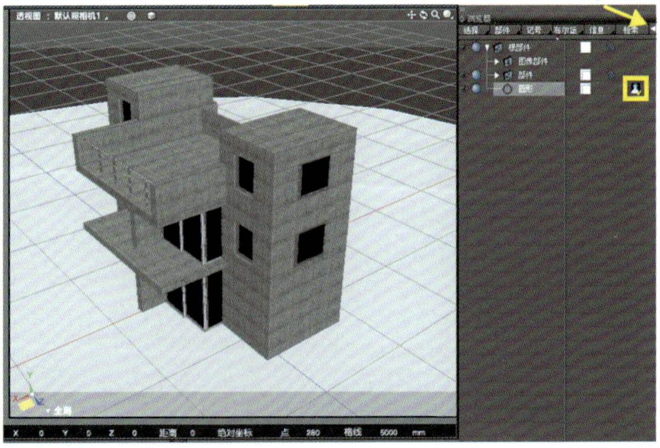

(2)

指定了阴影捕捉的形状不会反映在渲染中，仅显示阴影。

Point

阴影捕捉可以显示由无限光源、点光源、聚光灯、面光源、平行光源、线光源等制造的直接照明所产生的阴影。
不会显示间接照明产生的柔和阴影。

80 渲染轮廓线（卡通渲染）

SP

将描绘方法设置为“卡通渲染”，可以描绘物体的轮廓线以及表现“素描”和“手绘动画”等插图的效果。

(1)

在渲染设置的“方式”中选择“卡通渲染器”。

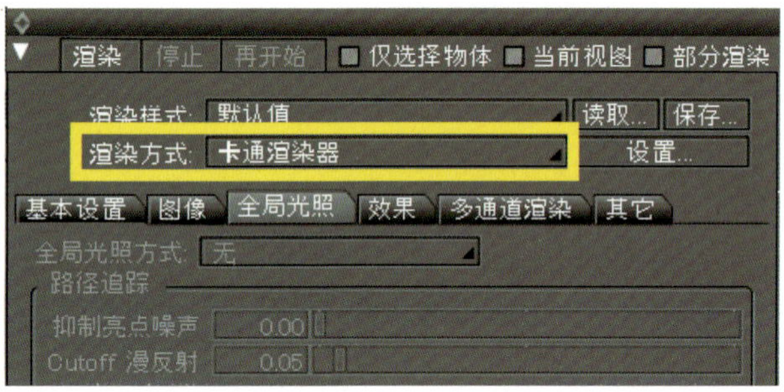

(2)

点击“设置”按钮以显示“设置卡通渲染”对话框。

然后点击“卡通设置”按钮，并在“卡通设置”对话框中设置“轮廓线”和“涂抹”。

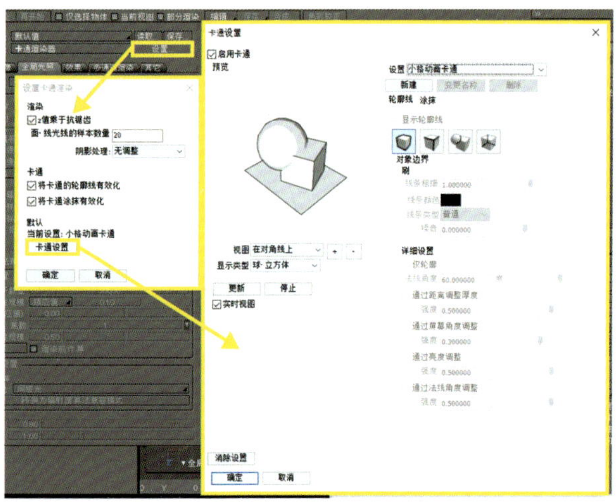

手绘动画

阶段性的“轮廓线”＋“涂抹”

技术插图

单色的“轮廓线”+“涂抹”

素描

指定噪点的“轮廓线”+素描风的“涂抹”

真实感（带边缘）

“轮廓线” +光线追踪的阴影的“涂抹”

Point

此外，还可以选择预设选项并进行“轮廓线”和“涂抹”的微调。
卡通渲染擅长处理抗锯齿以确保边缘品质，但由于是单线程渲染，因此渲染需要一些时间。

Chapter

5

提高工作效率的设置与功能扩展技巧

81 管理创建的形状（ShadeExplorer）

Shade3D搭载了名为ShadeExplorer的功能，能够以目录形式便捷地管理场景文件、表面材质、背景、图像和声音等数据。

在ShadeExplorer中能够以目录形式管理创建的数据，并且可以直观地确认历史场景数据的存储位置和格式。

(1)

从主菜单中选择“显示”→“ShadeExplorer”，在“ShadeExplorer”窗口中点击“创建目录”按钮。

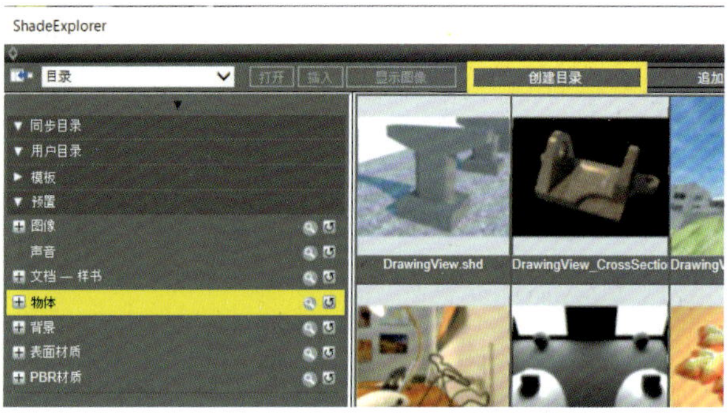

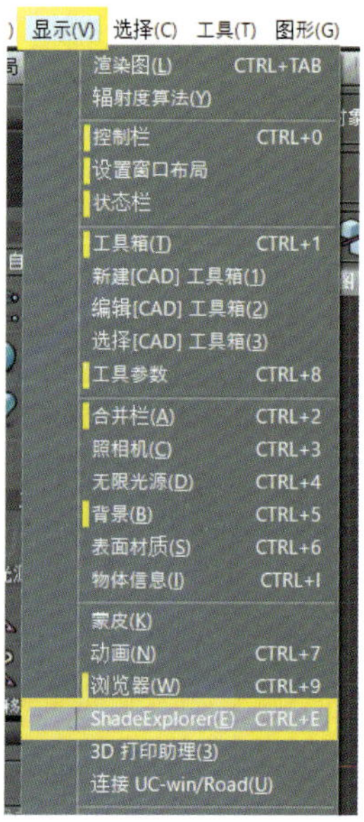

(2)

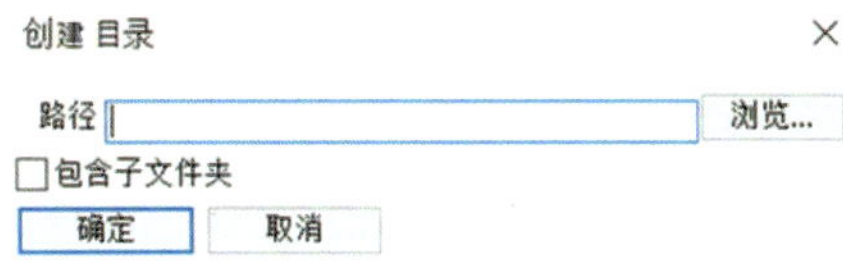

单击路径右侧的“浏览”按钮，然后指定包含shd文件的文件夹。如果在输入过程中勾选“包括子文件夹”复选框，则子文件夹也将包含在注册内容中。单击“确定”按钮时，在显示的对话框中输入目录名称并继续。

(3)

ShadeExplorer窗口的左侧显示输入的目录名称，右侧显示保存在文件夹中的场景数据的“文件名”和“缩略图”。

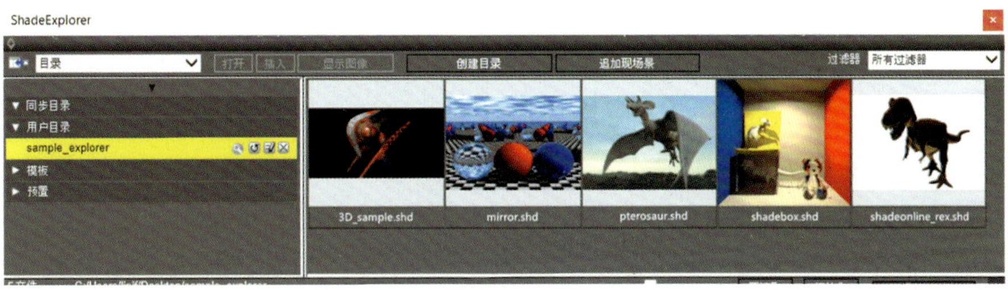

Point 1

目录名称右侧的图标从左到右依次为显示文件夹/更新/编辑/删除。
如果要显示保存原始文件的文件夹，请点击“显示文件夹”按钮。
如果更改了文件夹中的shd文件或文件夹结构，或者添加了shd文件等，请点击“更新”按钮。
如果要更改目录名称或更改参考文件夹，请点击“编辑”按钮。
如果要从列表中删除目录，请单击“删除”按钮。

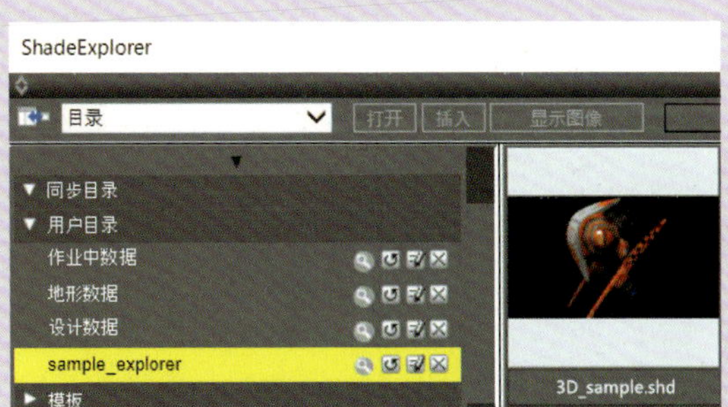

(4)

双击ShadeExplorer中的缩略图以打开指定的shd文件的场景。

在Windows版本中用鼠标右键单击缩略图，在macOS版本中按住键盘的control键的同时单击缩略图，即可指定“打开”新的场景文件，或将其“插入”要编辑的现有场景文件中。

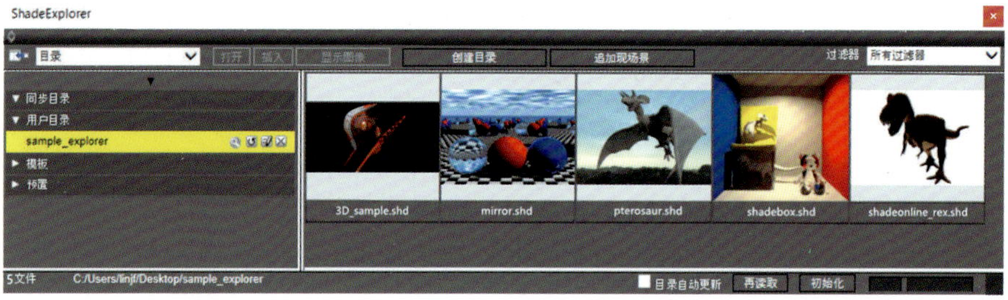

Point 2

通过安装Shade3D软件附带的程序（Shade3D安装程序、Shade3D HDRI背景安装程序等），可以在ShadeExplorer中确认高品质的场景文件以及使用各种预设的透明和金属等表面材质的设置文件。

82 注册键盘快捷键

几乎所有的功能都可以对其注册自定义的快捷键，并通过快捷键快速调用该功能。

(1)

从主菜单中选择“显示”→“快捷键”以打开快捷键窗口。

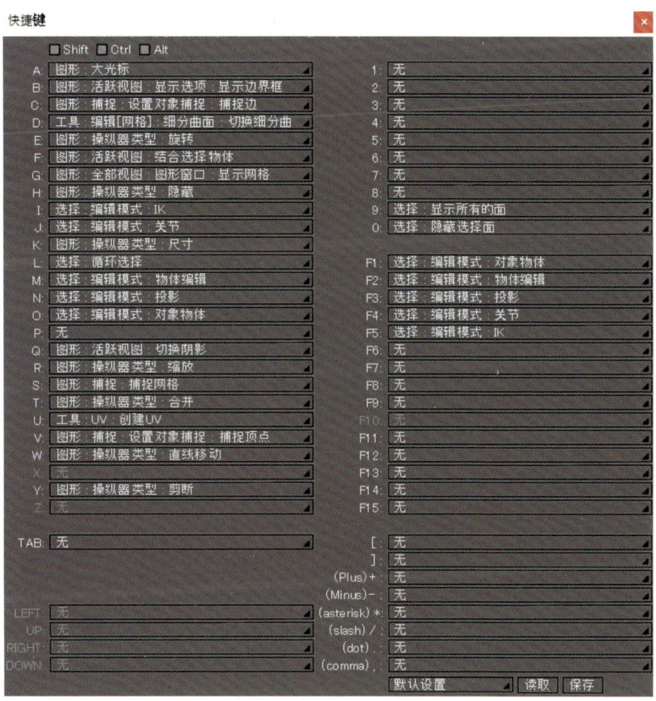

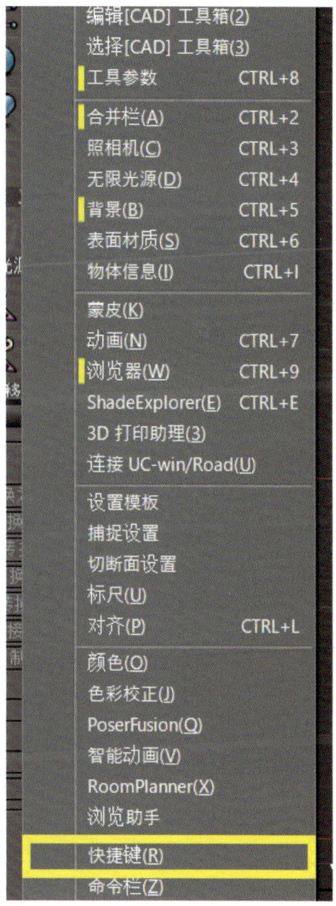

(2)

单击快捷方式窗口中的各个键，然后在弹出菜单中选择要注册的功能。如果勾选左上角的“Shift/Ctrl/Alt”（Mac是“Shift/Cmd/Option/Control”）复选框，则可以通过同时按下多个键来调用功能。

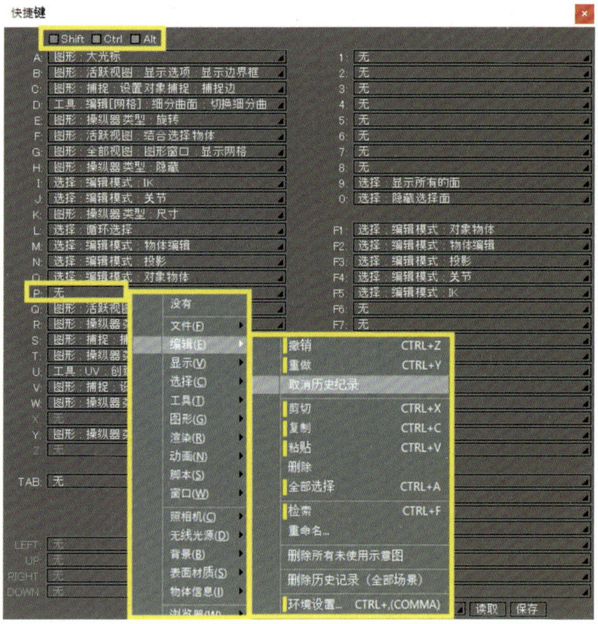

Point

在“默认设置”弹出菜单中可以初始化快捷键设置并指定/删除注册的快捷键。
也可以通过点击“保存”按钮将指定好的快捷键设置保存到文件中。
在更改电脑环境时可以从快捷键设置窗口读取保存的文件来快速更改快捷键。

83 归纳常用功能（命令面板）

可以在“命令栏”中归纳常用功能。

通过将各种功能注册为快捷键以及一键调用功能，可以创建自定义的操作环境。

(1)

从主菜单中选择“显示”→“命令栏”。

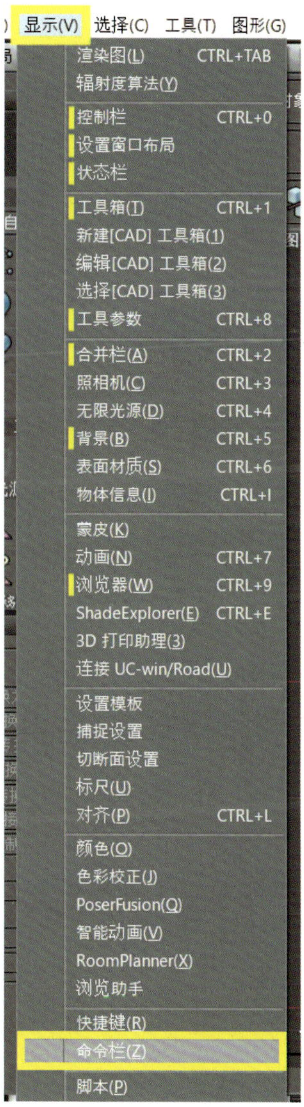

(2)

显示注释面板并点击顶部的设置按钮，将显示“→”按钮。

通过单击“→”按钮可以在弹出菜单中选择功能。

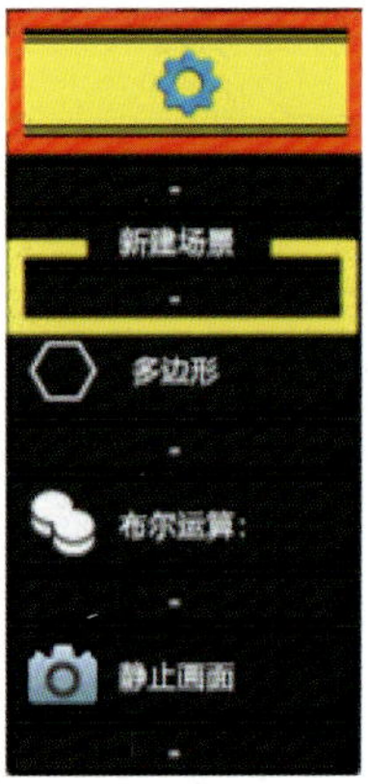

Point

删除已指定的功能请选择需要删除的按钮，然后从弹出菜单中点击“删除按钮”即可删除该按钮。再次点击设置按钮即可重新指定。

84 使用3D打印助手检查形状是否适合3D打印

3D打印的形状必须满足以下条件：

- 没有洞（形状拥有适当的厚度）
- 面的法线统一朝向外侧（没有不平整或翻转）
- 整体为一个多边形网格（多个形状或不连续的面集结组成的一个多边形）

通过使用3D打印助手能在将数据输出到3D打印机时对3D打印数据进行自动批量检查错误并自动校正，可以轻松地检查模型输出条件。

Point 1

此处使用的形状可以从ShadeExplorer中读取“shape”→“has_error_cat.shd”。
此形状事先包含了一些错误。

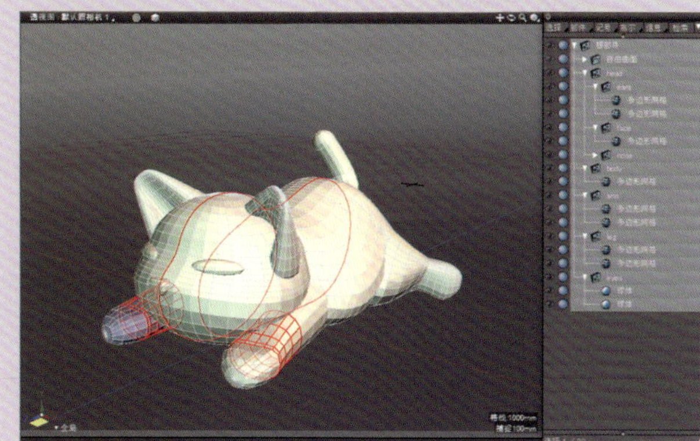

(1)

单击工作区域中的“3D打印”按钮。在图形窗口中开启“非流形几何棱线”。

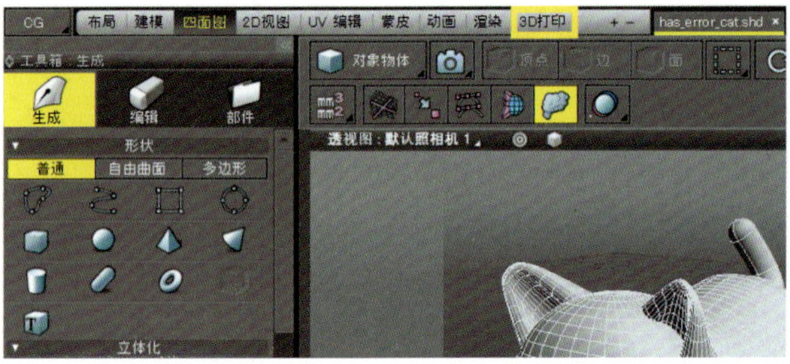

Point 2

在图形窗口的视图控制栏设置的弹出菜单中可以显示/隐藏“非流形几何棱线”。

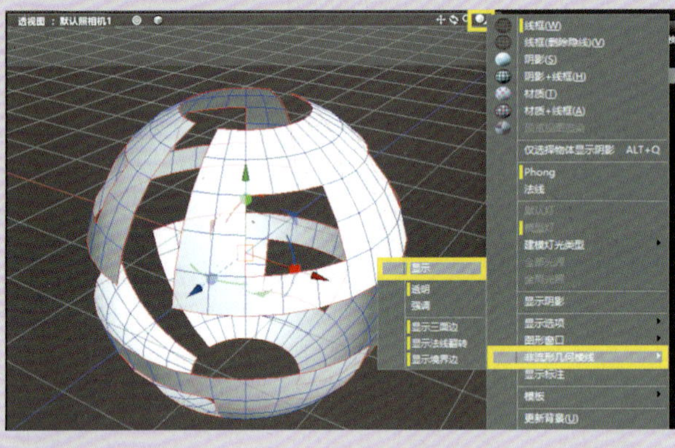

(2)

在3D打印助手窗口中点击“批量检查和自动修正”按钮。

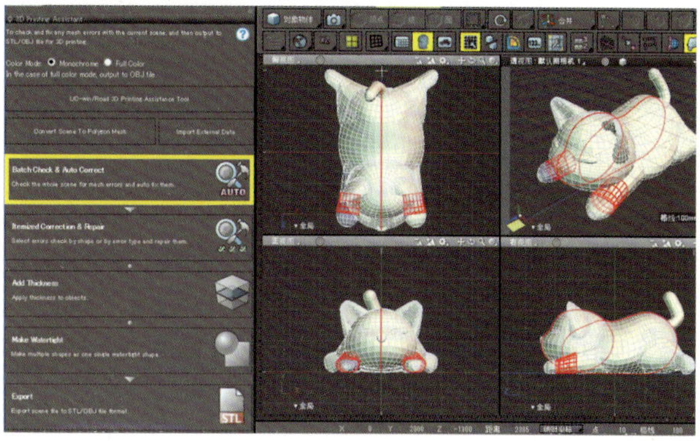

(3)

在列表中将显示出现错误的部件。此处将显示“可以自动修正的错误”，单击“自动修正”按钮以修正错误。

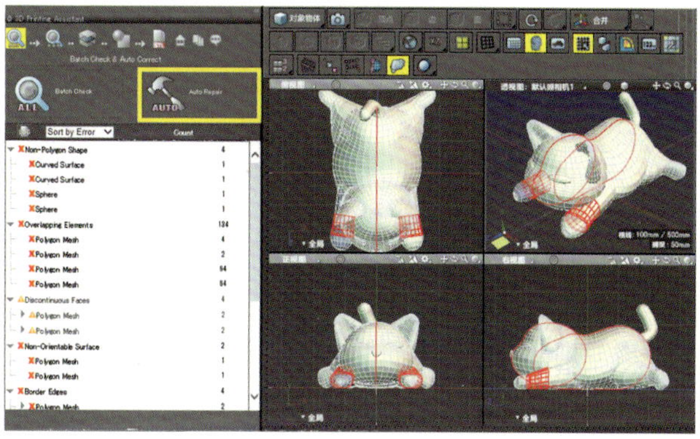

(4)

非多边形网格的形状将转换为多边形网格，并执行非平面的三角形分割。单击“批量检查和自动修正”按钮，然后单击列表右上方的“批量修正”按钮。

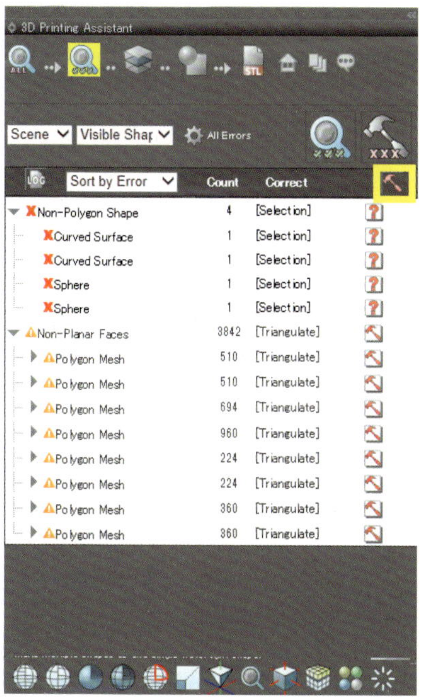

(5)

执行非平面的三角分割。

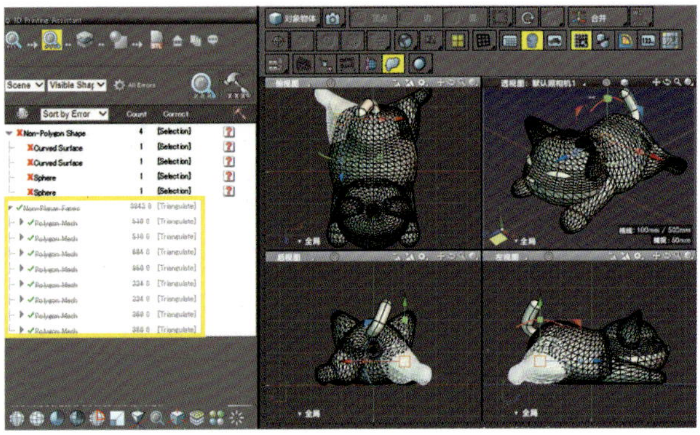

(6)

非多边形网格的形状仍然维持原状。选择“非多边形形状”单击“处理选择”，然后选择“转换为多边形”。将显示“多边形转换工具”，点击“确认”按钮。

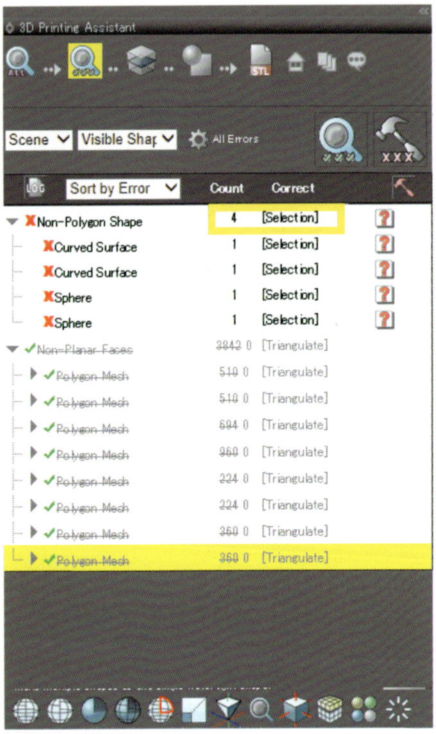

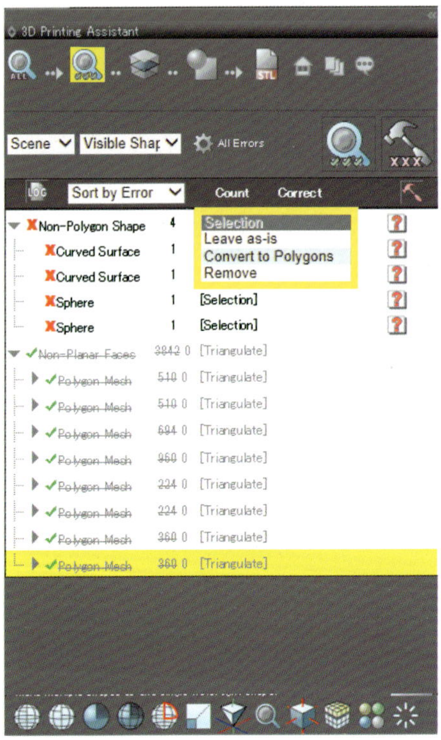

(7)

单击右侧的放大镜按钮，再次检查是否存在错误。此时在多边形网格形状中发现了非平面。点击“批量修正”按钮，然后单击其上方的放大镜按钮。重复执行修正操作直到显示“未检测到错误”。

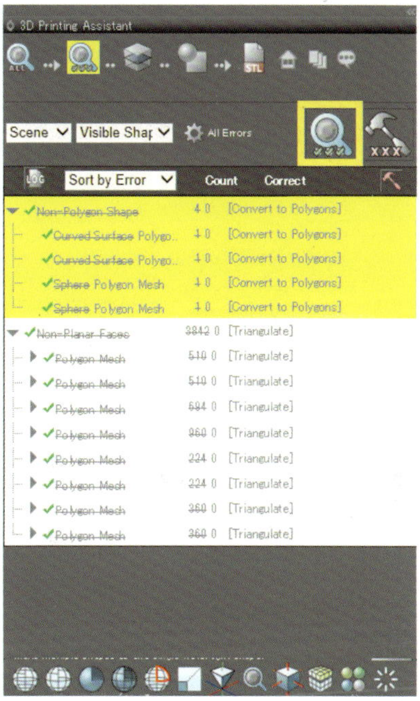

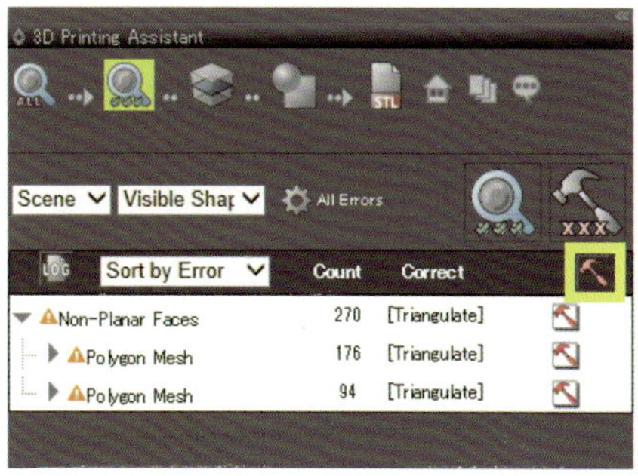

(8)

在3D打印助手窗口中点击“一体化”按钮，然后点击列表上方的“全选”按钮。当点击“一体化”按钮时，物体将变成一个多边形网格。

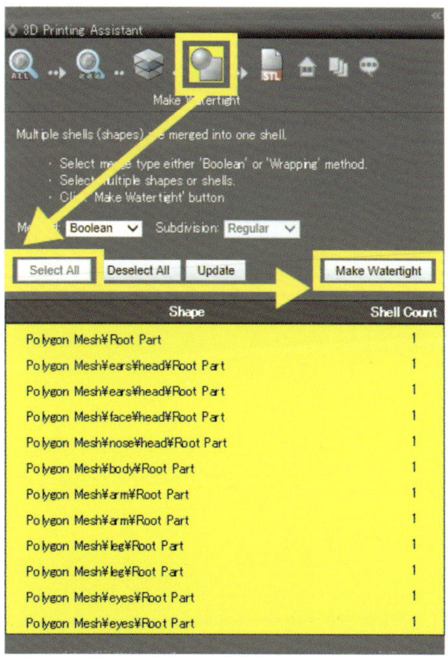

(9)

点击“STL”按钮，然后点击“仅导出所选形状”按钮以输出STL格式文件。

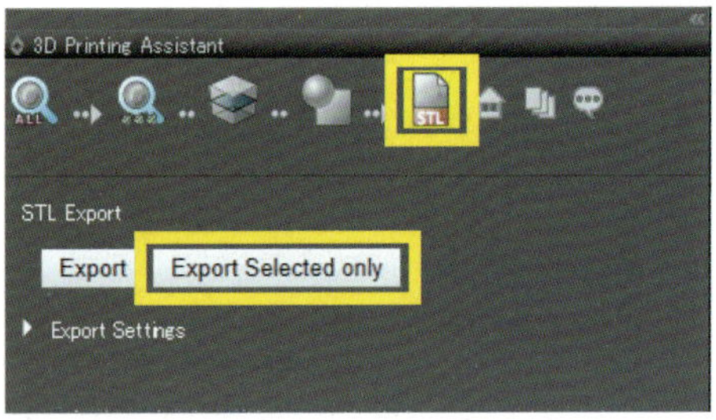

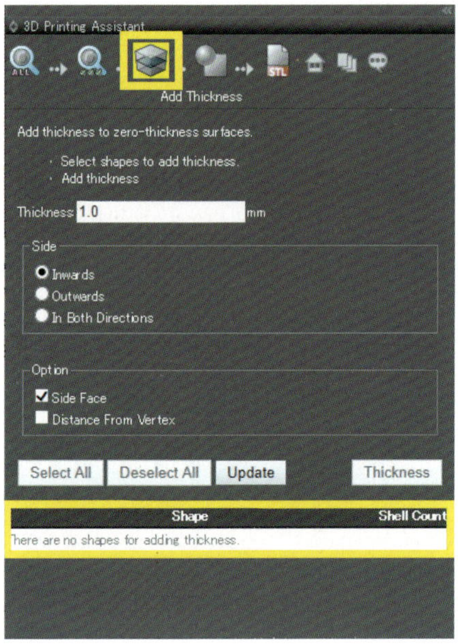

Point 3

执行3D打印时输出的多边形网格需要设置厚度。
可以选择形状并点击“加厚”以设置适当的厚度。

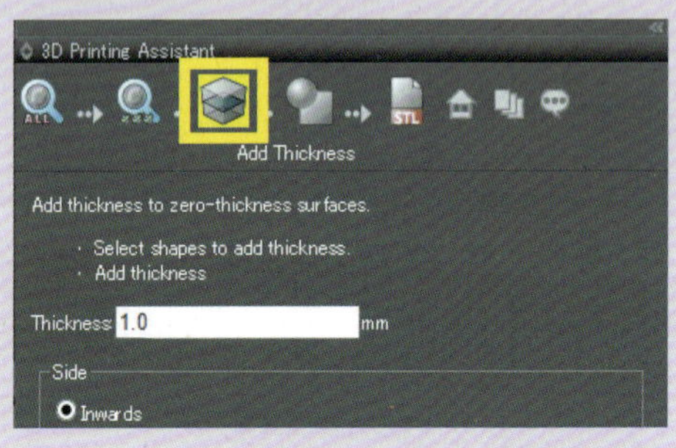

85 使线形适应形状表面（线适合）

“线适合”功能可以使线形沿着自由曲面或多边形网格等形状的面进行贴合。该功能可以在需要使线形与不规则形状的表面贴合以及创建衣服时派上用场。

（1）

在浏览器中选择带面和线形的形状。

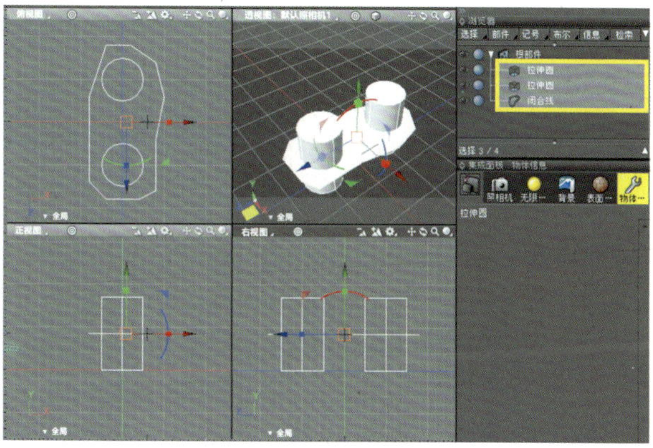

Point 1

可以按住Ctrl键（Windows环境）/commond键（macOS环境）的同时单击目标形状以选择多个形状。

(2)

在工具箱中选择“编辑”→“共同”→“插件”→“线适合”。

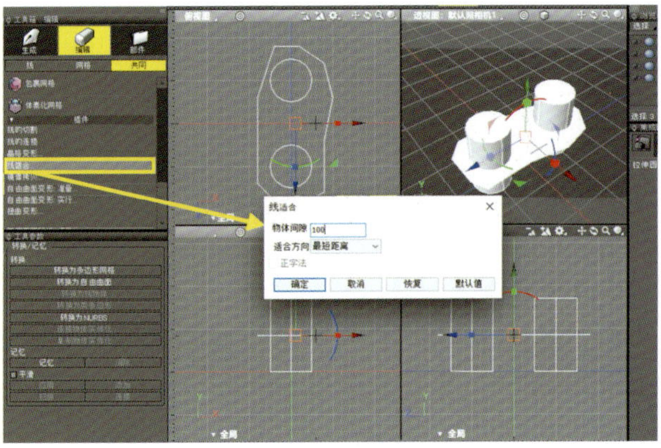

(3)

指定“形状间的间隙”，然后单击“确定”按钮，线形将与形状的面适合。

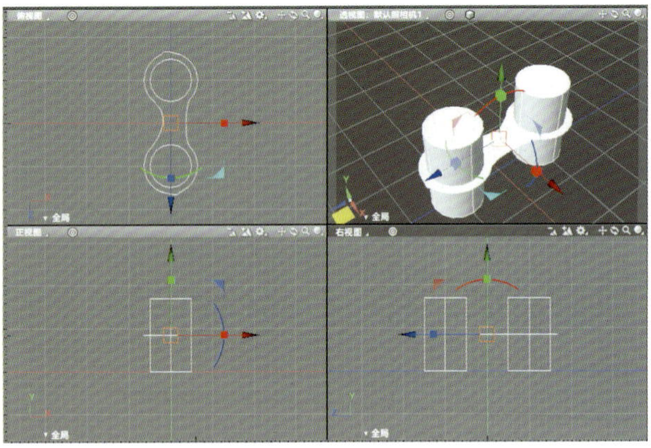

Point 2

选择具有多个面的形状和多个线形并使用线适合，可以将多个线形和形状适合在一起。

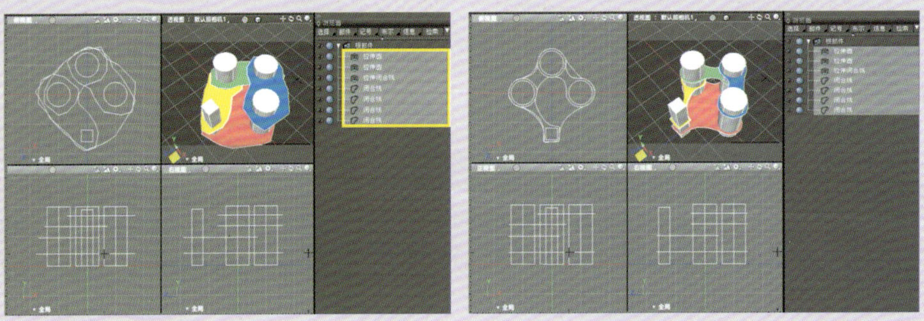

86 使照相机的视点始终朝向指定的形状

通过在透视图上操作照相机以改变照相机的视点和目标。

并且使照相机始终朝向指定的形状。

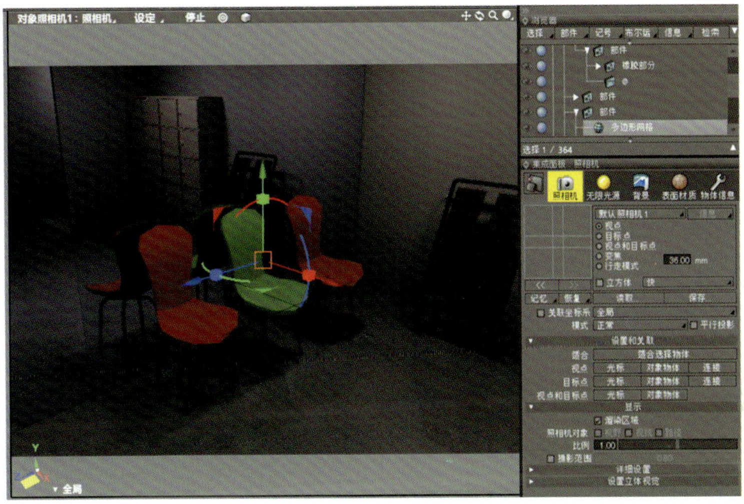

(1)

将目标点的目标形状放置在场景中并选择。打开集成面板的“照相机”选项卡。

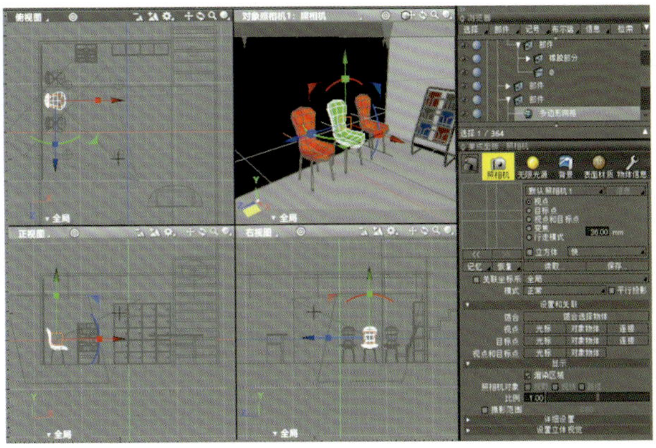

(2)

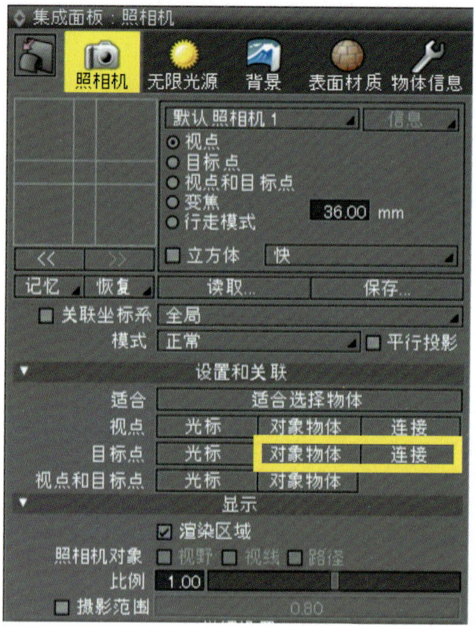

点击“设置和关联”→“目标点”→“对象物体”按钮，所选形状的中心将成为目标点。点击“目标点”→“连接”按钮，所选形状的中心将始终作为目标点。

此时可以在透视图中以目标点为中心进行缩放和旋转，但无法平行移动。

Point

在物体编辑模式下选择线形的点或多边形网格的顶点/边/面时，所选要素的中心将成为目标点。

BSP

87 提高渲染速度

添加制作的场景文件、表面材质和照明等精细的设置将增加渲染时间。

通过调整“环境”“降低CPU负载”和“减少内存负载”可以减少渲染的时间。

环境

提高渲染速度的有效方法是提高CPU的核心频率以及使用更多的内核数和线程数。

还需要安装足够大的内存，建议尽可能地添加更多的内存。

此外，绘图板可以有效地在图形窗口中提高绘画处理的效果，但对渲染不造成影响。

因此，如果侧重点是渲染，则建议提高CPU和内存的性能。如果侧重点是建模，则建议使用搭载高性能显卡的电脑。

Point 1

检查Shade3D的操作环境，请启动Shade3D并从“帮助”菜单中选择“系统信息”。

将显示系统信息窗口，可以确认计算机的CPU和内存等信息。

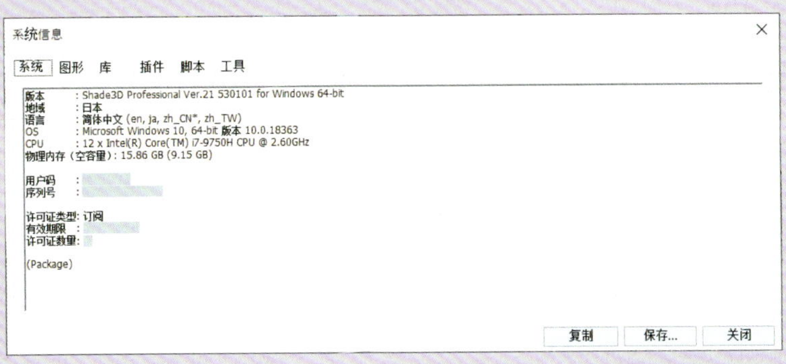

降低CPU负载

如果将透明，反射和光源相关的数值设置得过高将导致大量多余的计算从而减慢渲染速度。

如果要降低CPU负载并提高渲染速度，请查看以下设置。

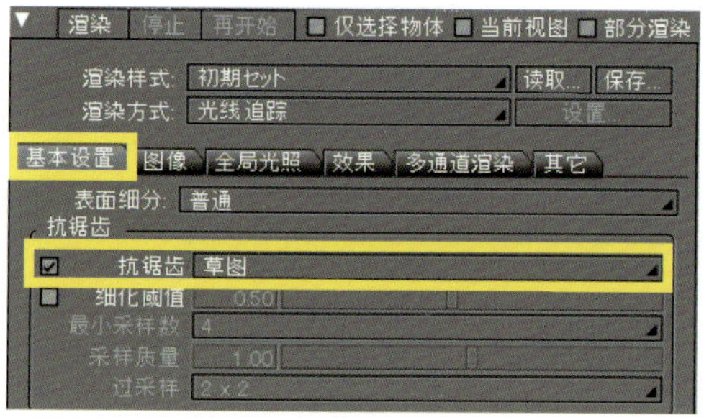

在渲染设置中避免过高的抗锯齿，视线追踪级别和光线追踪画质。

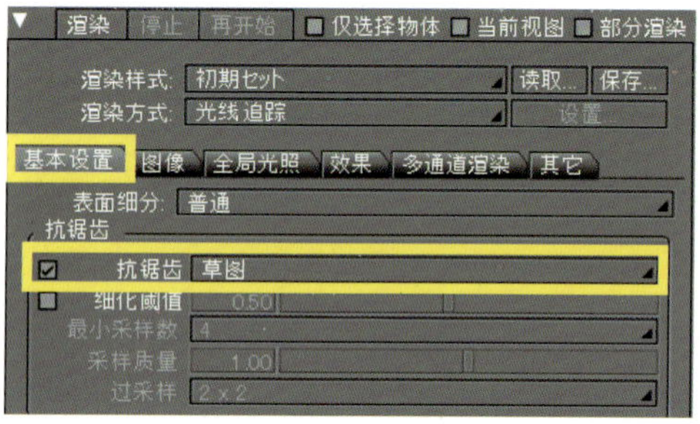

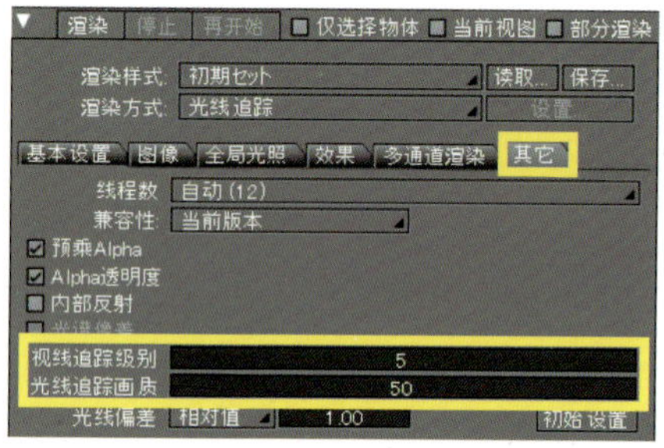

在Shade3D材质设置中将“反射”“透明度”“折射率”“粗糙度”和“体积光照设置”进行设置，在PBR材质中将“粗糙度”和“透明度”保持在所需的最低值。

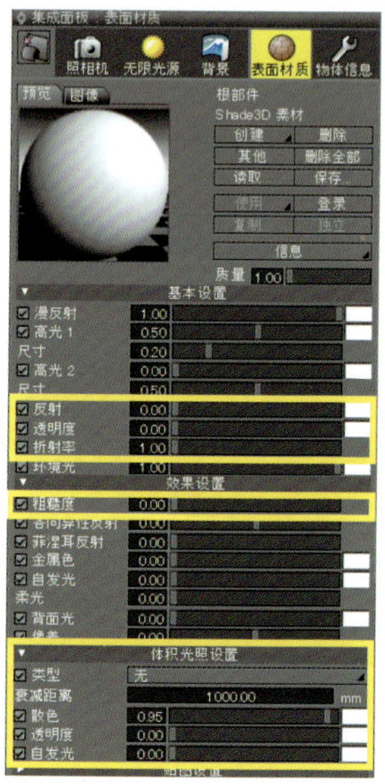

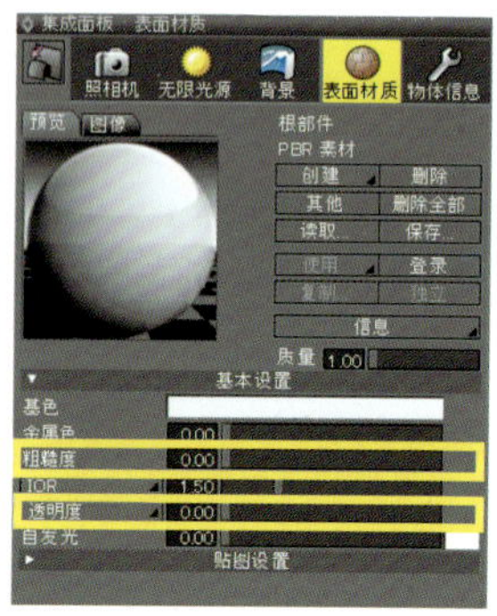

Point 2

PBR材质功能仅在Professional版中提供。

在光源设置中避免使用过多的面光源和线光源。另外，将“柔和度”设置为“0”，将“体积光照”设置为“关闭”。

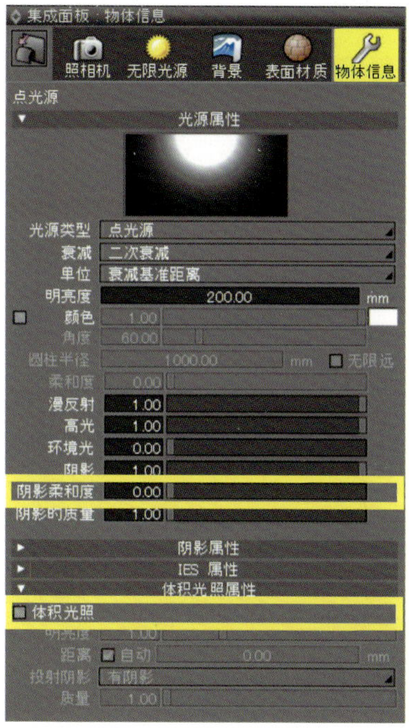

减少内存负荷

通过调整“表面细分”级别可以减少渲染消耗的内存量。

(1)

将渲染设置的“基本设置”→“表面细分”从“普通”改为“粗”，渲染时的消耗内存将减少至1/4。

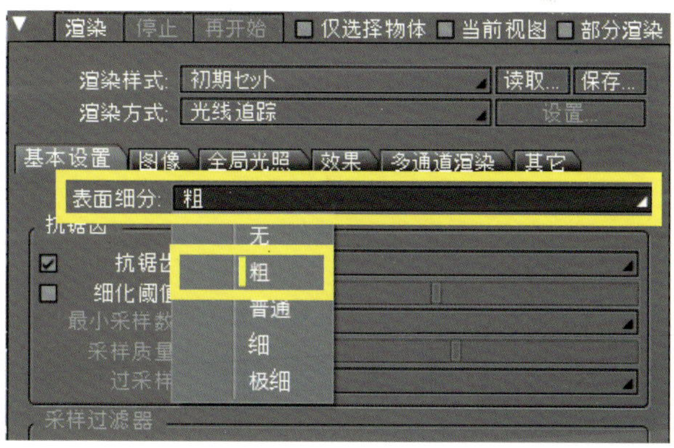

(2)

还可以为各个形状设置“表面细分”。

在浏览器的“符号”菜单中，可以在形状或部件的名称开头添加多角形分割符号“@”“<”“>”来设置各个形状或部件的表面细分级别。

可以减少形状不可见的部分或细节的内存消耗。

无表面细分符号设定

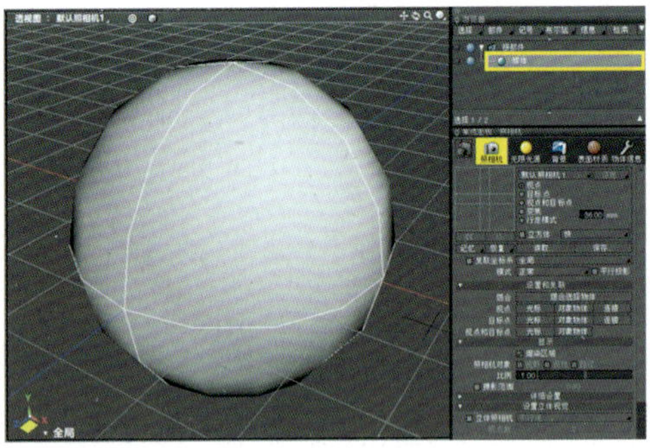

降低表面细分级别为“>”

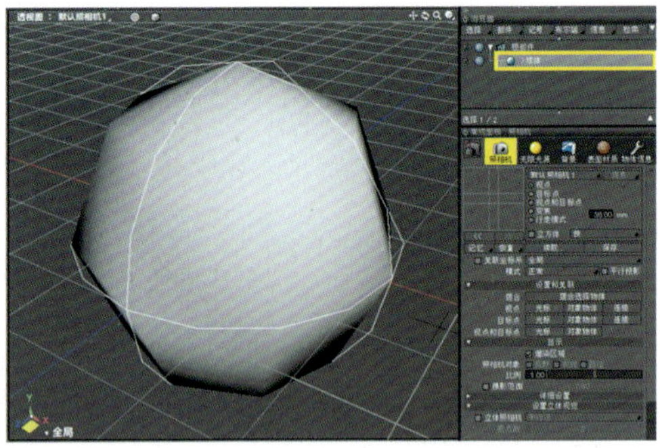

Point 3

尽管可以通过降低“表面细分”级别来减少内存消耗，但是会降低曲面的精度，因此需要注意。

88 提高渲染速度2(使用ShadeGrid Server进行多线程渲染)

Shade3D搭载了“ShadeGrid”功能，该功能通过使用TCP/IP网络连接的多台计算机以分布式方式执行渲染处理以减少渲染时间。

使用多线程渲染功能的“ShadeGrid Server”可以缩短Shade3D程序的渲染时间，因此如果有多余的计算机时建议使用该功能。

(1)

在网络连接的计算机上安装ShadeGrid Server。

启动Shade Grid Server时将显示以下窗口。

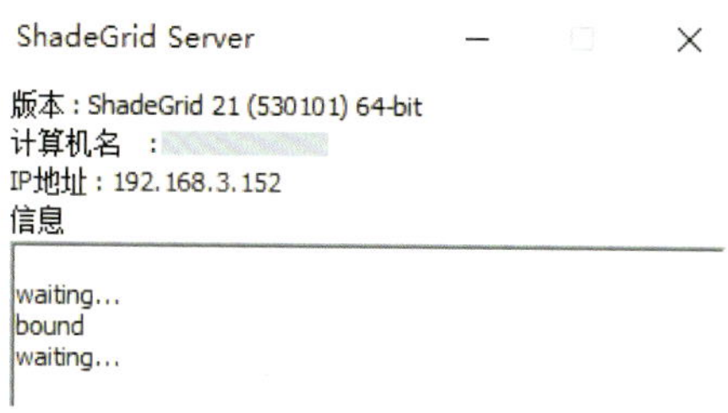

(2)

启动Shade3D程序，然后点击主菜单的“渲染”→“ShadeGrid管理”。

如果网络中的其他计算机正在运行ShadeGrid Server，将显示服务器端的计算机信息。

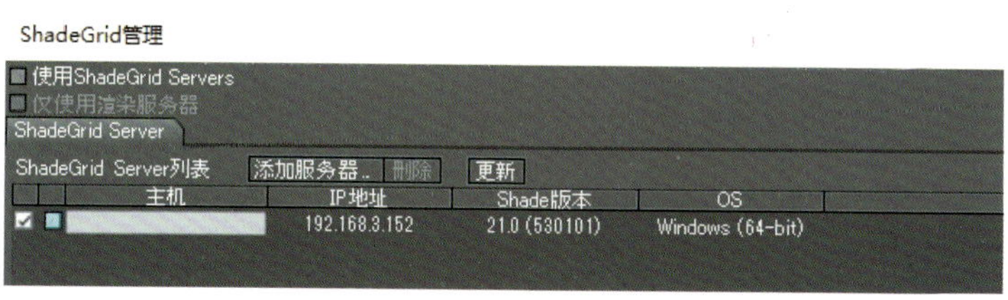

(3)

列表左端勾选的服务器将参与渲染。勾选“使用ShadeGrid Manager”复选框执行渲染时，场景信息将发送到服务器，然后以分布式方式执行渲染。

在渲染时，块光标的颜色将使用ShadeGrid窗口中列出的颜色表示。

Point 1

如果需要添加指定的服务器，请点击“添加服务器”按钮并指定IP地址。

(4)

在ShadeGrid Server中，“等待中”表示在待命状态，“计算中”表示正在执行渲染计算。渲染完成后将再次显示“等待中”。

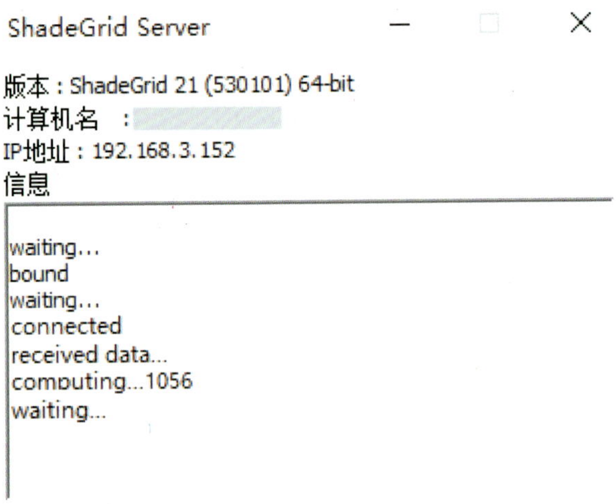

Point 2

ShadeGrid Server支持的渲染方法是光线追踪(草图)、光线追踪和路径跟踪，不支持辐照度渲染、卡通渲染和线框渲染。

服务器程序(ShadeGrid Server)的操作环境与Shade3D本身相同。

ShadeGrid Server在所有Shade3D版本中提供，但Standard版和Basic版只能使用1台服务器。

如果使用ShadeGrid，请确保ShadeGrid Server和Shade3D主体使用的是相同的版本。

89 在视图中执行预渲染

透视图的实时预览是一种接近渲染结果的图像显示模式，可以轻松地确认渲染结果。在执行路径追踪等费时的渲染之前，可以在图面中使用照相机视角进行最终确认。

(1)

从视图控制栏右上角的弹出菜单中选择“预览视图渲染”来执行预渲染，可以保持预渲染的状态移动形状。

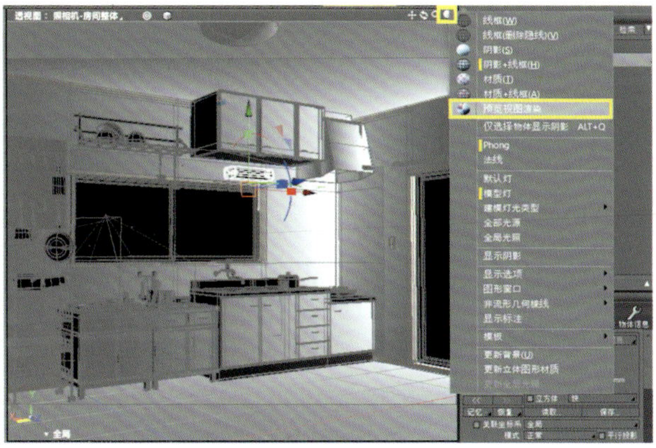

(2)

默认设置下，无论图像选项卡的渲染设置如何均使用“光线追踪”进行渲染。如果希望使用图像选项卡中指定的渲染方式。

从视图控制栏中的“设置”弹出菜单中选择“渲染设置”。

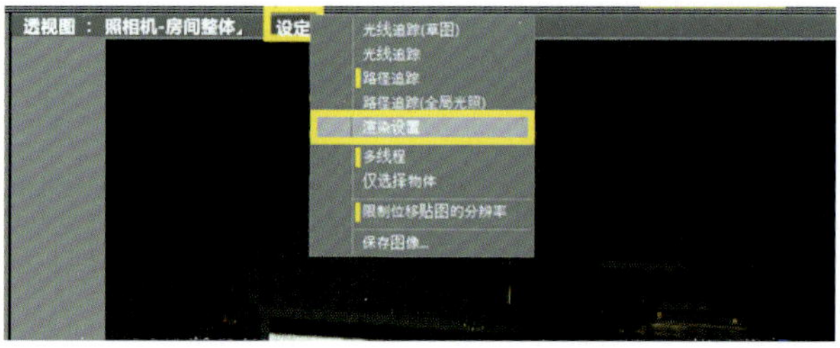

Point

点击视图控制栏上的“暂停”按钮可以停止渲染。

(3)

可以选择保存预渲染的结果图像。在进行费时的渲染之前，可以在预渲染中更改视角，并将其另存为图像。

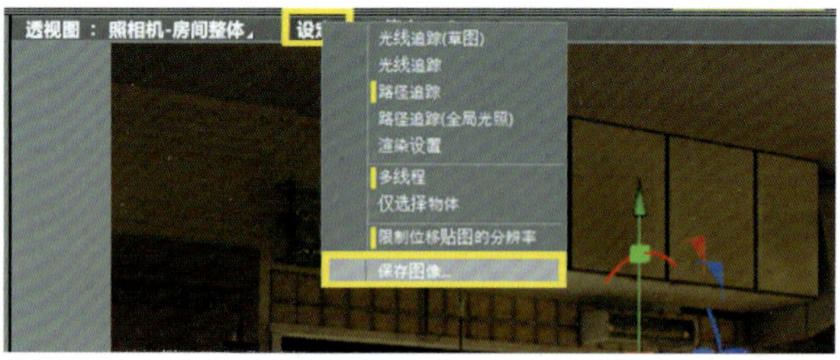

90 调整透视图的网格间距

透视图的显示网格可以选择在拖动照相机时根据缩放比例，选择显示自动计算的网格大小或固定网格大小等显示方法。

在考虑景观图的整体比例时，使用自动调节比较方便；在透视图中编辑单个形状时，固定网格比较方便。

(1)

可以在控制栏的“透视图网格设置”中指定透视图的网格设置。

(2)

勾选“主格线”组中的“自动计算”复选框，网格大小随视点与目标点之间的距离变化。取消时，网格大小为“尺寸”中指定的数值。

(3)

格线信息将显示在透视图的右下角。在“格线”中将显示“格线间距”和“工作平面中的格线间距”。当“格线捕捉”有效时，在“捕捉”中将显示捕捉间隔。

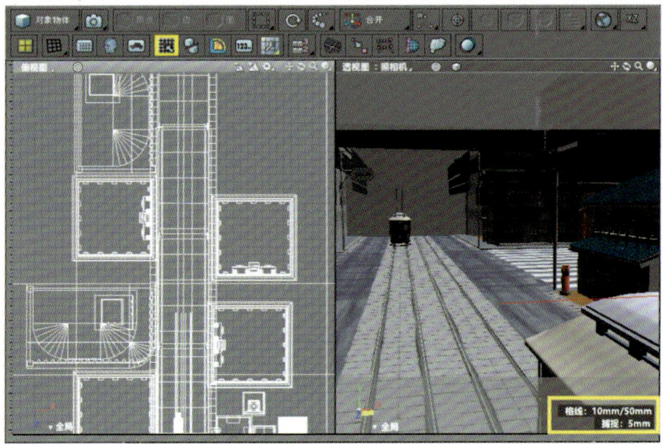

Point

在“设置透视图网格”的“格线范围”组中勾选“自动计算”复选框以自动分配网格显示区域。如果同时勾选“主格线”和“格线范围”组中的“自动计算”复选框，将在透视图中无限显示网格。如果未勾选“格线范围”组中的“自动计算”复选框，将显示在“尺寸（X/Y/Z）”中指定的范围。如果此时勾选“显示边界框”复选框，在XYZ轴包围的范围中将显示线框。

91 组合有洞/相交/无厚度的形状（包裹网格）

包裹网格功能可以将多个带洞，相交以及无厚度的的不同形状与多边形网格组合在一起。除了能够创建在3D打印过程中不易出错的形状外，在输出到其他软件或要统一使用不同类型的形状（例如将多个自由曲面和NURBS组合为多边形网格）时也非常方便。

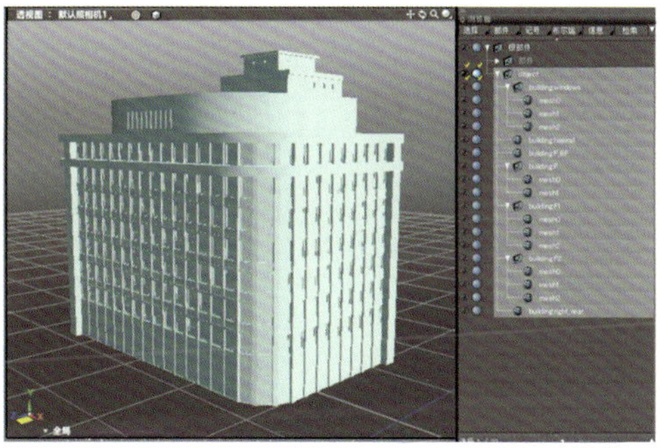

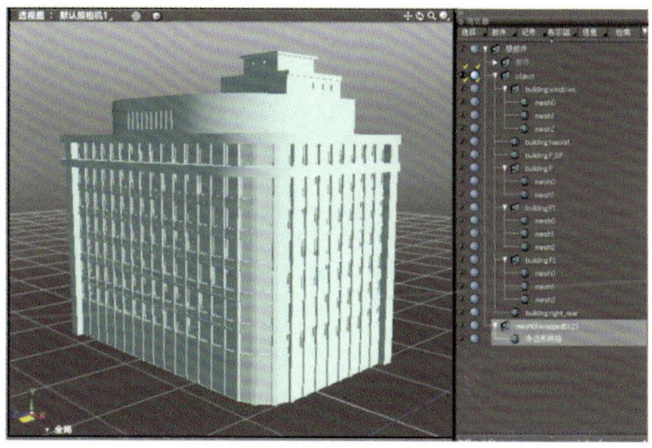

(1)

在浏览器中选择一个或多个要应用包裹网格的形状。

在工具箱中选择“编辑”→“共同”→“其他”→“包裹网格”，将在所选形状周围以包裹的形式粘贴面。

(2)

在“工具参数”中指定参数。

如果要使其光滑，请调整工具参数的“曲面分割”并点击“更新”按钮。

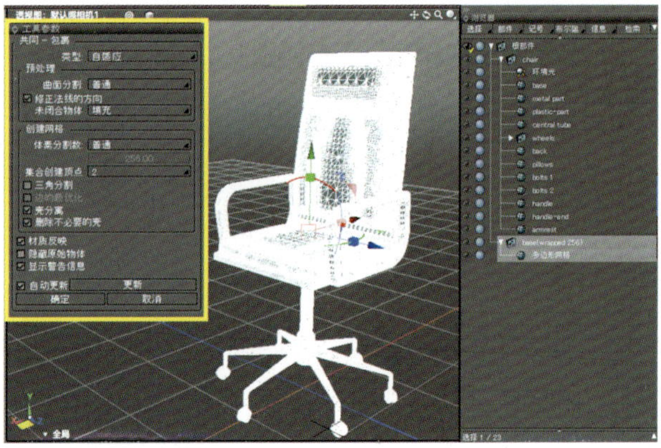

(3)

在浏览器中将创建名为“(wrapped 256)”的部件，包裹的多边形网格将放置在其中。

Point 1

由于使用包裹网格会将面细分，所以不适合用于建模编辑工作。适合在建模完成前使用。

Point 2

使用包裹网格进行一体化时如果形状带洞或相交，根据形状的状态处理过程将会不同。

形状相交时

形状重叠或相交时，将对其进行处理使其不相交。

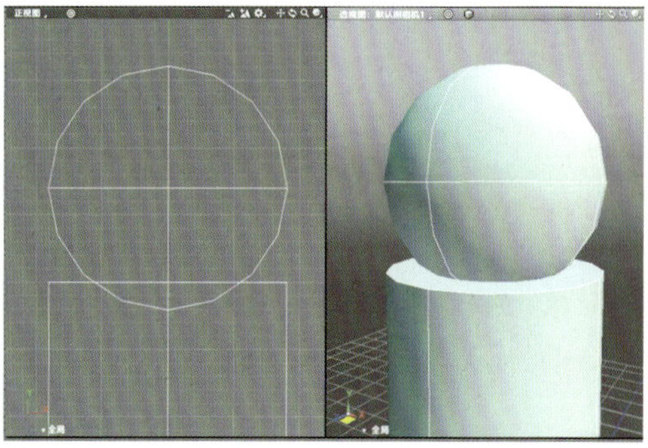

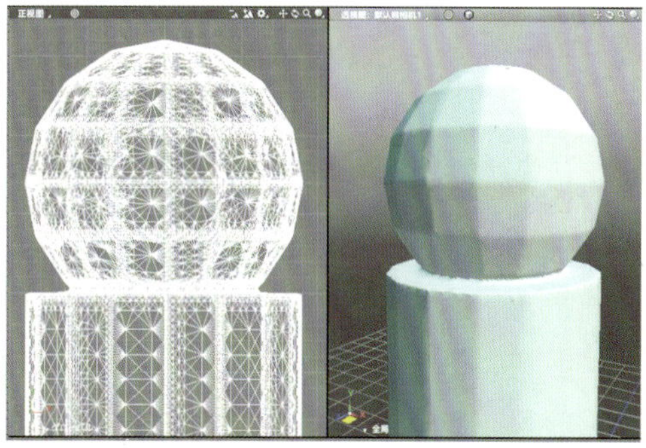

形状带洞时

对于没有厚度的形状，请在工具参数的“未闭合物体”中选择“填充”以填充洞。

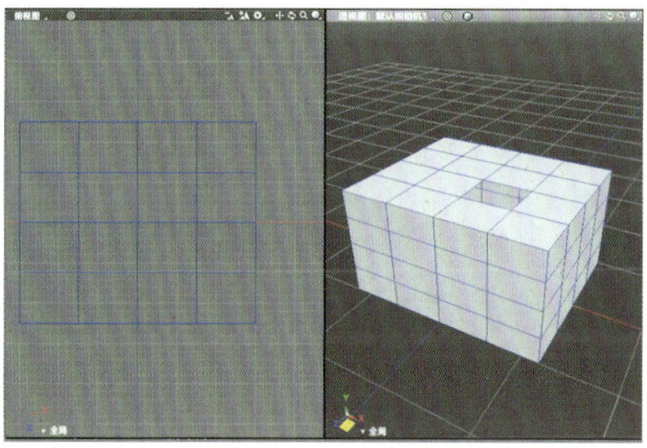

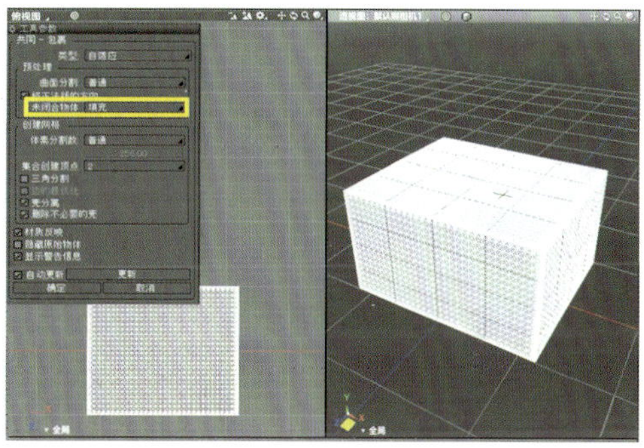

形状无厚度时

对于没有厚度的形状，请在工具参数的“未闭合物体”中选择“自动加厚”以增加厚度。

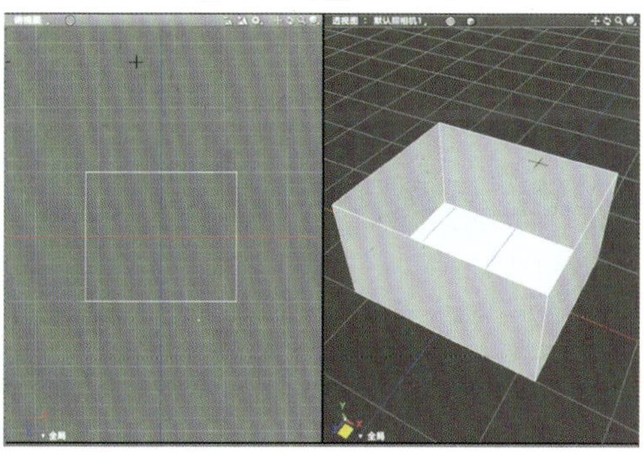

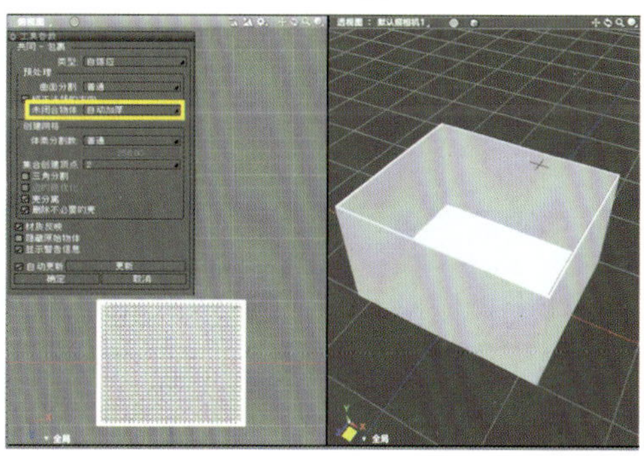

92 统计场景中多边形网格的顶点数/面数

当使用浏览器选择场景的多边形网格时，在物体信息窗口的“多边形网格信息”中将显示所选形状的顶点数/边数/面数。

将形状输出到其他软件时，或需要调整形状的顶点数/面数时可以使用此功能。

(1)

在浏览器中，选择要检查顶点数/面数的多边形网格，

从集成面板的“物体信息”选项卡中检查“多边形网格信息”。

将显示所选多边形网格的统计数据。

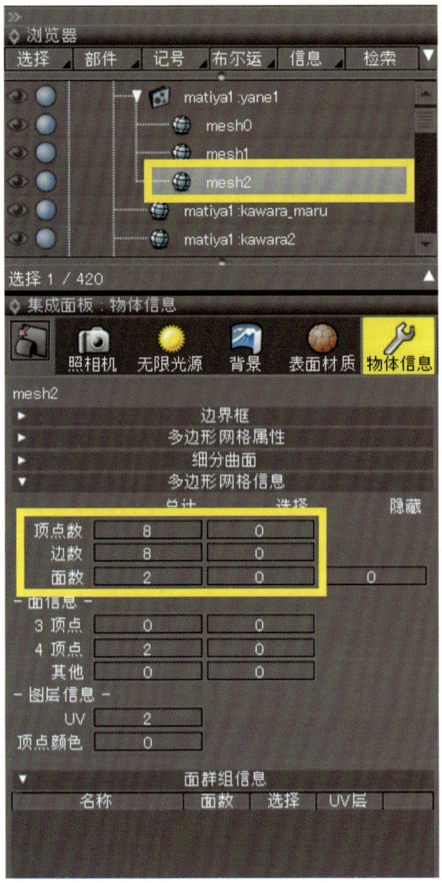

(2)

如果场景很复杂，请选择浏览器的根部件，并点击浏览器中的“检索”。在查找窗口的“对象”中选择“形状”和“网格”，然后单击“查找”按钮。

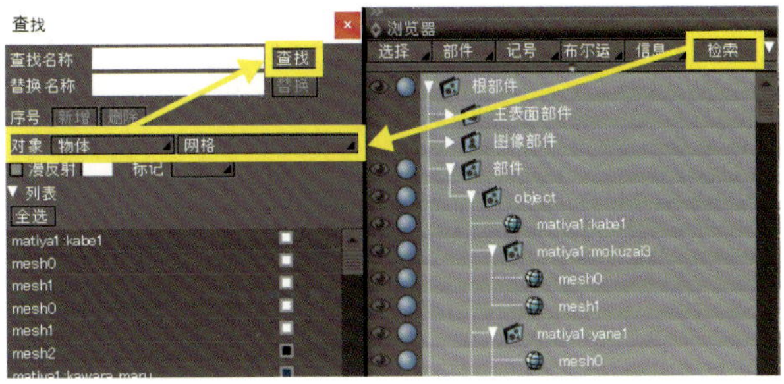

(3)

在查找窗口的列表中将显示多边形网格形状。如果在查找窗口中单击“全选”按钮，将选择所有多边形网格。在物体信息窗口中将显示所有多边形网格的顶点数/边数/面数。

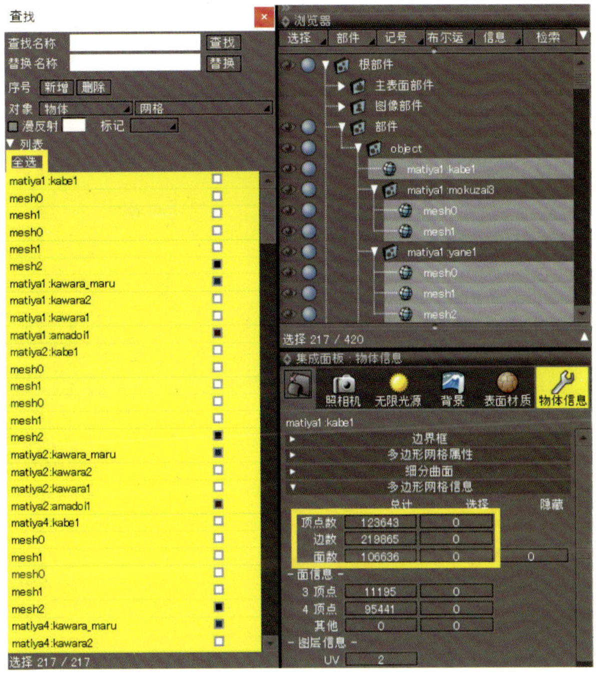

Point

仅多边形网格形状可以统计顶点数/面数。

S P

93 使用截面以指定线形生成管道或浴缸等立体形状

描绘一个开放线形，并以此为中心生成管道形状。

有两种方法，特别是“记忆-扫掠”功能，可以使用该功能创建各种立体形状。

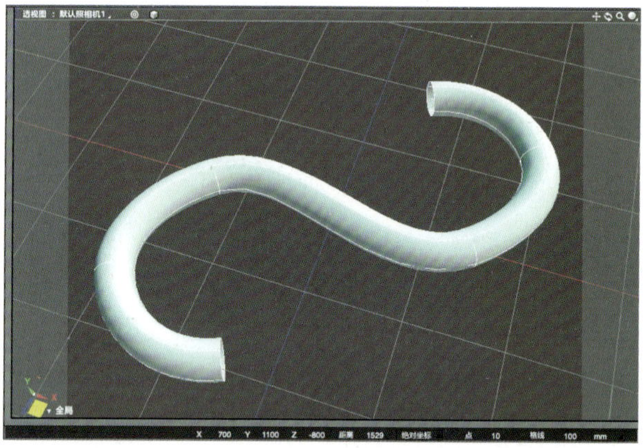

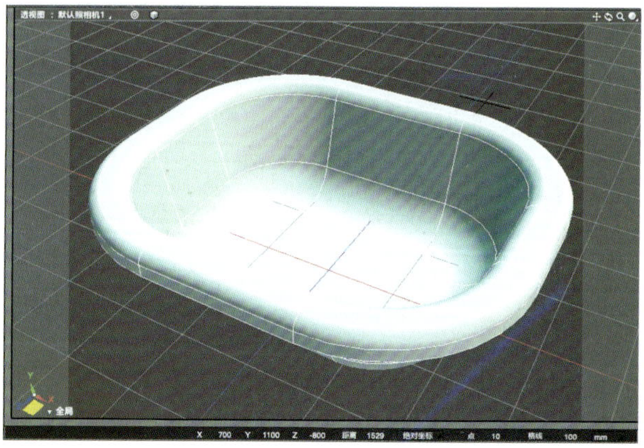

Point 1

“扫掠（延展）_圆”功能仅在Standard版/Professional版中提供。

(1)

选择作为轨迹的开放线形，然后从工具箱的“插件”中选择“扫掠（延展）_圆”。

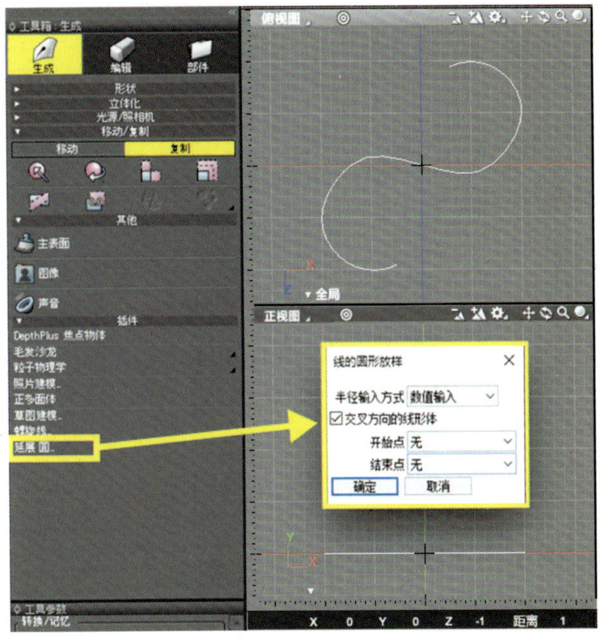

(2)

在“线的圆形放样”对话框中指定半径输入方式并单击“确定”按钮时，将生成以所选线形为中心的自由曲面管道。

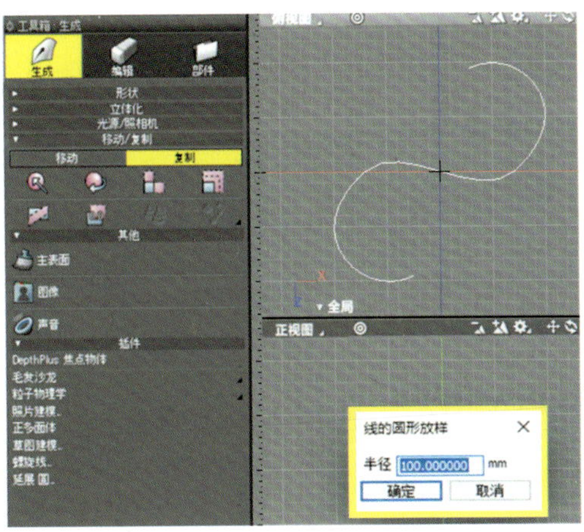

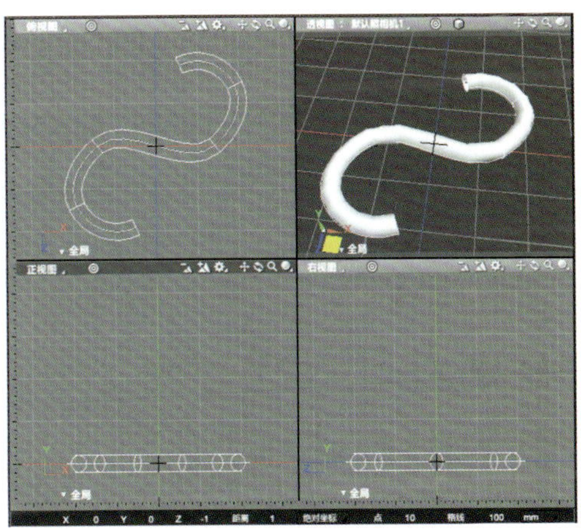

Point 2

不支持UNDO/REDO，截面形状将变成圆形。

使用“记忆–扫掠”功能创建立体形状

(1)

创建一条作为记忆和扫掠轨道的闭合线。然后在垂直于轨道的起点位置创建作为立方体横截面的线形。

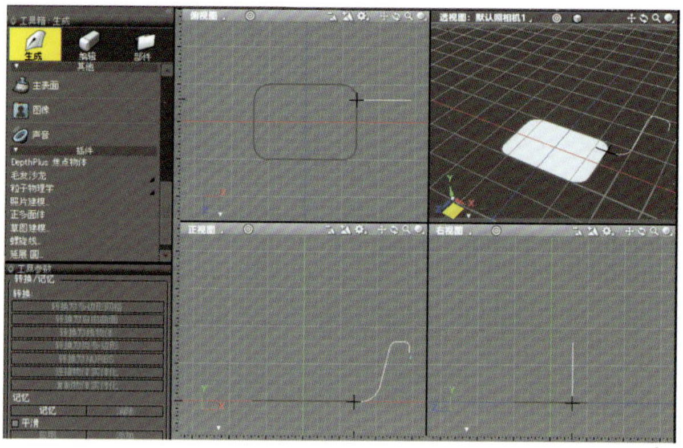

Point 3

使用“记忆–扫掠”功能时，能扫掠的形状仅限于线形。

(2)

选择作为轨迹的闭合线形，然后在工具参数中单击“记忆”按钮。

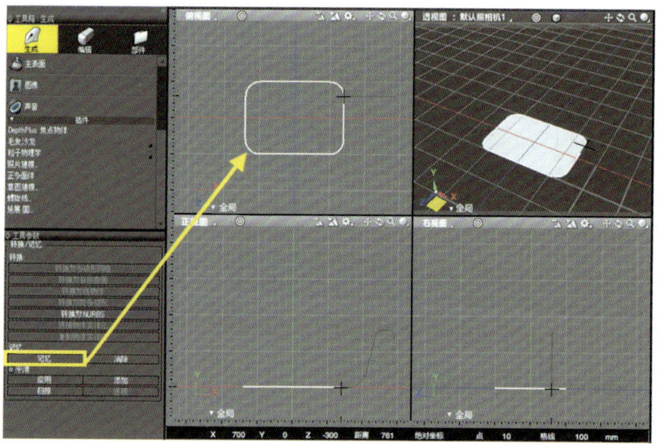

(3)

接下来，选择横截面的闭合线形，然后在工具参数中单击“扫掠”按钮。

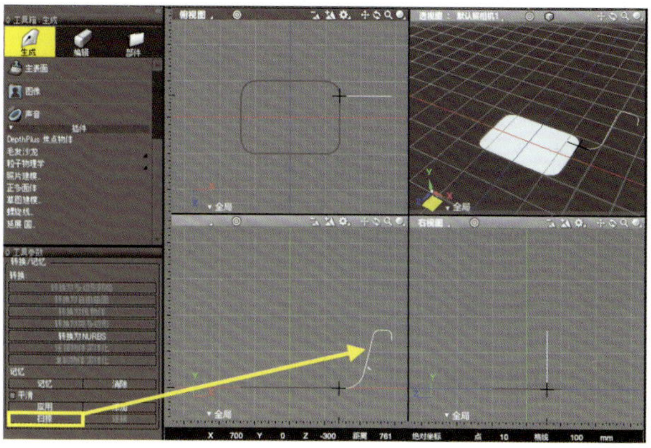

(4)

将沿着轨道线形对横截面进行扫掠并生成自由曲面。

然后，对底部的线形使用“结合成一点”功能，或者将其复制并放置在自由曲面以外的位置完成创建。

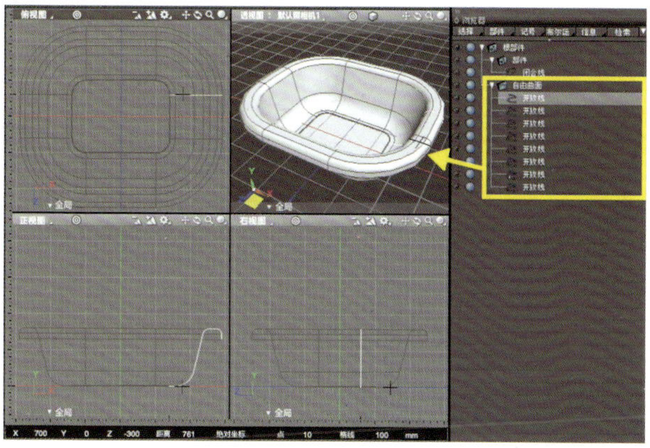

Point 4

此功能支持UNDO/REDO，并且截面可以是任意形状。如果不将扫掠的截面形状准确放置在作为轨道的闭合线形的开始位置则无法正确执行扫掠。

94 自动连续渲染多个文件（批量渲染）

SP

当需要渲染多个场景时，可以使用批量渲染功能自动进行渲染而无需监视。

渲染完成后，可以将图像以所需图像格式保存在文件夹中，或者在完成后保存场景文件。

(1)

在主菜单中选择“渲染”→“批量渲染”。

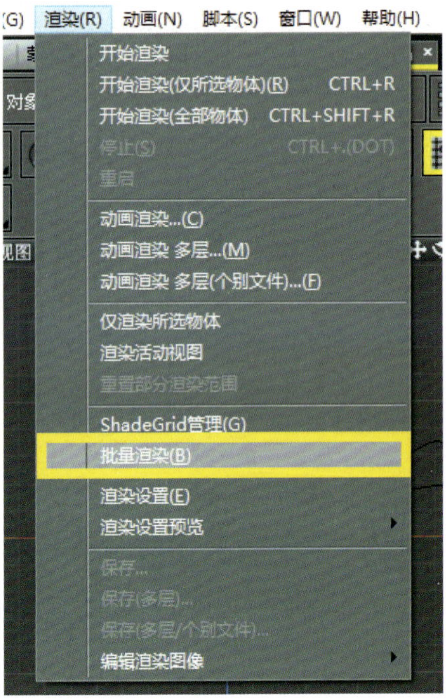

(2)

通过单击“批量渲染”窗口中的“新增场景”，从弹出菜单的“新增文件”或“新增文件夹”中选择shd文件。

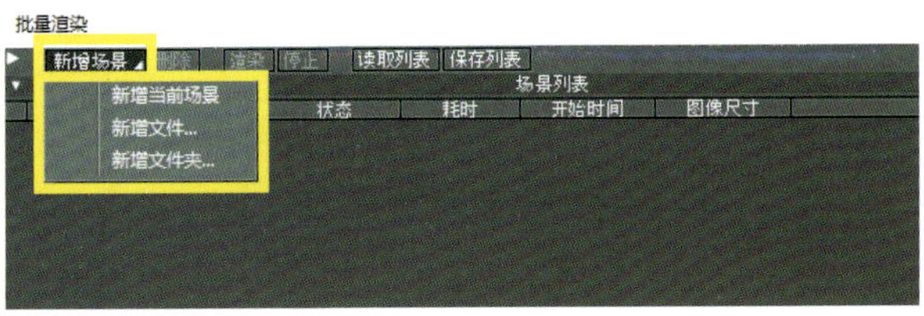

(3)

单击“批量渲染”窗口左上角的白色三角形以显示“批量渲染设置”，可以在“图像格式”弹出菜单中指定输出的图像格式，单击“输出变更”按钮可以更改输出的目标地址。

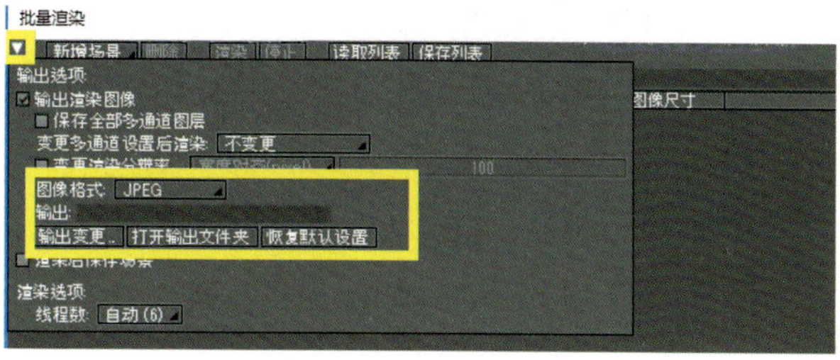

(4)

勾选“渲染后保存场景”可以保存场景文件，然后在渲染完成时关闭场景文件。

单击“渲染”按钮时，将按照指定顺序执行渲染。

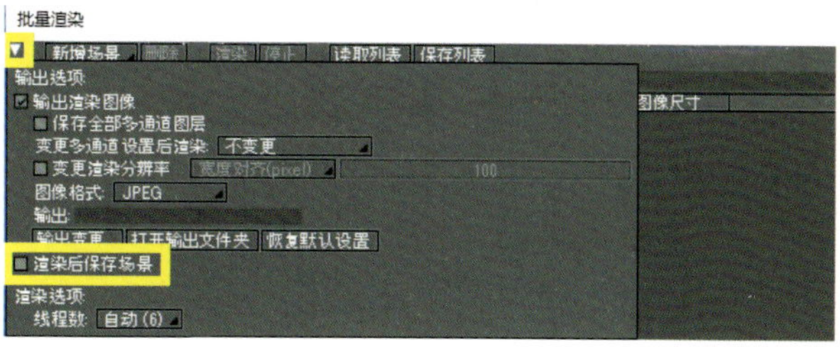

95 减小场景文件大小

由于场景文件（扩展名shd）包含形状数据和图像以及其他的所有信息，因此创建的数据文件大小将成比例增加。

如果文件太大，会降低整体的处理速度。如果需要减小场景文件的大小，请执行以下操作。

(1)

如果存在相同的图像，在浏览器中选择图像部件，然后从脚本菜单选择“合并同一图片的图像对象”，相同的图像将被合并为一个文件。

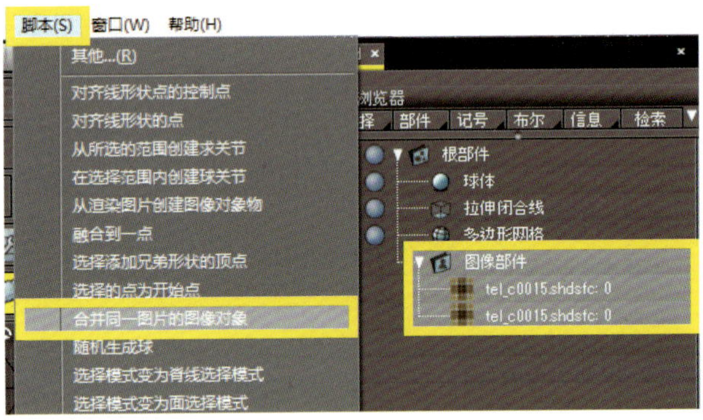

(2)

Shade3D为了保持与过去Shade3D产品的数据兼容性，保留了各种数据信息。

如果不需要与过去的Shade3D产品共享数据，请从主菜单中选择“文件”→“另存为”，然后在弹出对话框中将“与旧版本的兼容设置”设置为“无”并保存。

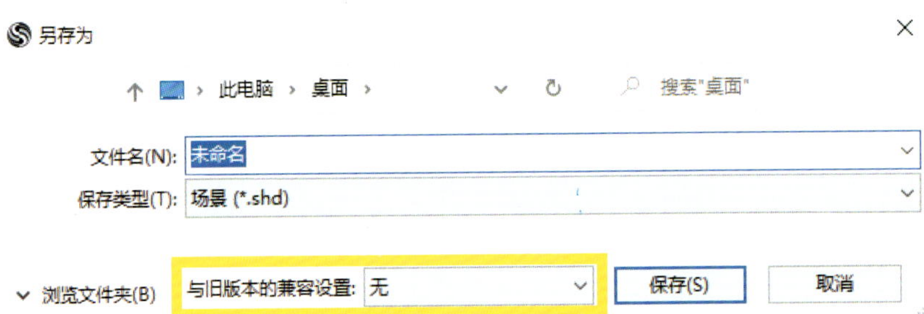

(3)

场景文件中包含了材质图像以及其他的所有信息。需要减小文件大小时，可以通过外部引用图像来抑制文件大小。

在工具箱中选择“生成”→“其他”→“图像”或读取图像时，从对话框的“导入到场景”弹出菜单中选择“外部引用”即可引用外部图像。

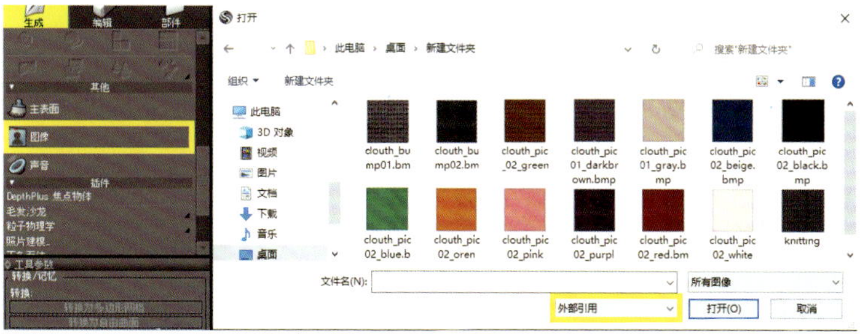

Point 1

在使用外部引用时，如果原始图像文件被删除或文件夹位置改变将无法显示图像，请注意。

(4)

在图像窗口中，如果在重新执行渲染得到的是相同结果，将其删除可以有效减小文件大小。

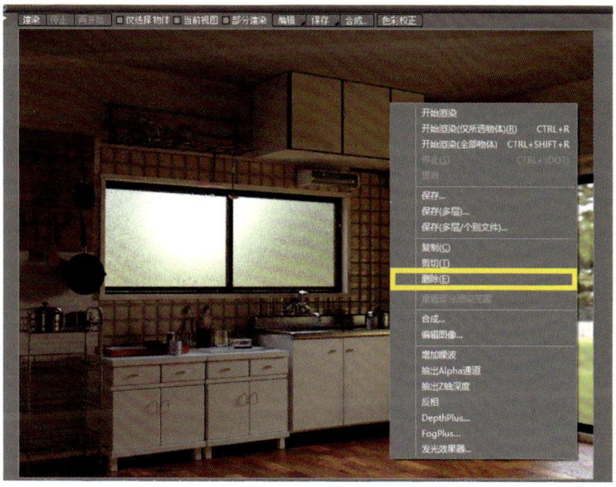

Point 2

通过保存为二进制格式的shd文件，而不是保存为文本格式的xmlshd文件，以此来控制文件的大小。

96 防止他人保存场景文件（文件锁定）

可以为文件本身指定密码并锁定场景文件，以防止第三方保存数据。

（1）

从主菜单中选择“文件”→“场景文件信息”。选择“安全选项”选项卡，然后在“安全类型”中选择“锁定”。勾选“保存”复选框，在“密码”和“确认密码”中输入相同的密码，然后单击“确定”按钮。

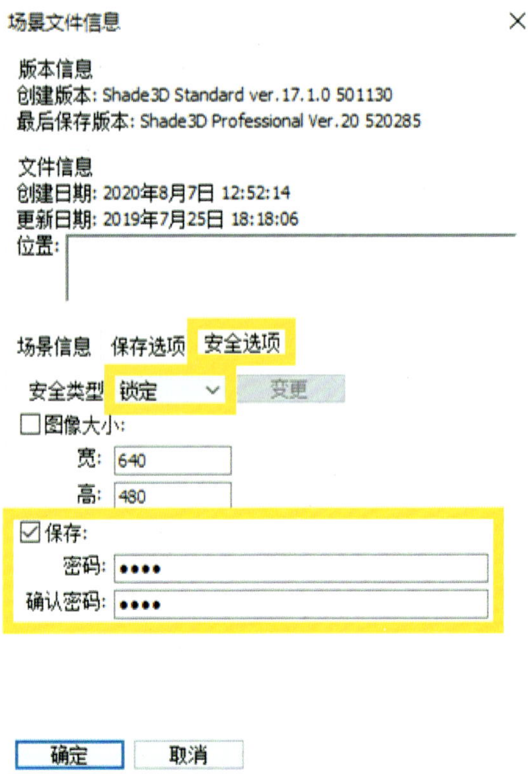

Point 1

还可以通过勾选“图像大小”复选框来限制渲染的图像尺寸。

(2)

从主菜单中选择“文件”→“另存为”。在弹出的“输入”对话框中输入所指定的密码并点击“确定”。即可将其保存为加密的shd文件。

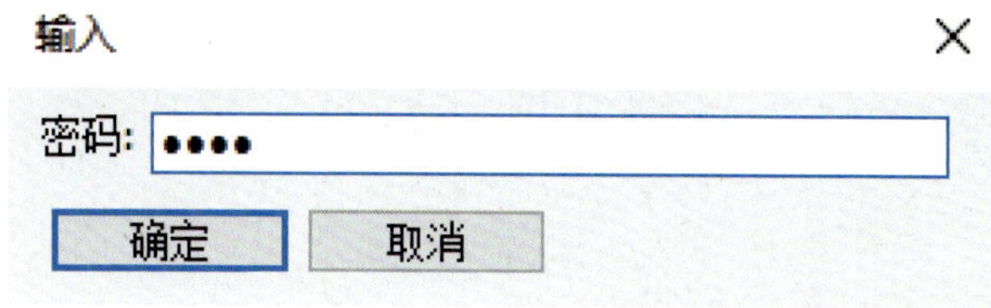

(3)

打开锁定的shd文件，可以对其进行编辑，但是在保存文件时会提示输入密码。除非输入正确密码，否则无法保存文件。此外，所有导出功能均被禁用。

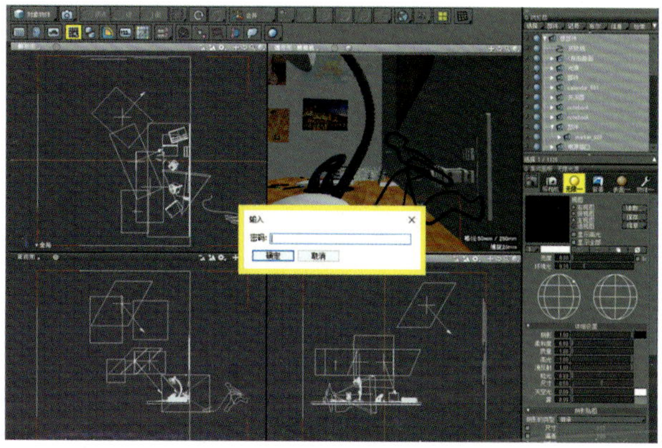

Point 2

可以在“场景文件信息”窗口中解锁文件。

如果需要解锁文件，请打开锁定的shd文件，然后从主菜单中选择“文件”→“场景文件信息”。在“场景文件信息”窗口中选择“安全选项”选项卡，然后将“安全类型”设置为“无”。在弹出的“输入”对话框中输入密码并保存即可使该shd文件的锁定无效。

97 快速创建各种多面体

可以快速创建正四面体、正六面体、正八面体、正十二面体和正二十面体的形状。

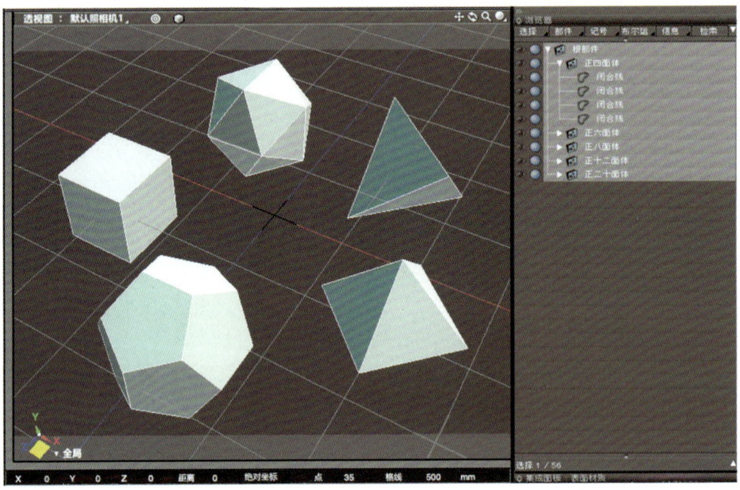

(1)

在工具箱中选择“生成”→“插件”→“正多面体”，然后在图形窗口中拖动以指定形状的半径。

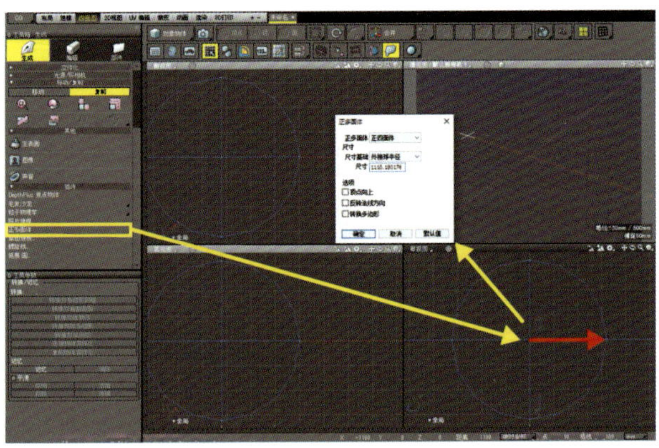

(2)

在“正多面体”弹出菜单中选择正四面体，正六面体，正八面体，正十二面体，正二十面体，然后单击“确定”按钮，可以创建指定的多面体。

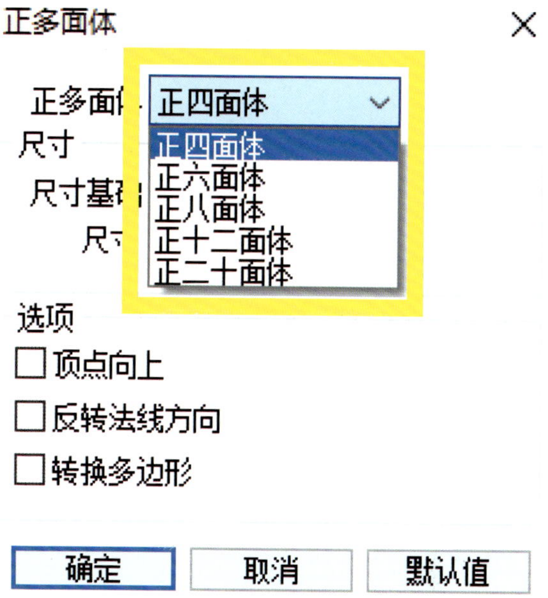

(3)

如果未勾选“选项”中的“转换多边形”复选框，将创建包含“闭合线形”的部件。勾选时将创建多边形网格。

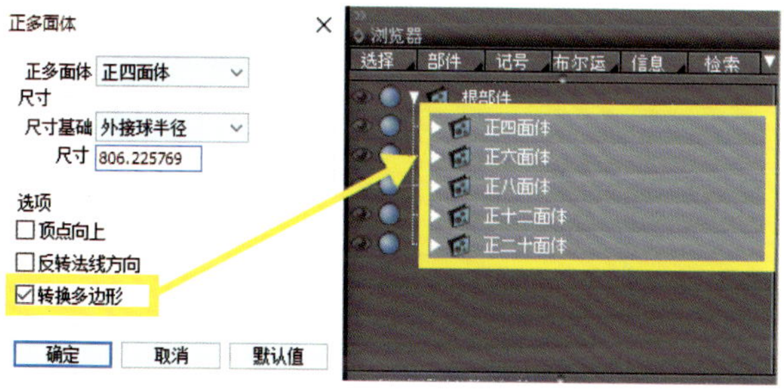

98 渲染时表现雾化效果

通过调整无限光源的“雾”，可以轻松地制造类似景深的雾化效果。如果使用Standard版/Professional版中提供的“FogPlus”功能，还可以使用更专业的雾表现效果。通过利用景观图和外观图等可以添加更多高质量的表现方式。

(1)

可以在集成面板的无限光源选项卡的“详细设置”中使用滑块指定“雾”的颜色。

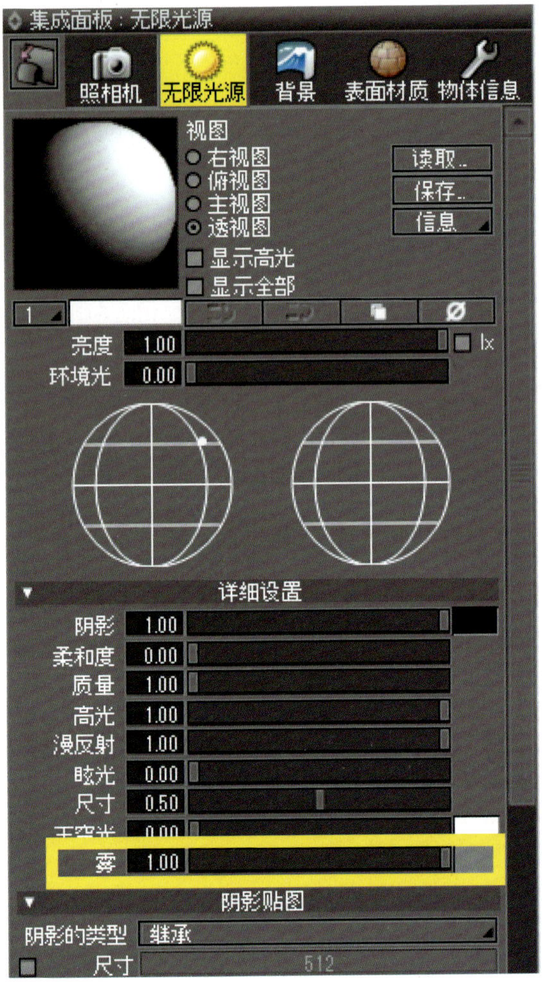

(2)

随着渲染图像越深的地方，将合成越多指定的颜色。
雾仅在形状中反射，而不在背景中反射。

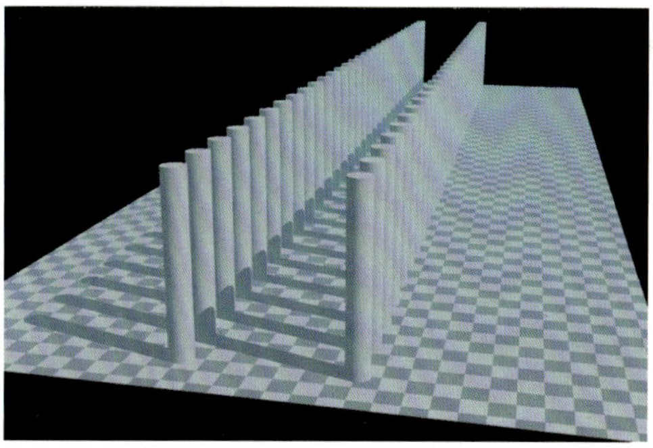

(3)

如果使用Standard版/Professional版中提供的“FogPlus”，还可以使用更专业的雾表现效果。从主菜单中选择“渲染”→“渲染设置”，在“效果”选项卡的“效果器”中选择“FogPlus”，然后点击“设置”按钮。

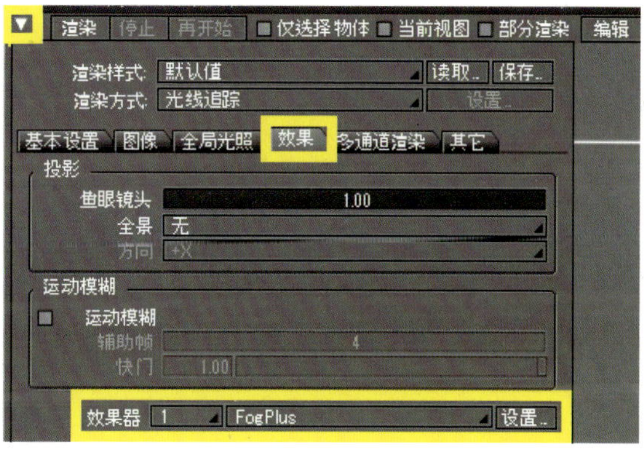

Point

“FogPlus”是在渲染后添加雾化效果的效果插件。

(4)

在“FogPlus”窗口的“一般”选项卡的“常规设置”的“雾色”中指定雾的颜色。
在“标准”选项卡的“发生距离”中指定从视角到雾的生成点的距离。
在“饱和距离”中指定雾达到指定颜色的距离。

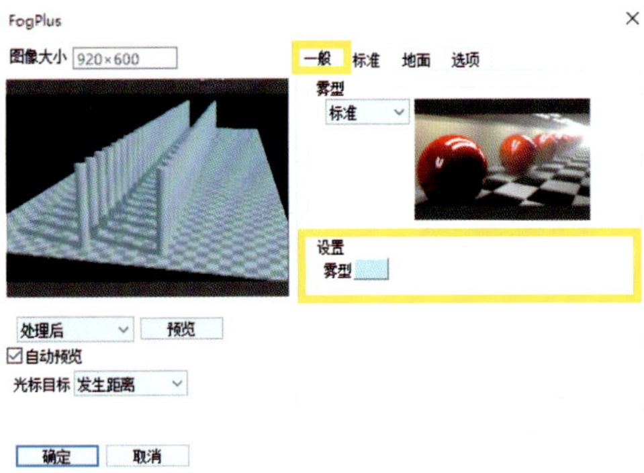

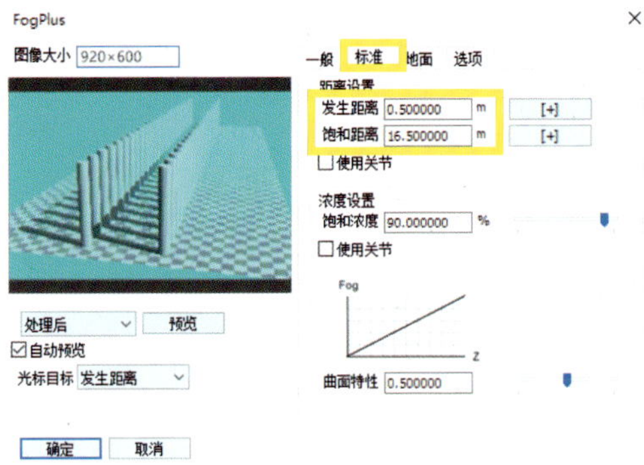

(5)

单击“确定”按钮关闭对话框。
将在渲染完成后执行FogPlus的后处理。

99 线形带色渲染

在光线追踪和路径追踪的渲染中，线形不会反映在渲染中。
使用“线框”或“卡通渲染器”可以将开放形状一同渲染。

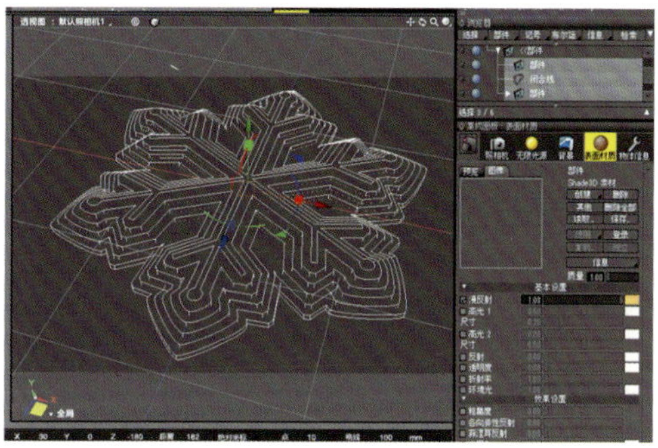

(1)

选择要上色的线形，然后更改各个形状的表面材质的“漫反射”数值。

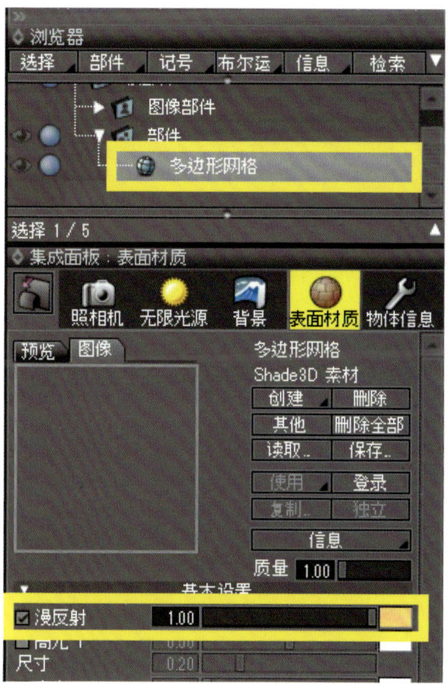

(2)

在“渲染”菜单的“渲染设置”中将“渲染方式”指定为“线框”，然后点击右侧的“设置”按钮，勾选“使用漫反射颜色”复选框并执行渲染。

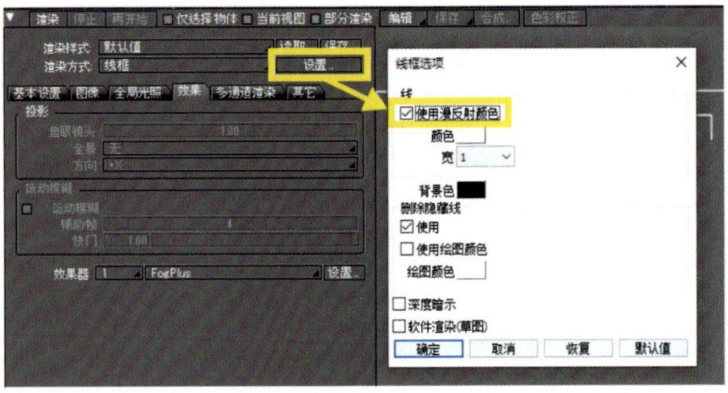

Point 1

渲染时，在“渲染设置”窗口的“基本设置”选项卡中将“表面细分”改为“细”能使曲线更平滑。

Point 2

“卡通渲染器”只能渲染“开放线形”，与“闭合线形”在同一平面上的线形可能会被面填充隐藏，因此请在物体信息窗口的线形属性中取消“闭合线形”复选框再执行渲染。

100 返回至指定的操作/编辑处（取消历史记录）

S P

在Standard版/Professional版中，可以使用“取消历史记录”功能，可以浏览/重新执行操作历史记录。

（1）

在主菜单中选择“编辑”→“取消历史记录”。

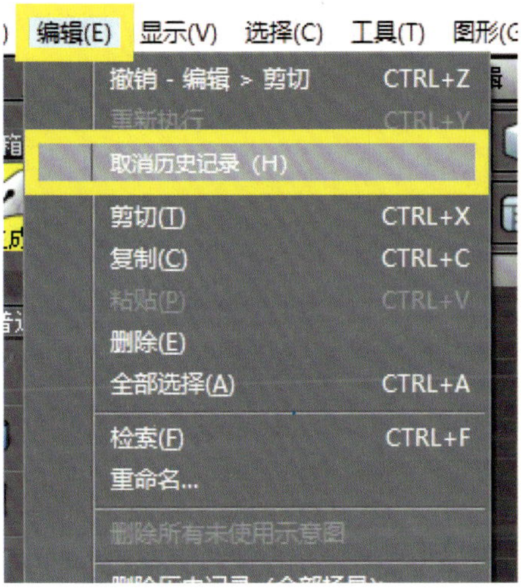

（2）

在列表中双击一个项目，或单击“撤销/重做”按钮返回至该状态。如果点击左上方的“<<”和“>>”按钮，则可以从历史记录中逐一撤销或重新执行。

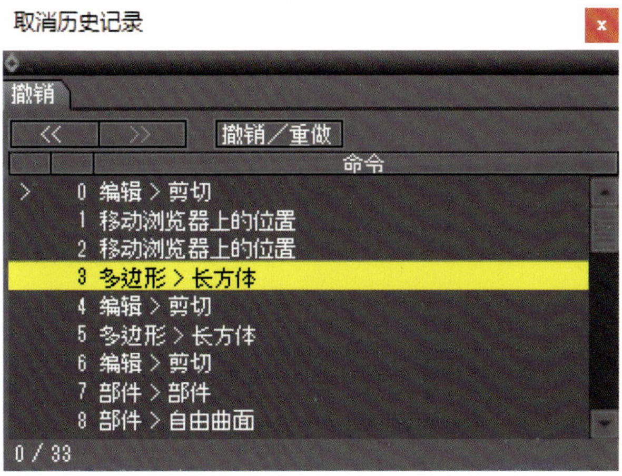

Point

大多数的编辑操作都可在编辑完成后，单击主菜单的“编辑”→“撤销”来返回上一操作。（Windows环境使用“Ctrl+Z”，macOS环境使用“command+Z”）这称为“UNDO”。

重新执行已撤销的操作，请从主菜单选择“编辑”→“重新执行”。（Windows环境使用“Ctrl+Y”，macOS环球使用“command+Y”）这称为“REDO”。

但是，以下操作无法执行UNDO/REDO处理：
表面材质信息的编辑。
插件和脚本的编辑。（部分支持UNDO/REDO）
同样，照相机的操作可以在“照相机窗口”中执行UNDO/REDO。

Chapter 6

用户案例

Shade3D Interview Vol.1

Studio 影侍（STUDIO KAGE SAMURAI）

代表 曾钰夫 先生

URL：https://www.kagesamurai.com/

地址：台中市

以3D打印技术为核心，支援各种三维模型的设计制作

利用Shade3D满足高品质、短时间的双重需求

“我们工作室起初是利用3D打印机打印制造各式各样的物品开始的。”

3D打印机的基础技术自20世纪80年代起萌芽，之后历经相关技术的持续发展，特别是其关键技术专利于2014年到期以后，3D打印机在全世界快速普及。该技术从2014年到2016年也在中国台湾风行，曾先生在学习3D打印与材料应用技术的同时也参与各类项目。通过产品开发试作流程的前期（仅做出形状的快速打样），曾先生掌握到具备超越其他竞争公司的短交付期且高品质的生产技术。之后曾先生从初期参与的3D打印机技术开发，逐渐将重心转移到应用技术上。

Studio影侍目前提供：平面设计、网页设计、室内设计、产品开发/设计、3C产品经营以及支援各类活动的道具生产等服务。其中，涉及3D打印的业务又包

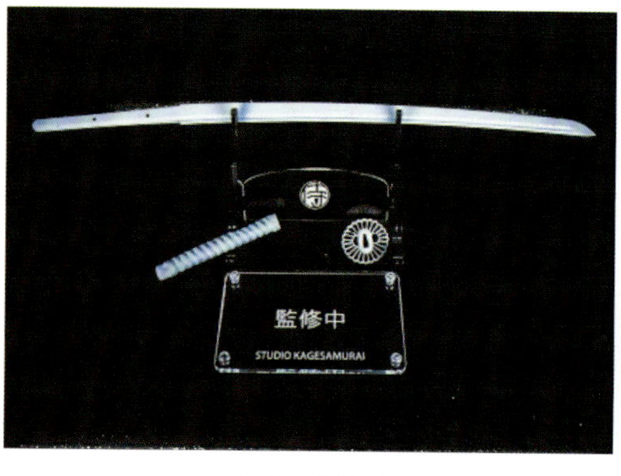

▲1/3刀具模型

▲模型喷漆台(小型)

个人简历

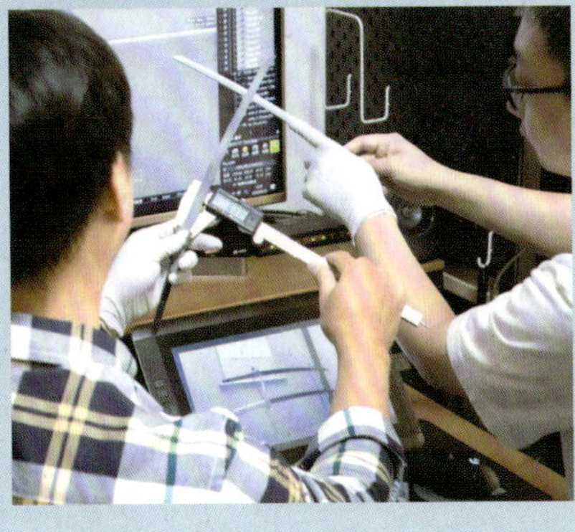

担任"Studio 影侍"负责人的曾钰夫先生为了增加与客户的亲近感，在工作中使用了"Taki"这样的昵称。2006年，一群有着相同兴趣的年轻人在一个同人展上相遇，并以此为契机集结了各自拥有不同专业背景的伙伴，分别负责动画或各种类型的产品制作与贩售，最终形成了现在公司的雏形。之后，因为有参与3D打印机开发的背景，加上曾先生独自学习专业技术的同时也累积了相关专业经验，2015年6月，以3D打印作为核心技术之一的"Studio 影侍"正式成立。

该工作室由包含曾先生在内的2位主要成员与4位员工组成。根据不同的项目组成最合适的团队，每次以独立运作的工作室体制开展业务。其独特的工作室名称代表如同日本传统的"武士"般，在后端全力协助业主，追求在任何项目上更臻完美。

括：协助制作大学毕业设计成果的三维模型、毕业作品等、制作工业设计样品、其他公司的设计或原创设计的纪念品等艺术品制作等多个领域。因为有3D打印机的开发经验和专业技术，曾先生的团队在涂层、上色等处理工序，以及根据不同产品选择适合的最佳材料等精细部分有着丰富且独到的经验积累。

该工作室的优势在于不仅确保项目所要求的品质，且提供更快速、更精美的三维模型——曾先生如此评价道。他们最早引进Shade3D是在公司设立前的2014年。曾先生在与朋友交流时，发现了一个通过Shade3D制作的高精度模型。他通过网站下载了该Shade3D的模型数据。实际将该文件用3D打印出来后，曾先生不禁感叹其出乎意料的完成度。Shade3D便捷的操作性让初学者也很容易上手，在体验过试用版后，曾先生决定正式购买。

曾先生特别重视Shade3D拥有支援3D打印的文件检查修复功能，可输出更高品质的模型数据。不仅如此，还能够对应STL、IGES、3DS和OBJ等多种数据格式。

曾先生列举了最近利用Shade3D的案例：独立设计、工艺精细且可拆解的武士刀艺术品；在模型上色时吸除多余涂料的抽风箱；服务器硬盘锁备用钥匙等。这些都是预计最近开始出售的独家产品或OEM商品。依据迄今为止的经验，曾先生确信3DCG软件Shade3D拥有无限的可能性，因此有了向Studio影侍的商业伙伴以及其他相关业者推广使用Shade3D的想法。在实现此愿景前，他目前正在评估成为Shade3D的销售代理，将其纳入3C产品销售的业务中。（执笔：池野隆）

▲服务器的硬盘锁备用钥匙

Shade3D Interview Vol.2

株式会社Aiprah

首席执行官 藁谷 美纪女士

URL：https://www.aiprah.co.jp/

地址：东京都目黑区

支援拥有“CAD脑”的设计师向3DCG制作发起挑战
通过实践经验聚焦其优点，为使用Shade3D的教育做出贡献

“这就像在描绘脑海中的想法，并且在执行各种操作的同时发散思考。”藁谷美纪女士由此感受到了3DCG软件的真正魅力，并表示：“与为了创建精致的效果图将数据一件一件地导入其中相比，在制作的过程中不断有新的发现，并能带来快乐。”这就是她对Shade3D的定位。

实际上，藁谷美纪女士还表示她指导的学生们仅需要少量的说明即可自发性地描绘出许多有趣的形状。“所以首先就是体验它的易操作性，如果有不懂的再来问就好（微笑）。”藁谷美纪女士使用Shade3D是缘于河村容治先生向她介绍了Shade3D在建筑和室内领域的优点。在使用CAD进行3D建模日渐熟练的时候，仍然不擅长于曲面的绘制。在这种情况下，对“想要制作一个蛋形的厨房模型”的需求一直受到CAD软件的限制，所以开始使用易于创建曲线和曲面并且在业内广为人知一致好评的Shade3D。

即使对同一个数据，也可以通过更改光源设置来进行白天和夜晚的空间表现。

个人简历

从东京工科专门学校（现为东京技术学院）毕业后，在株式会社西友（现为合同会社西友）从事商业设施空间设计的企划监理。之后，在室内装修公司“株式会社光辉”负责室内设计。自2006年起，就任于武藏野美术大学工艺工业设计学科，担任室内设计课程的特别讲师。此外，还在其他多所大学和专门学校担任过讲师。另外，在2008年与三位在建筑、室内设计和软件等不同专业领域实际业务经验和教学经验丰富的女性共同创立了Aiprah株式会社。为CAD和CG相关的各种软件操作提供教育支持，并开展效果图和3D建模的数据输入服务。藁谷女士主要负责室内设计领域的CAD和CG（Shade3D）相关的指导。

之后，她在武藏野美术大学担任Shade3D的课程和书籍编写的助理的同时，开始自发性地学习Shade3D的操作技巧。她表示在CAD中需要对曲面进行数值化处理来得到3D效果，而在Shade3D中则拥有更加高效的操作性和良好的体验。不仅如此，Shade3D的特点还包括拥有多样化的光源，以及可以通过设置材质参数来获得与构思接近的质感表现。

Shade3D作为3DCG软件不仅价格低廉，而且表现能力备受赞誉，所以藁谷女士决定购买使用。但是，对已经习惯使用CAD的设计人员而言熟悉新的操作会略显困难，因此导致Shade3D“怀才不遇”的例子也并不少见。实际上，Shade3D经过数次的版本升级，数字输入功能得到了强化。对于上述自称“CAD脑”的人群也变得越来越易于操作。为了加强宣传我们有了出版书籍的想法。在2018年9月，Aiprah公司发布了“Shade3D建筑与室内设计实践建模讲座”（技术评论社）。同时，Aiprah公司根据用户的需求准备了一对一的“私人培训会”。关于Shade3D，公司也提供从基本的操作方法到业务上必备的CG制作等指导服务。

“在室内设计领域，3DCG通常用于制作效果图，但我想提出一种不仅限于此的用法。”藁谷女士正在摸索能提高附加价值并有效利用Shade3D创建数据的可能性。作为其中的一部分，她表示目前正在考虑开发一套利用VR进行室内设计的教材。“将以往通过平面或纸张看的东西转变为在VR的环境中‘体验’，通过CG的应用可以不断丰富经验知识，今后希望能进一步推进这方面的研究。”

Aiprah 著
《Shade3D 建筑&室内设计实践建模讲座》

本书从20分钟体验Shade3D全套操作到一间房子的建模，包含丰富的案例介绍。

Shade3D Interview Vol.3

东京工科大学

设计学部 讲师 田村 吾郎先生

URL：https://www.teu.ac.jp/gakubu/design/

地址：东京都大田区

聚焦于Shade3D作为沟通工具的可行性
与商业实践并行，积极运用于设计教育

“在工作中，我使用Shade3D是为了提高沟通的精确性。”

在企业活动中，如果在项目的初期阶段对方案存在误解，则会浪费用于该项目的资源。因此，需要将自己的构思尽可能准确地表现出来并传达给其他人。此外，在尚未正式下订单的阶段，通常使用CG来展示设计方案，客户会很高兴。担任公司艺术总监和顾问的田村吾郎先生通常使用Shade3D来进行工作。

在个人简介中介绍的半球形圆顶屏幕“Sphere 5.2”项目（WONDER VISION TECHNO LABORATORY株式会社）就充分发挥了Shade3D的各种功能。从开发阶段到完成后的外观，功能和运用示例等均使用Shade3D创建的CG来展现。除了具有高度逼真的CG品质外，还可以在短时间内快速创建从学术、商业到解决社会问题乃至娱乐等相关的各种运用场景。

另一方面，田村先生于2010年开始在东京工科大学设计学部担任专职讲师，在工业设计课程中负责空间设计以及企划演出的教育。作为其中的一部分，他负责的“专业技能”课程中，1~2年级以手绘、手工立体制作为主，到了3年级则学习使用数码技术（CG）进行表现。

“我认为高中生私下里用到3D数据的应该很少。”因此，他将Shade3D作为教材并定下如下目标：1）首先理解CG的概念；2）学习Shade3D的基本操作；3）了解通过基本操作可以完成什么程度的设计。但是，本课程的定位不是培养CG设计师和CG专家，而在于如何在设计过程中有效地使用CG作为沟通工具。

“比起啪嗒啪嗒地输入数值，我更喜欢Shade3D能够直观地操作，所以一直在用。”

个人简历

东京艺术大学美术学部设计专业毕业，在该大学修完博士课程，美术专业博士。Shade3D的使用经验从研究生开始约有15年。主要在空间表现的作品制作时，作为验证工具事先确认大致结构。在参与歌剧等音乐相关的制作时，开始使用它来呈现自己的计划并与成员分享。

在东京艺术大学美术学部担任兼职讲师后，于2010年成为东京工科大学设计学部的专职讲师。同时，于2008年成立了将艺术家与社会相连接的Ram Air.LLC，并担任代表和艺术总监。在WONDER VISION TECHNO LABORATORY Co., Ltd.（WV）担任顾问时，开发了可重现人类认知机制的大型半球体屏幕“Sphere 5.2”，并于2019年5月获得专利。

于2018年起，担任运营赛车团队的汤姆斯有限公司的执行顾问。于2019年春季起，担任日本总务省的地域情报化顾问。

由于最近CAD功能得到加强，因此被誉为“可以高精度接近设计的编辑软件”。使用真实模型来说明3DCG比仅通过屏幕更易于理解。在这种情况下，可以有效利用它搭配的3D打印数据输出功能。

“Sphere 5.2的模型比实际要简易，但用于说明已足够。接触Shade3D约10分钟即可快速创建，将其导出为STL格式，输出到3D打印机上，眨眼间就制作好了。”除此以外，田村先生还列举了通过使用“Shade3D Panorama View”，可以将所创建的模型转化为全景图并与他人共享，可以从各个方向进行探讨等优点。更重要的是，与FORUM8的3D实时VR模拟软件“UC-win/Road”的连接也备受关注，田村先生对廉价3D模型素材的扩充和新的发展满怀期待。

田村先生表示：“曾经产业结构的分工被认为更加有效率。但是，如今可能并非全是如此，企划人员可以自己画一幅画，然后直接向客户提案，由此大幅度缩短时间，并且这种表现方法今后将会越来越多。从这个意义上说，不妨抱着玩玩看的心态尝试挑战CG制作。”

田村先生在Shade3D中创建的半球形圆顶屏幕“Sphere 5.2”（左），将创建的数据直接在3D打印机输出的模型（右）。

Fujita Building Maintenance 株式会社

FBM 3D 培训筹备会

URL：https://www.fujitabm.com

地址：东京都涉谷区

着眼于建筑领域3DCG的应用可能性，致力于发展独创的运用拓展

使用Shade3D作为教材构建公司培训机制，放眼将来的BIM支持

“竟然可以在PC上执行以往只有在大型计算机中才能使用的各种效果图，对此不禁感到惊讶。”

“在株式会社Fujita的设计部门工作时，我参加了BIM相关的软件开发项目，所以有负责绘制效果图的经验。我一直在寻找可以在PC级别使用的应用程序，而不是大型计算机。特别是在建筑行业中，通常在设计的最后阶段需要效果图作为最终蓝图，需要在设计的初始阶段提前与客户确认设计思路的同时，自己也想验证制作方法。五年前，我被调到了FBM九州分公司，我确信Shade3D可以轻松地满足这些仿真需求，并以公司名义采购了Shade3D。”FBM一级建筑师事务所西日本设计室的木原利幸室长回忆道。

石黑文矢董事希望在人口老龄化不断加剧的将来为FBM创造出能够吸引年轻人的魅力。他通过与长期以来一直关注3DCG

3D培训筹备会现场

实际应用的木原室长等交换意见，计划导入以Shade3D作为工具一边使用，一边逐步形成以3D考虑事物的全新方法。

顺应这一趋势，FBM从2016年开始举办3D培训会。之后连续3年，有共计53名（FBM现有在职者44名）参加了初级班和中级班。得到了以下成果：1）从第一年开始就参加培训的现任讲师之一的广岛分公司工事部的澄川瑞穗先生进行了电视台的室内改装，学校日式坐便器的西式化，厕所和食

公司简历

Fujita Building Maintenance株式会社(FBM)作为以建筑行业为核心的Fujita集团的一员成立于1988年。FBM以当时已经掌握的建筑技术为基础，与时俱进不断发展扩充相关部门，开发了远程自动通知系统、建筑诊断和节能建议等，积极响应客户的各种需求。作为提供建筑综合管理服务的公司，不断积累先进且独特的经验成果。

近年来，尤其在建筑管理中加大对BIM的支持力度，相关技术课题也将3D列入部署。其中，在2016年举办了3D培训会，并采用Shade3D作为创建3DCG的工具。通过培训熟悉操作的员工将在后续培训中担任讲师，由此一个有效推广运用范围的机制已经开始运作。

FBM一级建筑士事务所　西日本设计室
木原 利幸 室长

堂的室内改装；2）同样从第一年开始就参加培训的大阪营业所工事部的笠原孝秀先生对工作室的内外部进行了翻新，包括建筑的外观和工厂的卷帘门；3）同样在培训第二年就晋升到中级培训的总公司翻新管理部的铃木先生和东京都建筑部的井上先生对大楼入口等进行了翻新（外观为井上先生、内饰为铃木先生）等。每个培训参加者都将效果图运用在了实际的项目中。

另外，这些参与者还列举了“Shade3D操作方面的优点”，“它适合各年龄层的人使用”，“我没有建筑方面的专业知识，但是通过培训学会了绘制效果图”，“可以作为与客户沟通的工具”等感想。对此，石黑常务董事根据这段时期的经验总结道，3DCG应用中重要的不是快速得到结果，而是要做长期打算，抱着反复尝试和纠错的姿态去面对。

此外，负责培训项目的木原先生再次评估了Shade3D的基础功能和CG品质，以及Panorama View等新功能，并提及对建筑领域专用功能和版本的期待。同时，作为致力于推动3DCG的应用，他表示：“我期待能在FBM中为客户制作效果图，并且最终与BIM接轨。”

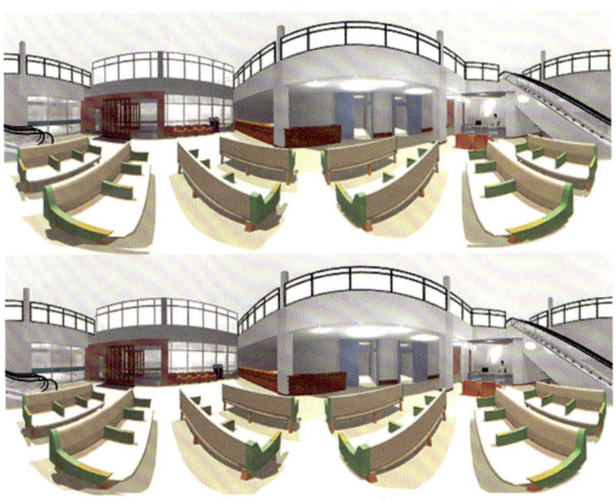

使用Shade3D制作的效果图（学校的日式坐便器的翻新/医院大厅全景）

Shade3D Interview Vol.5

株式会社 ONAGA MEGANE 企划室长 小永 干夫先生

URL：http://www.onaga.co.jp/

地址：福井县福井市

从产品设计到产品目录和促销宣传使用3D 使用3D图像与制造商进行畅通无阻的交流

株式会社ONAGA MEGANE的总公司位于福井县福井市，担任企划室长兼设计师的小永干夫先生使用的是搭配原创脚本的Shade3D。其他设计师也使用Shade3D进行工作。

“我们是眼镜的批发商。公司设计师设计的产品委托给制造商制造，并由全国各地的零售店发售。所有设计均在公司内完成，因此使用Shade3D进行眼镜设计，同时也用于产品目录和促销宣传等。”

许多公司都在产品目录中使用照片，而ONAGA MEGANE只使用Shade3D制作的图像。因此当产品准备就绪时，产品目录也已经准备就绪。在繁忙期也不需要为促销宣传专门拍摄照片，可以立即准备是它的一个优点所在。

“主页上使用的宣传视频也是通过Shade3D的动画功能制作的，总之全方位都在使用Shade3D。”

设计时使用Shade3D的优点是可以大幅缩减从设计到制造的时间。其他公司通常使用Illustrator或眼镜专用的CAD软件进行设计，在批量生产之前准备原型样品和彩色样品，然后进行制造。ONAGA MEGANE尽量避免制作原型样品。

“由于CG软件是3D的，所以无法撤

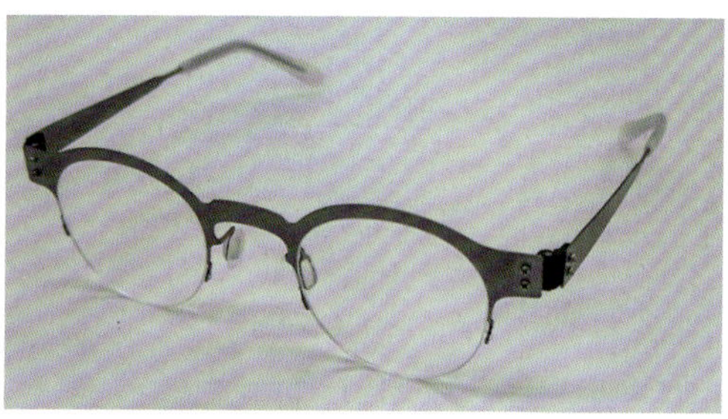

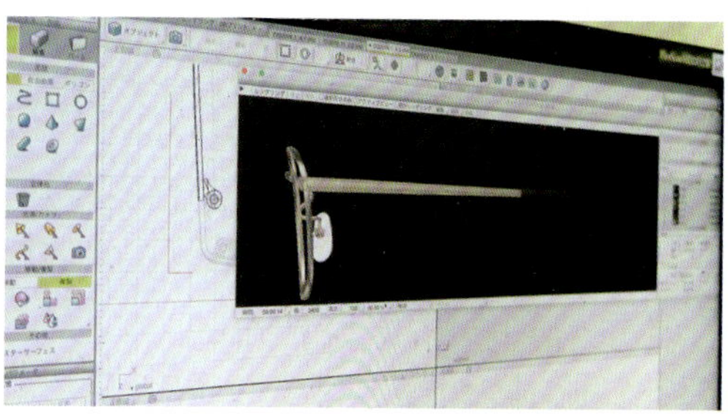

个人简历

在株式会社ONAGA MEGANE担任企划室长兼设计师，该公司总部位于眼镜的圣地“福井/鲭江”。1995年领先世界最先开发出树脂蝶形铰链，开发了3D软件眼镜设计专用工具。1998年，在日本和美国取得羽毛钛钢专利。2000年面向互联网开发了“Fun”产品。在DESIGN WAVE 2000中获得工业产品部门奖。2001年获得EYEWEAR OF THE YEAR最优秀奖。2002年获得福井设计大奖。通过基于3DCG及其数据的3D打印进行建模，可用于设计研讨、调查、目录、制造等方面，并通过缩短产品开发周期节省成本来促进和激活本地产业。

谎，因此可以进行高度精确的设计。我们需要基于设计与制造商进行细微的调整，使用3D的话制造商可以快速理解我们的需求。彼此可以共享产品构思所以不需要原型样品。”

另外，由于绘制眼镜的线条很柔和，使用Shade3D易于表达也是它的魅力之一。我们认为它可以和矢量图形编辑软件一样高效绘制，是一款胜任商业用途的软件。

“进行校正和色彩设计时，它的速度可能比其他软件还要快。”

自行定制的脚本，可以输入数值，并在数值控制的同时实现绘制眼镜的边缘、对齐点，以及移动到指定位置的功能。不断接近Illustrator操作的同时，Shade3D还开发了可以自动描绘眼镜形状的脚本。还有的脚本在编辑角的时候可以一次性指定多个角进行圆滑处理。

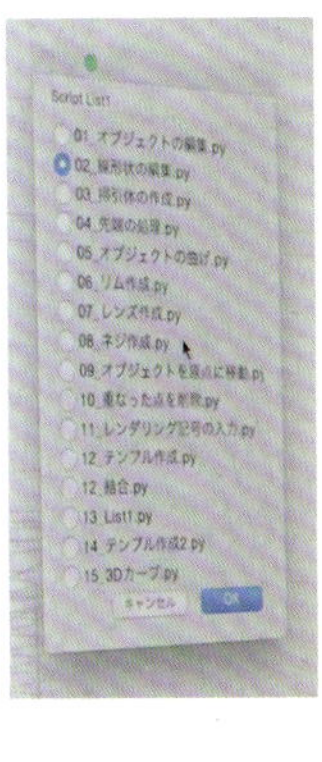

“我们参观了使用3D打印制作的眼镜。”这些眼镜的螺栓部分由3D打印机制作，小永干夫先生表示在此时使用3D打印助手功能非常方便。

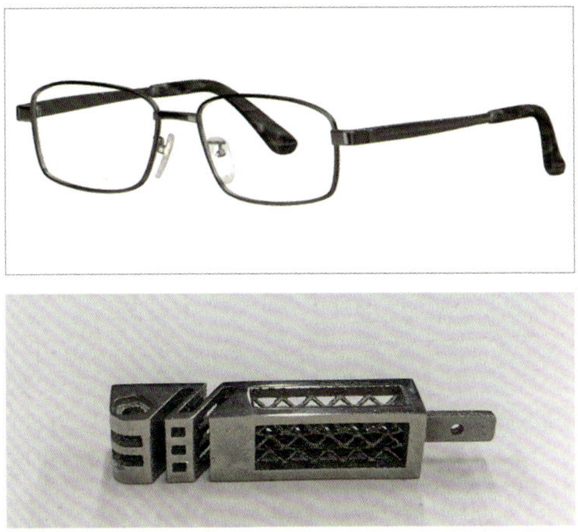

眼镜模型和实际输出的螺栓零件

“制造这个零件通常需要大约一个月的时间，但是对于3D打印可以在一周之内完成。总而言之可以在短时间内制作少量的零件订单，而且没有库存风险。效率很高对吧？”

对即将使用Shade3D的用户给出的建议是，“我认为工具和详细功能的学习可以先靠后放，只要能深入理解控制点和线形，不管什么东西都能做出来。另外，如果学会操作矢量线，则上手会很快。”

Shade3D Interview Vol.6

Atelier Net

矢谷 龙也先生

URL：https://atelier-net.com

地址：神奈川县川崎市

利用多合一3DCG软件的优势，拥有20年以上的丰富经验 从地图、插图制作到设计验证等，不断拓展应用领域

“因为憧憬逼真的3D图形，从事的人也并不多，所以充满期待地购买了拥有这些功能的Shade3D。”

20多年前的3DCG软件市场，在可以使用贝塞尔曲线进行建模的Shade3D和另一个采用多边形建模的应用程序之间产生了竞争。一定要做选择的话后者更稍占据市场主流，但是矢谷龙也先生选择了Shade3D。不过当时没有完善的操作手册，没有专业书籍，周围没有人可以寻求帮助，有一段时间只能努力自学如何使用。矢谷龙也先生回忆道。

购入Shade3D大约2年后，在游戏攻略书籍里插入3D地图的制作需求逐渐增加。矢谷龙也先生为了将虚拟环境可视化，在Shade3D正式版发布之前使用测试版对游戏实际体验，首先创建平面图的地图，然后使用Shade3D进行立体加工，最终交付3D地图产品，这一连串的工作流程已经维持了将近20年。

“起初也尝试使用了其他应用程序，例如有一个名为‘伪布尔值’的功能，发现在Shade3D中可以更流畅地运行从而提高工作效率，因此在制作游戏地图时只用Shade3D。”此外，如今的Shade3D已经支持贝塞尔曲线（自由曲面）、NURBS和多边形三种建模方法，一款软件几乎可涵盖3DCG创作所需要的所有功能（一体化）。矢谷先生表示：“Shade3D可以切换建模

使用业余爱好的照相机进行3D打印测试。左手前面握持的部件便是利用Shade3D进行建模打印的。

个人简历

多摩美术大学平面设计学科毕业后，就职于河淳株式会社并开始了他的产品设计师生涯。从制作面向博物馆的建筑模型开始，逐渐使用DTP和个人计算机处理各种绘画。独立之后，成立了“Atelier Net”公司，旨在组建一个可以随时与志同道合之士联系合作的组织。

自20年前首次购入Shade3D以来，面向游戏攻略的2D、3D地图，宣传册、书籍、杂志，海报等面向DTP的插图、各种室内设计和展示用效果图，建筑结构和精密设备的插图等，使用Shade3D提交了多个领域的CG作品，其中包括各种3D商标的设计。在考虑更新Shade3D的商标设计时，也曾以玩家的身份提交了多个独自设计的方案并且给予了宝贵的建议。

方法，这在实践中非常便捷。”

以这些工作为契机，用户对书籍插图、商标、游戏的面板和外壳设计的需求不断扩大。不仅局限于设计完成但还未进行加工的情况，也包含与拍摄实物家具相比费用更加低廉等因素，在制作产品目录时通常会使用3DCG对家具进行绘图。

市场近几年对游戏和相关书籍的需求逐渐减少。基于图纸的各种室内设计和展示用效果图的业务正在取而代之并稳步增长。

在这种趋势下，作为近年来Shade3D典型的运用方法，矢谷先生介绍了面向化妆品店的半自助化妆品展示盒的设计。为了事先确认能否根据客户的案例将管状化妆品按顺序排放在展示盒中，首先扫描管体实物，再进行实测摹写并绘制3D图纸。为了表现管体的曲线，使用Shade3D中的贝塞尔曲线进行建模。将其转换为NURBS后，在考虑展示盒的插入角度和间隙的同时确定尺寸，以STEP格式输出到其他CAD工具，客户就可以使用这些数据进行验证。

有的案例中，客户要求根据设计师的手绘图像制作窗口展示的3DCG和图纸，首先使用Illustrator描出图纸，然后在Shade3D中使用贝塞尔曲线进行建模，转换为NURBS并利用CAD功能。在与设计师协商并进行修改后，使用其他CAD工具制作图纸。

此外，例如基于白天的照片，可使用Shade3D加工处理为照片蒙太奇，按照客户的要求呈现出夜间的演示图像，以及对客户使用Shade3D创建的3D数据进行效果提升，还有尝试使用Shade3D的3D打印功能以及对其可行性的探索等。

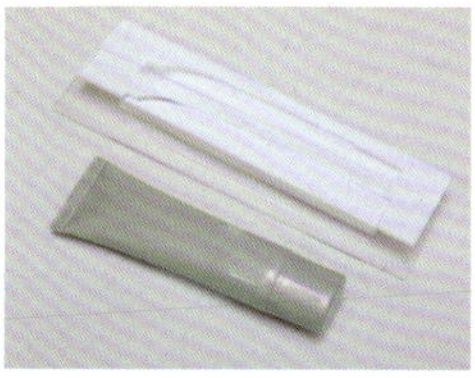

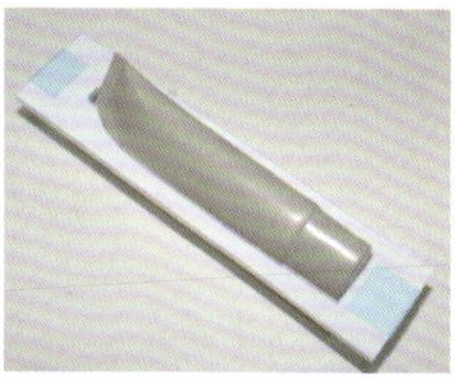

用于陈列管状化妆品的展示盒样品